历代鼎甲小传

蔺德生 赵萍◎著

语文出版社 · 北京 ·

鲤鱼跃龙门
科举文化丛书

LIDAI
DINGJIA
XIAOZHUAN

图书在版编目（CIP）数据

历代鼎甲小传 / 蔺德生，赵萍著. -- 北京 : 语文出版社，2016.9
ISBN 978-7-5187-0347-0

Ⅰ. ①历… Ⅱ. ①蔺… ②赵… Ⅲ. ①进士—生平事迹—中国—古代 Ⅳ. ①K827=4

中国版本图书馆CIP数据核字(2016)第112675号

责任编辑 冀丽萍 康 宁
装帧设计 梁 明
出 版 语文出版社
地 址 北京市东城区朝阳门内南小街51号 100010
电子信箱 ywcbsywp@163.com
排 版 北京杰瑞腾达科技发展有限公司
印刷装订 北京市科星印刷有限责任公司
发 行 语文出版社 新华书店经销
规 格 787mm×1092mm
开 本 1/16
印 张 22.25
字 数 258千字
版 次 2016年9月第1版
印 次 2016年9月第1次印刷
印 数 1-3,000
定 价 42.00元

010-65253954(咨询) 010-65251033(购书) 010-65250075(印装质量)

序

曾经的“中国梦”

十年砍柴

有人问过我，如果你生在二百年前，最大的梦想是什么？我毫不迟疑地回答：“当然是中进士、点翰林。”

历史若真的前溯一个多世纪，不仅是我，恐怕绝大多数读书人都有这个梦想。因为在那时候，寒窗苦读，金榜题名，进而释褐为官，是一条最为理想的成功路径，也是中国男人获得荣耀、实现自我价值最为和平、常态的路径。尽管这条荣耀之路艰难而狭窄，“一入龙门，身价百倍”的“鲤鱼”是极少数，多数鱼儿在半途中被无情的大浪所淘汰。但因为这个“龙门”对所有读书人是开放的，它是过去几千年内、全球范围内延续时间最为长久而相对公平的一种人才选拔制度。因此它影响的不仅是中国的读书人，而对一千五百年来中国的政治制度、社会结构乃至整个民族的文化心理，有着无与伦比的巨大影响。

直至今日，科举已经废除105年了，但科举和与之相关的各类名词，如：八股文、试帖诗、魁首、状元、入闱等，依然活在人们的话语中，但被赋予了新的含义。笔者犹记得在刚入小学的1977年，高考制度恢复后，我所在的那个小山村，老人们议论此事的说法是：“听说读书人又可以进城赶考了！”今日高考，其考试程序、选拔目的、培养方向与科举完全不一样，但公众乃至媒体愿意将各地考分最高的学生比附为“状元”。在各大电视台的古装连续剧中，落难公子得到富家小姐资助，进京赶考，高中皇榜，历经曲折终于和小姐完婚这类故事比比皆是，延续的仍然是传统话本和戏曲的俗套，但许多观众却欣赏得津津有味。说明这种“俗套”至今还符合许多国人的审美情趣，也可以说，中国人的“科举情结”至今犹在，还在影响着我们这个社会。

但同时，因为这种制度寿终正寝了，与之相关联的政治制度、教育制度，以及承载它的农业社会中最重要的耕读秩序，也不复存在。比起105年前，中国的各方面变化实在太大了，因此国人对科举往往是熟悉其“名”而不解其“实”。不用说寻常老百姓，即使是从事文化、教育、传媒等行业的人士，也多半不具有科举常识，如考试分几个层次、考试科目、考试程序、兴起和消亡的历史背景等。更不用说对考试的科目如八股文、试帖诗、策论等文体的基本特点有所了解了。以“八股文”为例，今日它基本上成为一个用来形容行文僵化老套的贬义词，用之者甚广，可又有几人读过一两篇甚至一两段八股文？知道何谓“破题”“起讲”“提比”“中比”？而在1905年以前，各类八股文的范文选集（即所谓“程墨”）犹如今日高考模拟试卷一样泛滥，凡决心应举业者，哪个不备有几本？

一种曾经让中国人为之狂热追捧的考试制度，几种流行中国几百年甚至上千年的文体，一下子就在这块土地上消失得如此彻底，这不应该是正常的历史演进过程，也不应是民族文化传统重要一环所遭受的命运。尽管，当下已不需要科举取士了，“八股文”“试帖诗”“策论”已没有了实际功能，但若想要对中国传统文化有比较全面的了解和中肯的评价，进而能以历史的眼光来看待过去几百年的学术变迁、思想潮流和文风士风，科举常识是绕不过的内容，而且以科举作为切入点，或许更能精准地探其脉络，导其源流。

近年来，科举又引起了文化界一些人的兴趣，在2005年科举废除100周年时，《新京报》等媒体以相当大的篇幅介绍了科举，一些有关科举的图书也接连出版。可是，媒体的热炒往往有如一阵风，风过无痕。而相关图书也多是一些业已过世的老学者的著作出版或再版，如齐如山、邓云乡、启功、张中行等，这些老先生距科举时代不远，有些甚至亲历过科举，撰文多从个人记忆出发，显得真切而有趣。但今日已距科举一个多世纪，读者的知识结构和审美趣味已有相当的变化，应该有一套以现代人的眼光来综合、全面介绍科举文化的普及型读物。蔺德生、赵萍伉俪合著的《“鲤鱼跃龙门”——中国科举文化常识》丛书（五本），就是这类普及型读物。其叙述的语言风格充分考虑了现代人的阅读习惯，明白通晓，然却无穿凿附会或妄加论断的毛病，而是言之有据，持论公允。这套丛书分别从“八股文”“试帖诗”“策文”“科举轶事”“鼎甲小传”五个层面，全方位地对中国科举考试的源流、发展、特点以及对中国社会的影响做了精到的评价，知识性、趣味性和资料性兼具。

两位作者并非科举史研究的专业人士，但因为长期收集古籍，遂对科举这项中国皇权社会最为重要的制度之一发生兴趣，浸淫其中多年，收集了大量有关科举的资料，又经过数年的笔耕，才写就这五本书，可见作者态度的严肃和认真。

由收集古籍而涉猎科举史研究，这是一条很自然的路径。中国历代流传下来的古籍浩如烟海，从大的功能而言，当然是承载、传播了中华文化，但若从较为功利的角度分析，其中许多典籍是因科举而被长期重视，所以才能一代代翻印，传至后世。《四书》《五经》自不待言，即便是其他的经、史、子、集或历代王朝的诰令、律例、奏章汇编，几乎都是科举的参考书。若无“科举”这一功利性极强的制度运行近一千五百年，以典籍作为重要承载形式的中华文化能否如此生命力顽强，历久弥新，我以为要打个问号。

阅读古人写的诗文，再对照今人的行文，许多人有这种感觉：今人行文不够雅训精准。同样一件事，古人叙述显得美妙典雅，今人说出来，意思是到了，但总觉得是差点什么。如中华初民所吟咏的“关关雎鸠，在河之洲，窈窕淑女，君子好逑”，若翻译成白话文，索然无味。今天大多数的读书人，显然已不可能找回古代那种言说方式，因为这种言语交流的共同体已消失了，不能不说是一种缺憾。究其原因，当然有人会说这是白话文运动使然，20世纪初伴生于“新文化运动”的“白话文运动”，其历史功绩已受到肯定。推行白话文有利于普及教育，但白话文和古文不是非此即彼不可相容的关系，古文功底好的人，其白话文也会写得好。我们看鲁迅、周作人、沈从文、郁达夫等人的有些白话文篇章，那种意境、格调和《世说新语》及明朝人小品文很像，无古文功底的人是写不出来的。那么，白话文怎么能一下子就让古文退出国人的日常交流的话语体系呢？归根结底，还是1905年的废科举。科举时代的教育，可以说就是为参加科考准备的，而不是仅仅识几个字。如蒙学教育中要求朗读课文拖长声调，要求学生明白字之源流及其同义词，重视字的音韵，训练对对子，用《三字经》这样的开蒙读物灌输圣贤所主张的价值观……一切的一切，都有利于写八股文、试帖诗和策文。尽管科考获得功名的是少数，但这种教育体系出来的人，他们的言说行文讲究形式美、音韵美和典故的运用，论述事物注重起承转合、层层递进、余味悠长。士子是社会精英阶层，他们的言说行文风格当然就是整个社会的范式了。科举制度一废除，从西方舶来的现代教育制度在中国生根，过去那种“语言文字气场”没有了，仅仅加大语文课的古文内容是于事无补的，因为语言文字总是活在日常使用之中。

以上所说是科举制度废除对中国文化的影响，科举制度同样也对中国政治制度和历史社会发展路径产生了巨大的影响。

到了清末，面对西方技术上的船坚炮利、经济上的商品贸易全球化、政治上的民主宪政，中国社会处于“千年之未有大变局”。清帝国从鸦片战争开始，不得不进行一些变革，但洋务运动、变法维新和君主立宪等诸多举措，几乎是收效不大，反复颇多，最终失败。只有1905年的废科举改新学制算是完全成功了，而废科举的成功又反过来加快清王朝的覆亡，这是哪怕孔孟在世也难改变的历史路径。

为什么太平天国规模那么大，清朝的财政、军事几乎到了山穷水尽的地步，但王朝依然维持下去。经过所谓的“同治中兴”，到了宣统朝，朝廷的财政状况好于太平天国时期，境内也没有大规模的民变，而“武昌起义”一声枪响，清帝国就如纸房子倒了呢！原因当然是多方面的，但不容忽视的一大原因是科举的废除。参加太平天国的多是底层人士——其领袖洪秀全是秀才考不上的老童生，其他核心人员多是烧炭工，起事后遭到了以士人为核心的精英团体巨大的反击。扑灭太平天国的湘军，领导人物曾国藩、左宗棠、胡林翼、彭玉麟、罗泽南都是科举出身的士大夫（曾、胡是进士，左是举人，彭、罗是秀才）。而 1905 年废除科举以后，作为社会精英的读书人，相沿千百年的出路断了，而现代知识分子的专业化就业体系还未建立——如当医生、律师、职业经理、科研人员、大学教师等。于是，读书人整体和王朝离心离德，去寻求另外的出路，有的去留洋，有的进入新军——而这两批知识分子正是参加辛亥革命推翻清王朝的主力。科举废除后的一个世纪内，中国知识分子几乎天然地和“革命”捆绑在一起，其影响之深远，怎么评价都不过。

今天，我们对科举的认识和研究还远远不够，许多人还停留在简单的褒贬判断上。掌握管理社会的公权力人士的产生方式，迄今为止主要是以下四种：一种是靠选票“选出来”的制度，这种选拔制度必须建立在民主宪政的政治构架内；一种是在许多民族存在过的“生出来”的制度，如中国春秋以前，天子、诸侯、卿、大夫几乎都是世袭；一种就是社会大变动时期“打出来”的制度，如靠武力取胜，掌握权力；一种就是“考出来”的制度，如中国的科举。官员靠“生出来”，社会一定僵化无活力，寒门子弟上升通道堵塞，社会不可能繁荣稳定；官员靠“打出来”，整个社会付出的代价太大。在“选出来”的制度没有建立之前，“考出来”的制度无疑是最为公平和文明的。

如果一个社会还没有建立起一种真正“选出来”的制度，那么谁有底气否定和批判科举制度？如果一个社会已经建立起一种真正“选出来”的制度，那么也应看到，一千五百年前中国人能创建一种“考出来”的制度是多么的伟大。

愿蔺氏伉俪这套丛书能引起更多的读者对科举文化产生兴趣。这一曾经的“中国梦”，是我们民族的记忆和荣耀，岂能湮没于历史的尘埃之中！

目 录

探花篇

状元篇

唐代

孙伏伽

（？—622），贝州武城（今河北省清河与山东临清一带）人，隋大业中举秀才，唐武德五年（622）壬午科状元。为唐代第一科状元，也是我国历史上第一位状元。曾上书议论时政，深得李渊赞赏。贞观十四年（640）拜大理卿，成为朝廷重臣。后因年老辞官，显庆三年（658）病逝于家中。

敬播

生卒年不详。字号不详，蒲州河东（今山西永济县西）人。唐太宗贞观元年（627）丁亥科状元。此科进士及第四人，上官仪位至第二。

娄师德

（630—699），字号不详，郑州武原人。唐太宗贞观二十三年（649）己酉科状元。娄师德中第后，授江都尉。

宋守节

生卒年不详。字号、籍贯、生平均不详。唐高宗总章三年（670）庚午科状元。该科取进士五十四人，同榜进士有杜审言等。《唐才子传》记该年为咸亨元年。

郭震

（656—713），字元振，以字显，魏州贵乡（今河北大名）人。唐高宗咸亨四年（673）癸酉科状元，余事无考。

弓嗣初

生卒年不详。字号、籍贯均不详。唐咸亨四年（673）或咸亨五年（674）状元。据《登科记考》记载，弓嗣初及第后，曾任雍州（今陕西西安西北）司功。善诗，《全唐诗》存其诗作。

郑益

生卒年不详。字号、籍贯、生平均不详。唐上元二年（675）乙亥科状元。该科考官为考功员外郎骞味道，录取进士四十五人，比较著名的有沈佺期、宋之问等。

许且

生卒年不详。字号、籍贯、生平均不详。唐开耀二年（682）壬午科状元。《唐才子传》卷一云："陈子昂，字伯立，梓州人。开耀二年许且榜进士。"可知陈子昂为许且同榜进士。该科取进士五十五名，重试及第十一人。本年考官为考功员外郎刘思立。

吴师道

生卒年不详。又作吴道师，吴道古，河北邺县（今河北临漳）人。唐武后二年（685）乙酉科状元。同榜取进士二十七人，考官为刘廷奇，试题为《九河铭》和《高松赋》。及第后入仕，任司勋员外郎、吏部侍郎、户部郎中等职。

陈伯玉

生卒年不详。字号、籍贯、生平均不详。唐武后垂拱三年（687）丁亥科状元。同榜进士共六十五人，《玉芝堂谈荟》与《登科记考》仅记载其为状元。

张九龄

（673或678—740），字子寿，一名博物。韶州曲江（今广东韶关）人。武后长安三年（703）癸卯科状元。此科进士及第二十一人，沈佺期为考官。中状元后，初任校书郎，左拾遗，后改为司勋员外郎等。

姚仲豫

生卒年不详。字号、籍贯、生平均不详。唐神龙二年（706）丙午科状元。同榜取进士三十二人，考官为考功员外郎赵彦昭。

崔液

（？—713），字润甫，乳名海子。定州安喜（今河北定县）人。唐代状元，及第时间无考，约在先天元年（712）前。

常无名

（688—744），字号不详。河内温（今河南温县）人。唐景云三年（712）壬子科状元。该科取进士三十七人。之后又考中“手笔俊拔、超越流辈”和“文藻宏丽”科，并撰文上陈，盛赞玄宗之德，官至礼部员外郎。《全唐诗》存其文。

李昂

生卒年不详。字号、籍贯、生平均不详。唐开元二年（714）甲寅科状元。开元二十四年任考功员外郎，主持进士科考试，玄宗以员外郎望轻，遂以礼部侍郎主持进士科考试，礼部选士由此开始。《文苑英华》载其应试诗。

范崇凯

生卒年不详。字号不详，四川内江人。唐开元四年（716）丙辰科状元，同榜进士十六人。善属文，玄宗命作《华萼楼赋》，入奏后颇受好评。与其弟范元凯齐名，时号“梧冈双凤”。

王维

（701—761），字摩诘，太原祁（今山西祁县）人，唐开元九年（721）辛酉科状元。上元元年官至尚书右丞，他的五言山水诗艺术成就最高，其山水画为画家南宗派之祖。苏轼说：“味摩诘之诗，诗中有画；观摩诘之画，画中有诗。”有《王右丞集》传世。

杜绾

生卒年不详。字号不详，京兆万年（今陕西西安）人。唐开元十二年（724）甲子科状元。该科取士二十一人，同榜有祖咏等。开元二十三年（735）又登王霸科，官至京兆府司录参军。其子杜黄裳，于宪宗朝为相，封邠国公。

严迪

生卒年不详。字号、籍贯、生平均不详。唐开元十四年（726）丙寅科状元。同榜有进士三十一人，考官为严挺之，天宝年间，他又登书判拔萃科。今《全唐文》存其《对张侯下网判》一文。

李嶷

生卒年不详。字号、籍贯、生平均不详。唐开元十五年（727）丁卯科状元。同榜有王昌龄、常建等十九人，曾任右武卫录事参军官职，善诗，为一时名士，《全唐诗》存其作六首。

虞咸

生卒年不详。字号、籍贯、生平均不详。唐开元十六年（728）戊辰科状元。同榜共录取二十人，考官为严挺之。中状元后不久，又取书判拔萃科第一名，《全唐文》存其《对太宝择嗣判》一文。

王正卿

生卒年不详。字号、籍贯、生平均不详。唐开元十七年（729）己巳科状元。余事无考。

徐征

生卒年不详。字号、籍贯、生平均不详。唐开元二十一年（733）癸酉科状元。同榜进士二十五人。曾任少监之官职，后不显而终。

李琚

（694—748），字号不详，顿邱（今河南清丰）人，唐开元二十二年（734）甲戌科状元。此科及第二十七人，同榜进士有颜真卿等。李琚曾任石山县令，官至洛阳尉，与颜真卿过从甚密，善书法，尤工“八分书”。

贾至

（718—772），字幼邻，长乐（今河北冀州市）人，唐开元二十三年（735）乙亥科状元。早年曾跟从玄宗避安史之乱于蜀中，拜为起居舍人，中书舍人，后因谏言失宠，贬为岳州司马，大历初年任兵部侍郎。贾至才学出众，有诗文集存世。

崔曙

（？—739），字号不详，定州（今河北定州）人，唐开元二十六年（738）戊寅科状元。该科进士及第二十三人，试帖诗试题为《明堂火珠诗》。其中“夜来双月满，曙后一星孤”之句颇得玄宗赞赏，取为状元。

王阅

生卒年不详。字号、籍贯、生平均不详。唐天宝元年（742）壬午科状元。同榜进士二十三人，考官为礼部侍郎韦陟，天宝八年（749）又中拔萃科第一名。

刘单

（？—767），字号不详，凤翔岐山（今陕西岐山）人。唐天宝二年（743）癸未科状元。此科取进士二十六人，考官为礼部侍郎达奚珣。代宗时官至礼部郎中，与宰相元载同乡，并时有交往，元载本欲使其继其位，不料刘单不久病故，未遂其愿。

赵岳

生卒年不详。字号、籍贯、生平均不详。唐天宝三年（744）甲申科状元。该科共录取进士二十九人，同榜岑参居第二，考官为礼部侍郎达奚殉。

羊袭吉

生卒年不详。字号、籍贯、生平均不详。唐天宝五年（746）丙戌科状元。该科取进士二十一人，考官为礼部侍郎达奚殉。

杨护

生卒年不详。字号、籍贯、生平均不详。唐天宝六年（747）丁亥科状元。该科进士及第二十三人，考官为礼部侍郎李岩。杨护官至水部郎中。

杨誉

生卒年不详。字号、籍贯、生平均不详。唐天宝七年（748）戊子科状元。同榜有何幼嗣、李嘉祐等，考官仍为礼部侍郎李岩。杨誉曾任慈州刺史、汾州刺史，《全唐文》存其《纸鸢赋》一篇。

李巨卿

生卒年不详。字号、籍贯、生平均不详，唐天宝十年（751）辛卯科状元。该科进士及第二十人，同榜进士有钱起等，考官为兵部侍郎李麟。试帖诗题目为《湘灵鼓瑟诗》。

杨儇

生卒年不详。字号、籍贯、生平均不详。唐天宝十二年（753）癸巳科状元。此科进士及第五十六人，考官为礼部侍郎杨浚。

杨纮

生卒年不详。字号、籍贯、生平均不详。唐天宝十三年（754）甲午科状元。此科进士及第三十五人，元结、韩君平等与其同榜，考官为礼部侍郎杨浚。

常衮

（729—783），字夷甫，京兆（今陕西西安）人。唐天宝十四年（755）乙未科状元。代宗时与杨炎同为中书舍人，时称“常杨”。大历九年（774）升礼部侍郎，连续三年主持科考。他注重教育，增设乡校，亲自讲授，闽地文风为之一振。常衮清高孤傲，有文集十卷、诏集六十卷行世。

卢庚

生卒年不详。字号、籍贯、生平均不详。唐天宝十五年（756）丙申科状元。该科取进士三十三人，同榜有郎士元、皇甫冉等，试诗的题目为《东郊迎春诗》。

洪源

生卒年不详。字号、籍贯、生平均不详。唐宝应二年（763）壬寅科状元。此科取进士二十七人，同榜中有杜黄裳等人，考官为礼部侍郎萧昕，赋的试题为《日中有王字赋》。

杨栖梧

生卒年不详。字号、籍贯、生平均不详。唐广德二年（764）甲辰科状元。该科取进士十三人，同榜进士有苏涣等人。考官为礼部侍郎萧昕。唐肃宗时，杨栖梧曾登书判拔萃科，《全唐文》中存其《对舍嫡孙立庶子判》一文。

萧遘

生卒年不详。字号、籍贯、生平均不详。唐永泰元年（765）乙巳科状元。该科取进士二十七人，考官为尚书右丞贾至，试题为《辕门箴》等。

裴枢

生卒年不详。字环中，河东（今山西）人。唐永泰二年（766）丙午科状元。此科共取进士二十六人。

齐映

（747—795），字号不详，瀛州高阳（今河北高阳东）人。唐大历四年（769）己酉科状元。齐映出身官宦之家，及第后，累官至中书侍郎、御史大夫。后由于遭人妒贤嫉能，被贬为夔州刺史，又转为衡州刺史，在江西观察史任上，将八尺高之瓷瓶朝贡，想重获恩宠，但终未如愿。

李博

生卒年不详。字号、籍贯、生平均不详。唐大历五年（770）庚戌科状元。该科取进士二十七人，其考官上都为礼部侍郎薛邕，东都为留守张延赏。

王溆

生卒年不详。字号、籍贯、生平均不详。唐大历六年（771）辛亥科状元。该科取进士二十八名，同榜进士有章八元等。其考官上都为礼部侍郎张渭，东都为留守张延赏。

张式

（约748—？），字号不详，南阳（今河南南阳）人。唐大历七年（772）壬子科状元。该科取进士三十三人，考官为礼部侍郎张渭。张式出身于官宦家庭，曾官殿中侍御史内供奉、左司员外郎、户部郎中。贞元十五年（799）为河南少尹飞骑尉，后不知所终。《全唐文》存其文章两篇。

杨凭

生卒年不详。字虚受，籍贯不详，唐大历九年（774）甲寅科状元。该科进士三十二人。元和四年（809），任京兆尹，开始大兴土木，营造私宅，并召妓纳妾，后被贬为临贺尉，官终太子詹事。他恃才凌人，但才气过人，《全唐诗》存诗一卷。

丁泽

生卒年不详。字号、籍贯、生平均不详。唐大历十年（775）乙卯科状元。同榜进士有王建等，考官东都为留守蒋涣。其赋与诗的试题为《日观赋》和《龟负图诗》。《全唐文》中存其《日观赋》一篇。

黎逢

生卒年不详。字号、籍贯、生平均不详。唐大历十二年（777）丁巳科状元，考官为礼部侍郎常衮。黎逢与韦应物等友善，并互有唱和。入仕后于建中三年（782）任监察御史。有文名，其赋尤为人称道。《全唐文》有其赋九篇。

杨凝

（？—803），字懋功，虢州弘农（今河南灵宝）人，唐大历十三年（778）戊午科状元。该科进士及第二十一人。杨凝中第后，曾任侍御史、司封员外郎、右司郎中等职，尤其在兼任亳州刺史时，教民垦田，兴修水利，政绩颇著。其兄杨凭，大历九年状元，弟杨凌也中进士，时称“三杨”。

王储

生卒年不详。字号、籍贯、生平均不详。唐大历十四年（779）己未科状元。该科进士及第二十人，考官为礼部侍郎潘炎。曾官詹事之职，与诗人卢仝过从甚密，并有唱和之作。其应试作分别见于《全唐文》和《全唐诗》。

魏弘简

（757—804），字号不详，巨鹿（今河北巨鹿）人。唐建中元年（780）庚申科状元。这一科进士及第二十二人，考官为礼部侍郎令狐峘。取状元以后入仕，后来又考取贤良方正、直言极谏两科，官至户部侍郎等。

崔元翰

（729—795），名鹏，字以行。唐建中二年（781）辛酉科状元。他通经史，工诗文，年近五十始举进士。中状元后，博学宏词科、贤良方正科和直言极谏科又皆第一。累官太常博士、迁礼部员外郎、七年知制诰，于朝中庄重得体，有典诰之风范。但由于生性刚烈，不为世所容，两年后被降职。《全唐诗》存其诗七首。

薛展

生卒年不详。字号、籍贯、生平均不详。唐建中四年（783）癸亥科状元。该科进士及第二十七人，同榜进士有武元衡等，考官为礼部侍郎李纾，试题是《易简知险阻论》。

郑全济

生卒年不详。字号、籍贯、生平均不详。唐贞元元年（785）乙丑科状元。该科取进士三十三名，考官为礼部侍郎鲍防。

张正甫

（751—834），字践方，南阳（今河南南阳）人。唐贞元二年（786）丙寅科状元。该科取进士二十七人。张正甫无论在何时何地任职，都能够力主选人公正，唯才是举。其家族累世为官，兄张式也考取状元，子孙也皆为一时名臣。

牛锡庶

生卒年不详。字号、籍贯、生平均不详。唐贞元三年（787）丁卯科状元。该科取进士三十二人，考官为礼部尚书萧昕。

卢顼

生卒年不详。字号不详，范阳（今河北涿州）人。唐贞元五年（789）己巳科状元。该科取进士三十六人，同一榜的还有杨巨源、斐度等人。考官为礼部侍郎刘太真。入仕后，官至泽州刺史而终。卢顼喜作文，《全唐文》存其《褥聪明山记》一篇。

尹枢

（720—德宗贞元末），字号不详，阆州（今四川阆中）人，唐贞元七年（791）辛未科状元。同榜进士有令狐楚等，考官为礼部侍郎杜黄裳。

贾稜

生卒年不详。字号及生平不详。长乐（今河北省冀州市）人。唐贞元八年(792)壬申科状元。该科进士及第二十三人，其中有韩愈、欧阳詹、崔群、庾承宣等，均一时才俊，人称“龙虎榜”。中状元后，官至大理评事，《全唐诗》存其《御沟新柳诗》一首。

苑论

生卒年不详。字言扬，马邑（今山西朔县东）人。唐贞元九年（793）癸酉科状元。该科取进士三十二人，同榜进士有柳宗元、刘禹锡等，考官为户部侍郎顾少连。据柳宗元《送苑论登第后归觐诗序》得知，苑论文笔极佳。

陈讽

生卒年不详。字号、籍贯均不详。唐贞元十年(794)甲戌科状元。该科取进士二十八人，同榜进士有李逢吉等。考官为户部侍郎顾少连。赋的试题为《风过萧赋》。当年，又取博学宏词科第一名，官至司勋郎中。善作赋，《全唐文》存《连理枝赋》等三篇。

李程

（766—842），字表臣，陇西成纪（今甘肃秦安西北）人，唐贞元十二年（796）丙子科状元。李程是唐代宗室，中状元后又取宏词科第一，元和二年召翰林学士。封爵渭源县男。性懒，入署办公，日影过八块砖才到，人称“八砖学士”。

郑巨源

生卒年不详。字号、籍贯、生平均不详。贞元十三年（797）丁丑科状元。本科进士共十二人，考官为礼部侍郎吕渭。诗与赋的试题分别为《西掖瑞柳赋》和《龙池春草诗》。

李随

生卒年不详。字号、籍贯均不详。贞元十四年(798)戊寅科状元。该科取进士二十人，同榜进士有张仲素、吕温等。考官为尚书左丞顾少连。入仕后，任秘书少监，曾上奏请置秘书阁图书印，穆宗恩准。

封孟绅

生卒年不详。字号、籍贯、生平不详。贞元十五年（799）己卯科状元。本科取进士十七人，同榜有张籍等。取状元后，官至太常卿，能诗善文。《全唐诗》存其《行不由径诗》，《全唐文》有《信及豚赋》一篇。

陈权

生卒年不详。字号、籍贯、生平均不详。唐贞元十六年（800）庚辰科状元。该科取进士十九人，同榜进士有白居易、戴叔伦等。考官为中书舍人高郢，其赋和诗的试题为《性习相近远赋》和《玉水记方流诗》。

班肃

生卒年不详。字号、籍贯均不详。唐贞元十七年（801）辛巳科状元。本科取进士十八人，考官为礼部侍郎高郢。班肃入仕后极重情义，穆宗时宰相皇甫镈被贬为崖州司户参军，班只因曾为其幕僚，不避嫌疑，一个人为其饯行，送至郊外。

徐晦

（？—838），字大章，籍贯及生平不详。唐贞元十八年（802）壬午科状元。当初考试与授官均得到杨凭举荐，后来杨凭获罪被贬之后，无人敢送，只有徐晦不怕连累，坚持送别。他说："我一向深受杨公眷宠，杨公被贬，我岂能无言而别。"其知恩图报一时传为佳话。

武翊黄

生卒年不详。字坤舆，河南缑氏（今河南偃师南）人，唐元和元年（806）丙戌科状元。才学惊人，曾三试独占鳌头，入仕后官至大理卿。晚年为美色所惑，为美妾而虐待发妻卢氏，犯众怒。仕途政敌甚多，不容于朝，流落他乡至终。

王源中

（？—838），字正蒙，籍贯及生平不详。唐元和二年（807）丁亥科状元。后又登博学宏词科，累迁左补阙，以直谏知名，后历户部侍郎、山西西道节度使、刑部侍郎、礼部尚书等职。嗜酒，尝因之误帝召。官终太平节度使，卒于任上，赠尚书右仆射。

柳公权

（778—865），字诚悬，京兆华原（今陕西耀州市）人。唐元和三年（808）戊子科状元。一生历宪宗、穆宗、敬宗、文宗、武宗、宣宗、懿宗七朝，他直言敢谏，文宗称其曰："卿有诤臣风。"其书法尤佳，"颜筋柳骨"指的就是颜真卿和柳公权的书法。

韦瓘

（789—？），字茂弘，京兆万年（今陕西西安）人。唐元和四年（809）己丑科状元。入仕后，在中书舍人的任上卷入"牛李党争"，素与李德裕友善，李任相时甚少在家待客，唯韦瓘与其往来无间。韦瓘喜作诗，《全唐诗》存其一首。

李顾行

生卒年不详。字号、籍贯、生平均不详。唐元和五年（810）庚寅科状元。该科取进士三十二人，考官为礼部侍郎崔枢。入仕后，官至监察御史。《全唐文》存其《上元县开善寺修志公和尚堂石柱记》一文。

李固言

（782—860），字仲枢，赵郡（今河北赵县）人。唐元和七年（812）壬辰科状元。入仕后曾任华州刺史，严惩奸吏，处事不谋私利，为政任人唯贤，尤其是任河中节度使期间，能革除弊政，后为太子少师、东都留守、太子太傅等。

尹极

生卒年不详。字号、生平均不详。阆州（今四川阆中）人。唐元和八年（813）癸巳科状元。该科取进士三十人，考官为中书舍人韦贯之，试律诗的题目是《履春冰诗》。其兄尹枢为唐贞元七年状元。

张又新

生卒年不详。字孔昭，深州陆泽（今河北深州市西南）人。唐元和九年（814）甲午科状元。自幼工于文章，初应宏词科第一，又为京兆解头，后又状元及第，因三占鳌头，人称“张三头”。但有才无德，私生活极为放荡。《全唐诗》存其诗十七首。

沈亚之

生卒年不详。字下贤，吴兴（今浙江湖卅）人。唐元和十年（815）乙未科状元。此科进士及第三十人，考官为礼部待郎崔群，试帖诗题为《春色满皇州诗》。

郑澥

生卒年不详。字蕴山，籍贯不详。唐元和十一年（816）丙申科状元。该科取进士三十三人，考官为中书舍人李逢吉。入仕后历任山南东道掌书记、开州刺史、金部郎中等职，有《凉国公平蔡录》一卷。

独孤樟

生卒年不详。籍贯、字号、生平均不详，《玉芝堂谈荟》作独孤梓。唐元和十三年（818）戊戌科状元。该科取进士三十二人，同榜进士有李程之子李廓等。考官为中书舍人庾承宣。试帖诗的题目是《玉声如乐诗》。

韦谌

生卒年不详。名损，京兆万年（今陕西西安）人。唐元和十四年(819)已亥科状元。该科取进士三十一人,考官为中书舍人庾承宣。入仕后，官祠部员外郎。大中二年为义武节度使，大中六年代李景让节镇郓州。

卢储

生卒年不详。字号不详，江淮一带人氏。唐元和十五年（820）庚子科状元。考前曾向尚书李翱投卷，求其荐举。李翱女儿阅其卷爱不释手，并对侍女说，此人必为状头。李翱也有招婿之意，第二年，卢储果然考取状元，并与李翱之女结秦晋之好。

白敏中

（？—863），字用晦，下邽（今陕西渭南东北）人。唐长庆二年（822）壬寅科状元。大中二年兼刑部尚书，又加右仆射，太清宫使等职，“牛李党争”中，他是牛党要员，被李德裕斥为“以怨报德”，李贬岭南后，白位极人臣。白敏中为白居易堂弟，有文名，《全唐诗》存其诗两首。

郑冠

生卒年不详。字号、籍贯、生平均不详。唐长庆三年（823）癸卯科状元。该科取进士二十八人，同科进士有袁不约、李敬方等，考官为礼部侍郎王起。五年之后，又登军谋弘远、堪任将帅科（均为唐代考试科目）。官至户部郎中。

李群

（806—？），字号不详，合肥（今安徽合肥）人。唐长庆四年（824）甲辰科状元。该科取进士三十三人，考官为中书舍人李宗闵。入仕后官授奉先县丞，至大和五年（831）任拾遗之职，后为户部员外郎。

柳璟

（？—846），字德辉，蒲州河东（今山西永济县西）人。唐宝历元年（825）乙巳科状元。柳璟生于书香门第，唐开成元年（836）为翰林学士。文宗命其在其祖父所撰《永泰新谱》二十篇基础上取永泰之后事缀成十篇。

裴俅

生卒年不详。字冠识，一作冠仪，孟州济源（今河南济源）人。唐宝历二年（826）丙午科状元。自幼与兄长裴俦、裴休苦读于济源别墅，入仕后，官至谏议大夫。其兄裴休官至礼部尚书、同中书门下平章事。

李郃

生卒年不详。字子玄，又作中玄，延唐（今湖南宁远）人。唐大和元年（827）丁未科状元。后登贤良方正科、直言极谏科，试策中刘蕡切论宦官专横，言辞激烈，考官不敢录取。李郃仗义执言："刘蕡下第，我辈登科，实厚颜矣！"并上疏请求将自己所授之官让给刘蕡，一时传为佳话。

韦筹

生卒年不详。字号、籍贯、生平均不详。唐大和二年（828）戊申科状元。该科进士三十七人，同榜有杜牧等。考官为礼部侍郎崔郾。试帖诗的题目是《缑山月夜闻王子晋吹笙诗》。宣宗时曾官博士之职。

宋祁

生卒年不详。字号、籍贯、生平均不详。唐大和四年（830）庚戌科状元。该科取进士二十五名，考官为礼部侍郎郑澣。开成年间（836—840）官补阙，颇有政声。

杜陟

生卒年不详。字号、生平不详。襄阳（今湖北襄阳）人。唐大和五年（831）辛亥科状元。该科取进士二十五人，考官为中书舍人贾悚。入仕后，曾官度支郎、杭州刺史等职。

李珪

生卒年不详。字号、籍贯、生平均不详。唐大和六年（832）壬子科状元。该科取进士二十五人，考官为礼部侍郎贾悚。其赋的试题为《君子之听音赋》。

李余

生卒年不详。字号、生平不详。成都（今四川成都）人。唐大和七年（833）癸丑科状元。该科取进士二十五人，考官为礼部侍郎贾悚。李余工乐府诗，《全唐诗》存其诗两首。

陈宽

生卒年不详。籍贯、字号、生平均不详。唐大和八年（834）甲寅科状元。该科取进士二十五人，考官为礼部侍郎李汉。陈宽官阳翟县令。《全唐文》存其《颍亭记》等篇。

郑确

生卒年不详。字号、籍贯、生平均不详。唐大和九年（835）乙卯科状元。该科取进士二十五人，考官为工部侍郎崔郸。郑确，亦有写作“郑瓘”者。

李肱

生卒年不详。字号不详，陇西成纪（今甘肃秦安西北）人。唐开成二年（837）丁巳科状元。该科取进士四十人，同榜进士有李商隐等。入仕后，精明强干，后历任岳、齐二州刺史。《全唐诗》存其《霓裳羽衣曲》诗等。

裴思谦

生卒年不详。字自牧，绛州闻喜（今山西闻喜）人。唐开成三年（838）戊午科状元。考官为礼部侍郎高锴，其与朝廷权臣观军容使仇士良相勾结，以仇士良举荐信威逼高锴，高无奈，取其为状元。

崔□

生卒年不详。名字有待查考。贝州安平（今河北安平县）人。唐开成四年（839）己未科状元。他乐善好施，曾言愿以钱三百万资助中书舍人崔蠡，崔蠡虽婉拒，但后来坦言：“崔□原仅是进士及第，状元是我报私恩而致。”

李从实

生卒年不详。字号、籍贯、生平均不详。唐开成五年（840）庚申科状元。该科取进士三十人，同榜有喻凫等人，考官为礼部侍郎李景让。

崔岘

生卒年不详。字公升，清河（今河北清河及枣强一带）人。唐会昌元年（841）辛酉科状元。该科取进士三十人，同榜进士有薛逢等。

考官为礼部侍郎柳璟。景福二年（893）状元崔胶系崔岘的族孙。

郑颢

（？—860），字养正，荥阳（今河南荥阳）人，唐会昌二年（842）壬戌科状元。登第后任左拾遗，诏受银青光禄大夫，后由白敏中荐举，召为宣宗万寿公主的夫婿，并被提升为礼部侍郎。他是中国历史上唯一的状元驸马。

卢肇

生卒年不详。字子发，袁州宜春（今江西宜春）人。唐会昌三年（843）癸亥科状元。考官为吏部尚书王起。试帖诗的题目是《风不鸣条诗》。卢有奇才，诗、文、赋、书等样样精通。有诗文集《文标集》及《大统赋》二卷。

郑言

生卒年不详。字垂之，籍贯不详。唐会昌四年（844）甲子科状元。该科取进士二十五人，考官为左仆射王起。有《平剡录》一卷，并与杨绍复、于珪等撰写《续会要》四十卷。

易重

（806—872），字鼎臣，宜春（今江西宜春）人。唐会昌五年（845）乙丑科状元。该科发榜时张渎为状元，易重名列第二，举子纷纷上书揭发其录取不公，于是朝廷复试，结果张渎等七人被黜落，易重摘取状元桂冠。

狄慎思

生卒年不详。字号、籍贯、生平均不详。唐会昌六年（846）

丙寅科状元。此科取进士十六人，同榜进士有薛能等，考官为礼部侍郎陈商。

顾标

生卒年不详。字号、籍贯、生平均不详。唐大中元年（847）丁卯科状元。此科取进士二十三人，考官为礼部侍郎魏扶。

卢深

（？—870），字号、籍贯、生平均不详。唐大中二年（848）戊辰科状元。入仕后，咸通七年三月，以起居郎入翰林院，为翰林学士。两年之后，官拜中书舍人，迁户部侍郎知制诰。咸通九年十二月，病故于任上。

于珪

生卒年不详。字子光，京兆高陵（今陕西高陵）人，唐大中三年（849）己巳科状元。于家系名门望族，世代为官，兄弟四人皆登堂入仕。曾入史馆与杨绍复、郑言等撰写《续会要》四十卷。

张温琪

生卒年不详。字号、籍贯、生平均不详。唐大中四年（850）庚午科状元。该科取进士三十人，同榜进士有曹邺等人。考官为礼部侍郎裴休。

李郜

生卒年不详。字号、籍贯、生平均不详。唐大中五年（851）辛未科状元。此科取进士二十七人，后又录取三人，考官为礼部侍郎韦悫。

莫宣卿

（834—约868），字仲节，号片玉。广东封州（今广东封开县）人。唐大中五年（851）辛未科状元。欣喜之余，写了一首自咏诗，其中前四句云："羽冀高飞到碧霄，鹏程万里岂知遥。才吞王母千年药，便夺龙头第一标。"

李超

生卒年不详。字号、籍贯均不详。唐大中六年（852）壬申科状元。入仕后曾任湖州牧，郑浑之为苏州录事，谈铢为盐官，钟辐为院巡，均是由广文馆博士到地方任职的小官。而与其接壤的湖州，连续两任李超、赵蒙都是状元，人们说，湖接两头，苏连三尾。

于瓌

生卒年不详。字匡德，京兆高陵（今陕西高陵）人，后迁居河南洛阳。唐大中七年（853）癸酉科状元。出身官宦之家，其兄于珪为大中三年状元。好吟诗，常有唱和之作。《全唐诗》存其诗作两首。

颜标

生卒年不详。字号、籍贯、生平均不详。唐大中八年（854）甲戌科状元。其科考时，主考官误以为他是颜真卿后人，有意取为状元。谢恩日才知并无瓜葛。有人讽刺道："主司头脑太冬烘，错认颜标作鲁公。"

赵蒙

生卒年不详。字号、籍贯、生平均不详。唐大中九年（855）乙亥科状元。及第后，于咸通八年（867）二月，自司勋员外郎出为湖州刺史。曾任湖州牧，后迁任部员外郎。

崔铏

生卒年不详。字号不详，博州（今山东聊城东北）人。唐大中十年（856）丙子科状元。此科进士及第三十人，及第后，多次入诸侯府内作幕僚，父亲崔元受及其兄弟崔元式皆举进士。

李亿

生卒年不详。字子安，籍贯不详，唐大中十二年（858）戊寅科状元，咸通中为补阙。纳才女鱼玄机为妾，后为妻所不容，咸通中逼鱼出家。

孔纬

（？—895），字化文，鲁曲阜（今山东曲阜）人。唐大中十三年（859）已卯科状元。释褐秘书省校书郎，累辟藩镇，迁监察御史，转礼部员外郎。再迁翰林学士，考功郎中、知制诰。乾符中，出为御史中丞，历户部、兵部、吏部侍郎，主持铨选期间，严格按令选官。

刘蒙

生卒年不详。字号、籍贯均不详。唐大中十四年（860）庚辰科状元。此科取进士三十人，考官为中书舍人裴坦。余事无考。

裴延鲁

生卒年不详。字东礼，孟州济源（今河南济源）人。唐咸通二年（861）辛巳科状元。入仕后，乾符元年（874）授中书舍人。后历金部郎中，又加左散骑常侍。官至浙东观察使。

薛迈

生卒年不详。字号、籍贯均不详。唐咸通三年（862）壬午科状元。咸通四年（863）为观察巡官，乾符二年以前，曾任司勋员外郎。

孙龙光

生卒年不详。字号、籍贯均不详。唐咸通四年（863）癸未科状元。取进士三十五人，殿试皇帝为唐懿宗皇帝李漼，考官为左散骑常侍萧倣。殿试题为《谦光赋》和《澄心如水诗》。

韩衮

生卒年不详。字献之，河南河阳（今河南孟县南）人。唐咸通七年（866）丙戌科状元。取进士二十五人。考官为礼部侍郎赵骘，试题为《被衮以象天赋》。韩衮为韩愈之孙，嗜酒如命。谢恩宴上豪饮后口出狂言，此后友人再不敢与其同饮。

郑洪业

生卒年不详。字号、籍贯、生平均不详。唐咸通八年（867）丁亥科状元。取进士三十人，考官为礼部侍郎郑愚。《全唐诗》中存其《诏放云南子弟还国》一诗。

赵峻

生卒年不详。字仪山，奉天（今陕西乾县）人。唐咸通九年（868）戊子科状元。取进士三十人，考官为礼部侍郎刘允章，试题为《天下为家赋》。余事无考。

归仁绍

生卒年不详。字号不详，苏州吴（今江苏吴县）人。唐咸通十年（869）己丑科状元。此科取进士三十人，考官为礼部侍郎王凝。入仕后，乾符四年（877）十二月为侍郎史，后任礼部侍郎。历官祠部郎中、度支郎中等。

李筠

生卒年不详。字号、籍贯均不详。唐咸通十二年（871）辛卯科状元。取进士四十人，有聂夷中、公乘亿、许棠等名士，考官为中书舍人高湜。

郑昌图

生卒年不详。字光业，籍贯不详。唐咸通十三年（872）壬辰科状元。广明元年以兵部尚书守潞州。中和元年知昭义军留后事，四年四月，以兵部侍郎、判度支，拜同平章事。光启中，迁中书侍郎、平章事。十二月，被王重荣逮捕入狱。次年三月，被斩于岐山县。

孔缥

生卒年不详。字号不详，祖籍曲阜（今山东曲）人。孔子后裔，唐咸通十四年（873）癸巳科状元。三兄弟皆为状元，孔纬，大中十三年（859）状元；孔缄，乾符三年（876）状元。孔氏三兄弟是科举史上唯一的三兄弟状元。

归仁泽

生卒年不详。字号不详，苏州吴（江苏吴县）人。唐咸通十五年（874）甲午科状元。出身名门，兄归仁绍、子归黯皆为状元。入仕后，官至观察使。

郑合敬

生卒年不详。字号不详，郑州荥泽（今河南荥阳）人。唐乾符二年（875）乙未科状元，官至谏议大夫。《全唐诗》中存有《及第后宿平康里诗》。诗云："春来无处不闲行，楚润相看别有情。好是五更残酒醒，时时闻唤状头声。"

孔缄

生卒年不详。字号不详，祖籍曲阜（今山东曲阜）人。孔子后裔，唐乾符三年（876）丙申科状元。此科取进士三十人。考官为礼部侍郎崔沆。其大哥、二哥均为状元。

孙偓

生卒年不详。字龙光，武邑（今河北武邑）人。唐乾符五年（878）戊戌科状元。以户部侍郎同中书门下平章事，迁门下，为凤翔四面行营都统。后兼礼部尚书、行营节度诸军都统招讨处置等使，后贬为衡州司马，卒于任。

郑霭

生卒年不详。字虞风，籍贯不详，唐广明元年（880）庚子科状元。此科取进士三十人，考官为礼部侍郎崔厚，余事无考。

孔拯

生卒年不详。字公济，祖籍曲阜（今山东曲阜）人。孔子后裔。唐中和三年（883）癸卯科状元。此科取进士三十人，考官为礼部侍郎夏侯潭。据《山东通志》和《曲阜县志》记载，孔拯是孔子第四十代孙，官侍中。

崔昭纬

（？—895），字蕴曜，清河（今河北清河及枣强一带）人。唐中和三年（883）癸卯科状元。时在西川应举。昭宗时历任中书舍人、翰林学士、户部侍郎，大顺二年正月任户部侍郎同中书门下平章事。内结中人，外连藩镇。曾诱三镇兵将诛杀宰辅内臣，后罢相。乾宁三年，赐其自尽。行至荆南，为中使斩杀。

许祐孙

生卒年不详。字号、籍贯、生平均不详。唐中和五年（885）乙巳科状元。此科取进士三十五人。余事无考。

陆扆

（847—905），字祥文，吴郡（今江苏苏州）人。唐光启二年（886）丙午科状元。大顺二年，诏充翰林学士，改屯田员外郎。景福间，累官户部侍郎、同平章事、加中书侍郎，集贤殿大学士、判户部事。复官后，天复四年，从昭宗迁洛阳，次年五月，被贬为濮州司户，于滑州白马驿被害。

郑贻矩

生卒年不详。字号、籍贯均不详。唐光启四年（即文德元年888）戊申科状元。此科取进士二十八人，其中名士有崔涂等。考官为尚书右丞柳玭。余事无考。

李瀚

生卒年不详。字号、籍贯、生平均不详。唐龙纪元年（889）己酉科状元。该科取进士二十五人，其名士有温宪、吴融等。考官为礼部侍郎赵崇。

杨赞禹

生卒年不详。字号、籍贯均不详。唐大顺元年（890）庚戌科状元。此科取进士二十一人，考官为御史中丞裴贽。从薛廷珪《授杨赞禹左拾遗制》一文中知杨曾官左拾遗。也有人说该科状元为杨赞安。

崔昭矩

生卒年不详。字表谋，清河（今河北清河及枣强一带）人。唐大顺二年(891)辛亥科状元。及第的第二天，其兄崔昭纬官拜平章事。他得势于其兄，常常盛气凌人。有一同榜进士稍有闪失，就遭受其鞭笞。后其兄为唐昭宗所杀，他官至给事中而终。

归黯

生卒年不详。字号不详，苏州吴（今江苏吴县）人。唐景福元年（892）壬子科状元。该科取进士三十人，考官为蒋冰。试题为《止戈为武赋》《东风解冻诗》。其发榜之日，又值迎亲之时，可谓双喜临门。然而一个月后，患急病而终。

崔胶

生卒年不详。字寿卿，祖籍清河（今河北清河及枣强一带）人。唐景福二年（893）癸丑科状元。该科进士二十八人，有张鼎等人。考官为礼部侍郎杨涉。其叔父崔彦昭，官至尚书右仆射。其族祖父崔岘，为会昌元年状元。其他事迹不详。

苏检

生卒年不详。字圣用，武功（今陕西武功）人。唐乾宁元年（894）甲寅科状元。官洋州刺史、中书舍人。天复二年（902），拜工部侍郎，同中书门下平章事。后被崔允等所害，流放环州，赐死。

赵观文

生卒年不详。字号不详，桂州（今广西桂林）人。唐乾宁二年（895）乙卯科状元。揭榜时，张昭宪居榜首，赵观文名列第八。落第举子不满，指责考官崔凝营私舞弊。昭宗遂下诏重试，并亲自阅卷。认为赵观文“才藻优赡，义理昭然，深穷体物之理，曲尽缘情之妙。所试诗赋，辞艺精通，皆合本意”，遂钦定为第一。

崔谔

生卒年不详。字号、籍贯、生平均不详。唐乾宁三年（896）丙辰科状元。该科取进士十二人，考官为礼部侍郎独孤损。这一科昭宗亲自殿试。余事无考。

杨赞图

生卒年不详。字光祐，籍贯不详。唐乾宁四年（897）丁巳科状元。系前科状元杨赞禹之弟，入仕后，进翰林院，曾官左丞，又为弘文馆直学士，官至司封员外郎、知制诰，与名士黄滔多有交往。

羊绍素

生卒年不详。字号、籍贯均不详。唐乾宁五年（898）戊午年状元。该科进士二十人，考官为礼部尚书裴贽，试题为《春草碧色诗》等。尝作《画狗马难为功赋》，吴子华阅后改题为《画狗马难于画鬼神赋》，羊绍素亦以为然。

卢文焕

生卒年不详。字号、籍贯均不详。唐光化二年（899）己未科状元。卢文焕性嗜酒，喜交游。一次，游齐国公亭子时，卢让人拉来一头驴准备宰杀，同年进士柳璨说：“这驴不是我们的。”卢道：“药不瞑眩，厥疾弗瘳。”用《尚书》中的话，嘲笑柳璨小气。过了几年，柳璨位显，而卢日见窘迫。每次相见，柳皆用卢原话反唇相讥。卢文焕忧郁有加，后不知所终。

裴格

生卒年不详。字号不详。绛州闻喜（今山西闻喜）人。唐光化三年(900)庚申科状元。该科取进士三十六人,考官为礼部侍郎李渥。裴家世代为官，父裴寅，官至御史大夫，其弟裴枢，拜门下侍郎、平章事。

归佾

生卒年不详。字号不详，苏州（今江苏苏州）人。唐光化四年（901）辛酉科状元。该科取进士二十六人，考官为礼部侍郎杜德详。试题为《天得一以清赋》和《武德殿退朝望九衢春色诗》。

归系

生卒年不详。字号不详，苏州（今江苏苏州）人。唐天祐二年（905）乙丑科状元，归佾之弟。此科取进士二十三人，考官为礼部侍郎张文蔚。

裴说

生卒年不详。字号不详，桂州（今广西桂林）人。唐天祐三年（906）丙寅科状元。曾任补阙、礼部员外郎。后见天下大乱，升迁无望，遂携眷南下。在躲避战火中死去。其弟裴谐，两人同年进士及第。

崔詹

生卒年不详。字号、籍贯均不详。唐天祐四年（907）丁卯科状元。历任秘书省校书郎、翰林学士、户部郎中、知制诰，有长厚之誉。《全唐文补遗》第三卷载有五代王权《唐故清河崔公（詹）墓志铭并序》。

杨仲昌

生卒年不详。字号、籍贯、生平均不详。唐代某科状元。约唐睿宗景福元年（892）前后在世。以通经为修文生，累调不甚显。以河阳尉对策，玄宗擢第一，授蒲州法曹参军。判入异等，迁监察御史，坐累为孝义令。太守萧昶表其政，徙下邽，终吏部郎中。著有文集十五卷。

五代十国

崔邈

生卒年不详。字号、籍贯均不详。后梁开平二年（908）戊辰科状元。此科取进士十八人，考官为中书舍人封舜卿。同科进士有陈沆、郑希闵、郑雍、廖澄、刘斥、韦洵美等人。

陈逖

生卒年不详。字号不详，泉州（今福建泉州）人。后梁贞明四年（918）状元。据史书载，陈逖曾向后梁末帝上奏：国家连年丧失兵力，士气未振，陛下深居殿阁之中，何以建家立业。但终未被后梁末帝所采纳。历任礼部员外郎、郎中、翰林承旨等职。

崔光表

生卒年不详。字号不详，清河（今河北清河及枣强一带）人。后唐同光二年（924）甲申科状元。及第后，奉为支使，为协助卢质治理一方，安定百姓，颇有政绩。官至右补阙，值史馆，卒于任上。

王彻

生卒年不详。字号不详，大名莘（今山东莘县）人。后唐同光三年（925）乙酉科状元。据《玉芝堂谈荟》记载："后唐同光中状元王彻。"据此可知，其为同光三年状元。据《宋史·王祐传》："大名莘人。父彻，举后唐进士，至左拾遗。"可知王彻官至左拾遗。

王归璞

生卒年不详。字号不详，四川简州人。后唐同光四年（926）丙戌科状元。据《四川通志》记载："五代后蜀王归璞，简州人。少聪颖，善属文，广政，中状元及第后，不知所终。"据此可知王归璞为后唐同光四年状元。

黄仁颖

生卒年不详。字号不详，泉州（今福建泉州）人。后唐天成二年（927）丁亥科状元。此科有二十三人及第，考官为礼部侍郎裴皞。《玉芝堂谈荟》和《太平广记》都记载后唐黄仁颖为状元。

郭晙

生卒年不详。字号、籍贯均不详。后唐天成三年（928）戊子科状元。《玉堂闲话》记载：郭俊应举时，梦见一老僧著屐于卧榻上蹒跚而行，即寤，甚恶之。占者曰："老僧，上座也。著屐于卧榻上行，屐，高也，君既巍峨矣。"及见榜，乃状元也。按："俊"当是"晙"之误。

卢华

生卒年不详。字号、籍贯均不详。后唐长兴三年（932）壬辰科状元。入仕后，长兴四年（933）升为刑部员外郎，与张沆、吴承范等为学士。以其《请旌赏外官能理冤狱奏》一文，入选《全唐文》而留传至今。

寇湘

生卒年不详。字号不详，华州下邽（今陕西渭南）人。后晋开运二年（945）乙巳科状元。寇准之父，辟为魏王府记室参军。善诗文，负盛名。

王溥

（922—982），字齐物，并州祁（今山西祁县）人。后汉乾祐元年（948）戊申科状元。授官秘书郎，后周时官左谏议大夫，充枢密院直学士，迁中书舍人，翰林学士。累官中书侍郎、同中书门平章事。入宋，进位司空。太平兴国初，封祁国公。撰《唐会要》等，创会要体。

王朴

（906—959），字文伯，山东东平（今山东东平）人。后汉乾祐三年（950）庚辰科状元。后周世宗时，自右拾遗、开封府推官、擢比部郎中。献《平边策》，迁左散骑常侍、端明殿学士。拜东京留守，充枢密使。参与规划开封城。王朴明历算，与司天监共撰《显德钦天历》。

扈载

（922—957），字仲熙，幽州安次（今河北廊坊）人。后周广顺二年（952）壬子科状元。擅长赋颂碑赞。拜校书郎，值史馆，再为监察御史。其描写相国寺庭竹的《碧鲜赋》，得到周世宗的赏识，拜水部员外郎、知制诰。居翰林学院，其文名重一时。

简文会

生卒年不详。字号不详，南海（今广东南海）人。南汉乾亨四年（920）庚辰科状元。官至尚书右丞。上疏触怒中宗，贬祯州刺史，以清廉名世。

梁嵩

生卒年不详。字子高，龚州（今广西平南）人。南汉白龙元年（925）乙酉科状元，授翰林院学士。乞养母归，途中溺亡。

王克贞

生卒年不详。字守节，庐陵（今江西吉安）人。南唐保大十年（952）壬子科状元，官至观政院副使。入宋，历任滑、襄、梓州知州，有政声，尝修《太平广记总类》。

伍乔

（？—966），字号不详，安徽庐江人。南唐保大十六年或中兴元年（958）戊午科状元。及第后，署宣州幕府。十年后，任歙州通判司马。曾以失意诗作投翰林学士张洎。张为之动容，经张进言，召为考功员外郎，宋开宝八年（975），仕至南唐户部员外郎。二月，知贡举，选取进士张确等人。著有《题西林寺水阁》等。

王崇古

生卒年不详。字号、籍贯均不详。南唐后主显德二年（955）乙卯科状元。《十国春秋》记载："乾德二年，命吏部侍郎、修国史韩熙载知贡举，放进士王崇古等九人。"据此可知，王崇古为南唐后主甲子科状元。同科舒雅等五人，经御殿命题亲试，皆被黜。舒雅后又中显德六年状元。

舒雅

生卒年不详。字子正，南唐旌德四都（今旌阳镇新桥）人。南唐显德六年（959）己未科状元。与吏部侍郎韩熙载成为忘年交。后韩知贡举，擢之高第。入宋为将作监丞，充秘阁校理。出知舒州，任满，掌灵仙观。

卢郢

（？—979），字号不详，金陵（今江苏南京）人。南唐后主乾德四年（966）或乾德五年（967）状元。其姐夫徐铉受命撰文，数日不成。卢郢口授而令人笔录，一蹴而就。徐铉进呈，并言实情，自此卢郢文名大振。晋升后主近侍。宋朝建立后，入宋任全州知州。卒于知州任上。《全唐诗》中存其诗。

杨遂

生卒年不详。字号、籍贯均不详。南唐后主开宝五年（972）壬申科状元。清辉殿学士张洎上言此科考官张佖多遗漏人才。后主便命张洎复试落第举子，结果又放王伦等五人，杨遂为状元。

邓及

生卒年不详。字号、籍贯均不详。南唐后主年间（961—975）状元。《十国春秋》记载："开宝中……试《销刑鼎赋》《儒求之本论》，有司以邓及为第一，颍居末榜。即上，后主迁颍第二，手笔圈其名。"据此可知，邓及为南唐后主年间状元。

乐史

（930—1007），字子正，抚州宜黄（今江西宜黄）人。南唐后主年间状元。及第后，任秘书郎。入宋历任平原主簿、著作郎、知州、员外郎等。

邱旭

生卒年不详。字孟阳，安徽宣城人。南唐后主年间（961—975）状元。本农家子，弱冠始读书。进金陵，凡九举，而曳白者六七，自励弥笃，不为耻，由此学益进。南唐亡，归宋，吕蒙正荐授令录，迁京官，卒于衡州。

张确

生卒年不详。字号、籍贯均不详。南唐后主末年（975）乙亥科状元。中状元后，即授文林郎、秘书省校书郎。未发现其诗文遗迹。

费黄裳

生卒年不详。字号不详，四川广都（今四川双流）人。后蜀进士科状元（年份不详）。《四川通志》“选举志”记载：“费黄裳，广都人，进士第一。”列在“附五代蜀进士年份无考者”之中。据此可知，费黄裳为五代十国后蜀状元。

宋代

杨砺

（930—999），字汝砺，京兆鄠（今陕西户县）人。宋建隆元年（960）庚申科状元。开宝九年，召试学士院，授陇州防御推官。后入京，历任光禄寺卿、秘书丞、屯田员外郎，知鄂州，政声著于朝野。真宗立，拜给事中，召为翰林学士。知贡举，拜工部侍郎、枢密副使，旋病卒。

张去华

（938—1006），字信臣，开封襄邑（今河南睢县）人。宋建隆二年（961）辛酉科状元。授秘书郎、值史馆、擢右补阙。陈取桂州及平南汉方略，累迁知凤翔府。太宗时，从征北汉，监随驾左藏库，历任京东、江南转运使。真宗时，历知杭州、苏州，以工部侍郎致仕。

马适

生卒年不详。字志达，江州湖口（今江西湖口）人。宋建隆三年（962）壬戌科状元。未及授官，母亲病逝。在返家乡治丧的路途中，因过度悲痛而亡。

苏德祥

生卒年不详。字号不详，青州（今山东益州）人。宋建隆四年（963）癸亥科状元。后汉宰相苏禹珪之子，官至右补阙，内供奉。工诗文。

李景阳

生卒年不详。字号、籍贯均不详。宋乾德二年（964）甲子科状元。余事无考。

刘察

（924—？），字号、籍贯均不详。宋乾德三年（965）乙丑科状元。余事无考。

李肃

（940—972），字季雍，开封府（今属河南）人。宋乾德四年（966）丙寅科状元。少聪慧过人，十岁能诗文。历官濮州从事，迁保静军节度推官。嗜酒如命，与亲友会饮而卒，年三十三。著有《大宋乐章》。

刘蒙叟

生卒年不详。字道民，宁陵（今河南宁陵）人。宋乾德五年（967）丁卯科状元。历任庐、滁、濠、汝知州，监察御史，屯田郎中等。

真宗即位，曾上书劝真宗“学俭戒奢，谦虚谨慎，轻徭薄赋，勤理政事”。迁都官，值史馆。景德中，以太常少卿致仕。

柴成务

（934—1004），字宝臣，曹州济阴（今山东荷泽）人。宋乾德六年（968）戊辰科状元。授峡州军事推官，改曹州、单州观察。历大理寺、太常寺、知果州、苏州、户部员外郎，入值史馆，户部判官，尝出使高丽。真宗立，迁给事中，知梓州，迁青州。旋奉诏与钱若水辑《太宗实录》。后任刑部尚书。

安德裕

（939—1002），字益之，河南（今河南洛阳）人。宋开宝二年（969）己巳科状元。历任归州军事推官、大理寺丞、著作郎、秘书丞等。知广济军，著《军记》《图经》，太宗褒之，改任太常博士。至道四年，进献《九弦琴五弦阮颂》。后历金部郎中，知睦州，判太府寺。有文集存世。

张拱

生卒年不详。字号、籍贯均不详。宋开宝三年（970）庚午科状元。余事无考。

刘寅

生卒年不详。字号、籍贯均不详。宋开宝四年（971）辛未科状元。余事无考。

安守亮

生卒年不详。字号不详，河南（今河南洛阳）人。宋开宝五年（972）壬申科状元。与其父安德裕大魁之日，仅隔三年两科，世称“父子状元”。

宋准

（938—989），字子平，开封雍丘（今河南杞县）人。宋开宝六年（973）癸酉科状元。八年，应诏修定《诸道图经》，旋受命出使契丹。第二年，出任南平知州，加著作郎，通判梓州。后主持贡举，出为河北转运使，迁金部郎中，病卒。

王嗣宗

（944—1021），字希阮，号中陵子，汾州（今山西汾阳）人。宋开宝八年（975）乙亥科状元。补秦州司寇参军侍御史。历事三朝，真宗时，拜御史中丞。累官至静难军节度。以左屯卫上将军、检校太尉致仕。卒，谥景庄。著有《中陵子》等。

吕蒙正

（944—1011），字圣功，河南洛阳人。宋太平兴国二年（977）丁丑科状元。授将作监丞，通判升州。雍熙间，任中书侍郎兼吏部尚书、平章事。淳化四年，二度入相。真宗立，罢李昉，进左仆射，为三度入相。咸平六年封莱国公，授太子太师。三年后，辞官归。

胡旦

（955—1034），字周父，滨州渤海（今山东惠民）人。宋太平兴国三年（978）戊寅科状元。授将作监丞，通判升州，迁左拾遗，入值史馆。因上《河平颂》，议论时政，忤怒太宗，贬为殿中丞。后来，胡旦又上《平燕议》，受太宗赏识，知制诰。后因受人牵连贬为散官。不久双目失明，以秘书省少监身份致仕。

苏易简

（958—997），字太简，梓州铜山（今四川中江）人。宋太平兴国五年（980）庚辰科状元，授升州通判。八年，知制诰。雍熙三年，充翰林学士。淳化四年，迁参知政事。至道元年，出知邓、陈二州。又以文章知名当世。著有《文房四谱》等。

王世则

生卒年不详。字号不详，湖南长沙人，一说桂林永福（今广西永福）人。宋太平兴国八年（983）癸未科状元。以右正言出使交州，还朝，将交州山川形势及所见奏报。入值史馆，参与请立元禧为储嗣。忤太宗，贬知蒙州。至道二年为永州太守。真宗立，复原职。

梁灏

（963—1004），字太素，郓州须城（今山东东平）人。宋雍熙二年（985）乙酉科状元。曾任翰林学士、开封知府等职。其间，曾与杨励、朱台符、李若拙同掌科举事务。又与钱若水等人重修《太祖实录》及《起居注》。景德元年，暴病卒于任上。

程宿

生卒年不详。字号不详，衢州（今浙江衢县）人。宋端拱元年（988）戊子科状元。是科考官礼部侍郎宋白，仅取程宿等二十八人，遭物议。太宗两次命落第者补试，再补一百三十人。宿尝权知簿尉，仕至职方员外郎。

陈尧叟

（961—1017），字唐夫，阆州阆中（今四川阆中）人。宋端拱二年（989）己丑科状元。授光禄寺丞，入值史馆。奉诏赈灾后，迁工部外郎，广南西路转运使。岭南人信巫，祷神祛灾。陈尧叟移风易俗，将《集验方》医书刻于石上，立于驿站。著有《请盟录》。

孙何

（961—1004），字汉公，蔡州汝阳（今河南汝南）人。宋淳化三年（992）壬辰科状元。他是宋朝连中“三元”（解元、会元、状元）的状元。通判陕州，召值史馆，累擢至左司谏。真宗立，迁知制诰，掌三班院。屡上疏言时政得失，请裁冗员，加俸禄，治腐败。著有《驳史通》。

孙仅

（969—1047），字邻几，蔡州汝阳（今河南汝南）人。宋咸平元年（998）戊戌科状元。历任舒州团练推官、光禄寺丞、集贤院。后拜右子中允，开封府推官。宋辽和议时，出使辽国。后出为河中知府，归复领审刑院，进给事中。病卒于任上。为政宽厚，不逐名利，于儒学研究有造诣。

孙暨

生卒年不详。字号不详，蔡州汝阳（今河南汝南）人。宋咸平二年（999）己亥科状元。曾官光禄寺丞，值集贤院。被吕蒙正招为婿。

陈尧咨

（970—1034），字嘉谟，阆州阆中（今四川阆中）人。宋咸平三年（1000）庚子科状元。授将作监丞，通判济州。召为校书郎，判三司度支勾院。擢右正言，知制诰。永兴地多盐碱，无甘泉，陈尧咨引龙首渠入城，惠利于民。其兄陈尧叟，为宋端拱二年（989）

状元。兄弟状元，倍受世人称颂。

王曾

（978—1038），字孝先，青州益都（今山东青州）人。宋咸平五年（1002）壬寅科状元。累迁吏部侍郎，两任参知政事。真宗建玉清昭应宫，他陈五害以规谏。仁宗即位，刘太后听政，拜为宰相，正色敢言，朝廷倚重。著有《王文正公笔录》。

李迪

（971—1047），字复古，濮州（今山东鄄城）人。宋景德二年（1005）乙巳科状元。授将作监丞，历通判、知州军、都转运使，入为翰林学士，屡受真宗召对，以熟知陕西粮储军情而得赏识。天禧中，拜给事中、参知政事，寻继寇准为相。后以太子太傅致仕。

姚晔

（985—？），字号不详，河南商水（今属河南）人。宋大中祥符元年（1008）戊申科状元。以成绩优异，真宗赐袍笏，官至著作郎。

梁固

（987—1019），字仲坚，郓州须城（今山东东平）人。宋大中祥符二年（1009）己酉科状元。历将作监丞、值史馆、户部判官、户部勾院等。学识渊博，工文辞，有文集行世。

张师德

（978—1026），字尚贤，开封襄邑（今河南睢县）人。宋大中祥符四年（1011）辛亥科状元。历官将作监丞、耀州通判，擢至判三司都理欠凭由司。尝疏请赦免因贫困无力还债之人，获准。天禧初判司农寺，擢右正言，知制诰，出知颍州，迁刑部员外郎，判大理寺，为群牧使。后历邓、汝州知州，拜左谏议大夫。卒于任。

徐奭

（985—1030），字武卿，福建瓯宁（今福建建瓯）人。宋大中祥符五年（1012）壬子科状元。曾以著作郎值集贤院，任开封府发解试考官时，因偷拆已弥封的试卷事发，被贬为洪州税监。后以礼部郎中、知制诰，奉命赴滑州（今河南滑县）祭告黄河。宋徽宗赐其号“冲晦先生”。

张观

（985—1050），字思正，绛州绛县（今山西绛县）人。宋大中祥符七年（1014）甲寅科状元。授将作监丞、通判解州。仁宗即位，迁太常丞，为三司度支判官、知制诰，出知杭州。还朝后，为翰林学士、知审官院，累迁左司郎中，以给事中权御史中丞。后拜同知枢密院事。

蔡齐

（988—1039），字子思，莱州胶水（今山东胶州）人。宋大中祥符八年（1015）乙卯科状元。授将作监丞，历兖、维州通判，免苛政，慎损济，平讼狱，止盗掠，政绩颇佳。景祐元年（1034），任礼部侍郎、参知政事。与王曾友善，王罢相，随之以户部侍郎归班。知颍州，卒于任。

王整

（970—？），字子齐，咸阳魏州（今属陕西）人。一作河北大名县人。宋天禧三年（1019）己未科状元。历任太子舍人、兖州酒务、殿中丞。尝以六宅使身份出使辽国，贺萧太后寿辰。归，提点河北刑狱。

宋庠

（996—1066），字公序，开封雍丘（今河南杞县）人。宋天圣二年（1024）甲子科状元。初仕擢大理评事，通判襄州，召值史馆，历三司户部判官、同修起居注，后被刘太后看中，破格升为太子中允，再迁为左正言。太后病逝，宋庠为知制诰。曾上疏建议科举应文武分试，被采纳。著有《元宪集》。

王尧臣

（1003—1058），字伯庸，应天府虞城（今河南虞城）人。宋天圣五年（1027）丁卯科状元，累迁知审官院。宋夏战事起，对边防部署、将帅任用等，多有建白。居枢密三年，深得仁宗信任，官至参知政事。著有《崇文总目》。

王拱辰

（1012—1085），字君贶，开封咸平（今河南通许）人。宋天圣八年（1030）庚午科状元。通判怀州，入值集贤院，累迁至翰林学士、御史中丞。熙宁八年（1075），入为中太一宫使。复出任外官，对训练保甲颇有异辞。

张唐卿

（1010—1037），字希元，山东青州人。宋景祐元年（1034）甲戌科状元。十七岁时，以诗文晋谒韩琦，得其推重。夺魁后通判陕州，处事干练，决断如流。父病故，悲痛而亡。韩琦铭其墓。

吕溱

（1014—1068），字济叔，江苏扬州人。宋宝元元年（1038）戊寅科状元。通判亳州，值集贤院，同修起居注。因受牵连，出知蕲、楚、舒三州，后复修起居注。神宗即位，复集贤院学士，加龙图阁直学士，知开封府。期间，精识过人，辨讼立断，豪恶为之敛迹。改枢密直学士，提举醴泉观后，病逝于任，

杨寘

（1014—1044），字审贤，庐州合肥（今安徽合肥）人。宋庆历二年（1042）壬午科状元。且解试（明清为乡试）、省试（明清为会试）、殿试皆第一，即连中三元。授官未及赴任，因母亲病逝，哀伤过度，亦病卒。

贾黯

（1022—1065），字直孺，邓州穰县（今河南邓州）人。宋庆历六年（1046）丙戌科状元。累官左司郎，权知开封府。敢于言事，尝论韩琦、范仲淹可大用。英宗立，迁中书舍人，受诏撰《仁宗实录》。官至给事中、权御史中丞，后以翰林学士知陈州，未赴而卒。

冯京

（1021—1094），字当世，鄂州江夏（今湖北武昌）人。宋皇祐元年（1049）己丑科状元。宋朝最后一位三元及第的状元，及第后，以将作监丞，通判荆南军府事。回京后，出知扬州，还京后，数月未拜相。富弼要其拜见韩琦，冯京道：“公（韩）为宰相，从官不妄造请，乃所以为公重，非傲也。”著有《灊山集》。

郑獬

（1022—1072），字毅夫，江西宁都人。后迁徙安州安陆（今湖北安陆）人。宋皇祐五年（1053）癸巳科状元。及第后，任陈州通判，荆南、开封知府，后入朝为度支判官，入值集贤院，主持修撰皇帝起居注，起草诏诰，享正三品。著有《郧溪集》等。

章衡

（1025—1099），字子平，建州浦城（今福建浦城）人。宋嘉祐二年（1057）丁酉科状元。通判湖州，召试除校书郎，迁太常寺丞，改盐铁判官。因建言财政事，贬知汝、颍二州。熙宁初，还判太常寺丞，知审官西院，尝使辽。作《编年通载》，神宗称善。判吏部流内铨，论人才铨选制度之利弊，名大振。

刘煇

（1030—1065），字之道，信州铅山（今江西铅山）人。宋嘉祐四年（1059）己亥科状元。任大理评事，签书建业军判官。为侍奉祖母，诏令移任金陵。祖母病逝后，聚徒讲学，旋病逝。著有《东归集》。

王俊民

（1035—1063），字康侯，莱州掖县（今山东掖县）人。宋嘉祐六年（1061）辛丑科状元。是科殿试前，京中即传俊民为状元。御试时，王安石、杨乐道同为详定官，意见不一，禀英宗，诏从王安石之请，定俊民第一。授应天府发解官。得狂疾，未几卒。

许将

（1037—1111），字冲元，福建闽县（今福建福州）人。宋嘉祐八年（1063）癸卯科状元。签书昭庆军判官，通判明州。神宗召对，除集贤校理、同知礼院，编修中书条理，擢右正言。崇宁初，进门下侍郎，累官金紫光禄大夫。知兵，又主议复河、湟，有功。著有《许文定集》。

彭汝砺

（1040—1094），字器资，饶州鄱阳（今江西波阳）人。宋治平二年（1065）乙巳科状元。元祐二年（1087），召为起居舍人，迁中书舍人。在蔡确案中，被诬为同党。除职徐州。后累迁吏部尚书。八年，被诬与刘挚有牵连，降知江州。著有《鄱阳集》等。

许安世

（1040—1084），字少张，开封襄邑（今河南睢县）人。宋治平四年（1067）丁未科状元。工诗文，为欧阳修、王珪等所重。累官至尚书都官员外郎。

叶祖洽

（？—1117），字敦礼，福建邵武（今福建邵武）人。宋熙宁三年（1070）庚戌科状元。元祐初，历职方、兵部员外郎，加集贤校理，进礼部郎中。坐诽谤朝廷，被劾，提点淮西刑狱。绍圣初入为左司郎中，历起居郎等。

佘中

生卒年不详。字正道，常州宜兴（今江苏宜兴）人。宋熙宁六年（1073）癸丑科状元。上疏乞罢琼林宴，以厚风俗，上嘉许之。授大理评事，充国子监修撰、经义局检讨。绍圣中，使辽，还奏请修葺河朔城池，未果。后以谏行新法忤旨，出知湖州，移杭州，致仕归。

徐铎

生卒年不详。字振文，兴化莆田（今福建莆田）人。宋熙宁九年（1076）丙辰科状元。授镇东军判官，绍圣中，以给事中值学士院，参与主持编辑元祐党人言行。崇宁中，拜礼部尚书，改吏部，卒于任。

时彦

（？—1107），字邦美，河南开封（今河南开封）人。宋元丰二年（1079）己未科状元。绍圣中，迁左司员外郎。使辽，失职被罢。旋起复集贤院校理，提点河东刑狱。又以昔日使辽时纳辽国赏赐被劾罢。徽宗立，召为吏部员外郎，屡擢至吏部侍郎，迁户部，为开封府尹，有治绩。迁吏部，卒于任。

黄裳

（1044—1130），字冕仲，号演山，延平（今福建南平）人。宋元丰五年（1082）壬戌科状元。少有夺魁之志，诗文俱佳，为神宗钟爱，殿试，亲擢第一。历知福州、礼部侍郎、尚书等。著有《演山集》。

焦蹈

（？—1085），字悦道，庐州无为（今安徽无为）人。宋元丰八年（1085）乙丑科状元。少读经史，四列乡荐，均落第，乃力学。元丰八年，户部尚书权知贡举，蹈等皆寓贡院，夜起火，幸免于难。择地另考，中进士第一，榜发六日后即卒。

李常宁

（1037—1088），字安邦，开封廪延（今河南延津）人。宋元祐三年（1088）戊辰科状元。其于嘉祐中举进士，廷试屡不第，戊辰对策于廷，其词高古，遂为魁首。授宣义郎，签书镇海军节度判官，旋病卒于任。

马涓

生卒年不详。字巨济，四川保宁（今四川南部）人。宋元祐六年（1091）辛未科状元。授签书雄武军节度判官。后以忤蔡京被贬。崇宁二年列为元祐党人，罢不叙用。

毕渐

生卒年不详。字之进，荆州潜江（今湖北潜江县）人。宋元祐九年（1094）甲戌科状元。是科对策，考官荐主元祐之政者居上，礼部侍郎杨畏复考，悉下之，而以主熙丰者置前，渐遂为第一。授签书山南东道节度判官，历太常寺少卿、膳部员外郎，出知荆南府事。工诗文，性刚介。

何昌言

（1067—1126），字忠儒，江西临江（今江西清江）人。宋绍圣四年（1097）丁丑科状元。初授承事郎，大观四年，进给事中，充微猷阁待制，知应天府。昌言为政清廉，不事权贵。后昌言上疏奏其不端，被逐出应天府，贬知太平州。靖康元年，蔡京致仕，昌言方被授工部侍郎，兼太子詹事。

李釜

生卒年不详。字元量，大名（今属河北）人，一说为淮水人。宋元符三年（1100）庚辰科状元。历官河中通判，出知真州，以忤蔡京外甥，被免。起复为中书舍人，以待制知筠州。诗文俱佳，《宋诗纪事》录其作。

霍端友

（1056—1115），字仁仲，常州武进（今江苏武进）人。宋崇宁二年（1103）癸未科状元。历官宣义郎，屡擢至中书舍人。曾自请外任，以显谟阁侍制知平江，改陈州。在陈州浚河治水患。内侍传诏，索瑞香花，不从，劾罢。后召入京，官至通议大夫，病卒。

蔡薿

（1067—1124），字文饶，河南开封（今河南开封）人。宋崇宁五年（1106）丙戌科状元。善附权贵，尊蔡京为叔父，仇视元祐党人。坐事被劾，贬知和州，改杭州。升翰林学士，因妄议时政再贬。起知建宁府，召为学士承旨，礼部尚书。宣和中，起为龙图阁学士，再知杭州，为政不仁，再被罢。第二年卒。

贾安宅

（1088—？），字居仁，湖州乌程（今浙江吴兴）人。宋大观三年（1109）己丑科状元。授秘书省正字，累官至户部侍郎。建炎间，任给事中，以正直名于朝。屡任考官，甚得人。工诗文，《宋诗纪事》录其作。

莫俦

（1089—1164），字寿朋，湖州人，一说为吴县（今江苏苏州）人。宋政和二年（1112）壬辰科状元。累迁国子司业，宣和中，召试中书舍人，靖康初，迁吏部尚书、翰林学士、知制诰。著有《内外制》等。

何㮚

（1089—1127），字文缜，仙井（今四川仁寿县）人。宋政和五年（1115）乙未科状元。累迁御史中丞，出知泰州。钦宗立，召进尚书右丞、中书侍郎。反对割地议和，金兵迫近汴京，拜尚书右仆射，兼中书侍郎，奏请以康王为大元帅。徽、钦二帝陷金营后，绝食而死。

王昂

（1090—1132），字叔兴，江都（今江苏江都）人。宋政和八年（1118）戊戌科状元。以文学著于时，官秘书省校书郎，历起居舍人，秘书少监，以徽猷阁待制知台州，提举太平观，以病卒。

何涣

生卒年不详。字仲浩，饶州余干（今江西饶余干县）人。宋宣和三年（1121）辛丑科状元。及第后，官至承事郎，太学博士，以文章名世。著有《四书注解》。

沈晦

（1084—1149），字元用，号胥山，钱塘（今浙江杭州）人。宋宣和六年（1124）甲辰科状元。及第后，任校书郎，迁著作佐郎。金国攻汴京，为人质于金国。还朝，任给事中。高宗即位，为集英殿修撰，知信州。《宋史》称沈晦胆气过人，不能尽循法度，贫时尤甚，故累致人言。然其当官才具，亦不可掩。

李易

（？—1142），字顺之，江都（今江苏扬州）人。宋建炎二年（1128）戊申科状元。授左宣义郎，签书江阴军判官。后历太常博士、工部员外郎、太常寺少卿、中书舍人、值秘书阁，出知扬州，擢至敷文阁待制。与吕溱、王昂并称“扬州三魁”。

张九成

（1092—1159），字子韶，号横浦居士，杭州钱塘（今浙江杭州）人。宋绍兴二年（1132）壬子科状元。少游京师，从杨时学。历官著作郎、礼部、刑部侍郎等。恪尽职守，善治狱。赵鼎罢相，反对宋金和议，秦桧诬为赵鼎一党，贬谪安南达十四年。桧死，起知温州，卒于任。著有《孟子传》等。

汪应辰

（1119—1176），字圣锡，信州玉山（今江西玉山）人。宋绍兴五年（1135）乙卯科状元。授镇东军签判，召为秘书省正字，因上疏忤怒秦桧，出通判建州，继通判袁州、静江、广州。桧死，始还朝，任吏部郎官，数迁权吏部尚书、户部侍郎兼侍讲。著有《文定集》。

黄公度

（1109—1156），字师宪，号知稼翁，兴化莆田（今福建莆田）人。宋绍兴八年（1138）戊午科状元。授承事郎，历签书平海军节度判官，秘书省正字，与赵鼎评议时政，为秦桧所忌，贬为肇庆府通判达十年。桧死，召还任考功员外郎。著《知稼翁集》。

陈诚之

（1093—1170），字自明，长乐（今福建长乐市）人。宋绍兴十二年（1142）壬戌科状元。授左承郎，签书镇东军节度判官，历秘书省正字、校书郎、秘书郎，累官至同知枢密院事，端明殿学士。主议和，适秦桧意。

刘章

（1097—1177），字文孺，衢州龙游（今浙江龙游）人。宋绍兴十五年（1145）乙丑科状元。入仕后，不附秦桧，被逐至筠州。桧死，召还，任司封员外郎，历秘书省少监、起居郎。淳熙中，以资政殿学士致仕。

王佐

（1126—1191），字宣子，号敬斋，山阴（今浙江绍兴）人。宋绍兴十八年（1148）戊辰科状元。授承事郎，为秘书省校书郎。时秦桧专权，其子秦熺为提举秘书省，众人趋附，唯独王佐未尝妄置一语，以至忤怒秦熺，被外放。秦桧死，为秘书郎，领右司郎。故后，陆游为其撰写墓志铭。

赵逵

（1117—1157），字庄叔，资州（今四川资阳）人。宋绍兴二十一年（1151）辛未科状元。历官左承郎、签书剑南东川、校书郎。不附秦桧，桧死，迁著作佐郎兼权礼部员外郎，次年，同知贡举，尽公参阅，革除旧弊。迁普安郡王府教授，晋中书舍人。此距登第仅六年。著有《栖云集》。

张孝祥

（1132—1169），字安国，号于湖居士，历阳乌江（今安徽和县）人。宋绍兴二十四年（1154）甲戌科状元。历官礼部员外郎、起居舍人，权中书舍人。任建康留守，以赞助张浚北伐，被劾落职。起复，任荆南知府，为荆湖北路安抚使。政声播于朝野。著有《于湖词》。

王十朋

（1112—1171），字龟龄，号梅溪，温州乐清（今浙江温州乐清）人。宋绍兴二十七年（1157）丁丑科状元。授绍兴府签判，除著作郎。知严州，除侍御史，上疏论史浩八大罪，使浩出知绍兴府。著有《梅溪集》。

梁克家

（1128—1187），字叔子，福建泉州晋江（今福建晋江）人。宋绍兴三十年（1160）庚辰科状元。授平江通判，历秘书省正字、中书舍人、给事中。乾道九年（1173），拜右丞相，封仪国公。十三年，以内祠兼侍读，病卒。编有《淳熙三山志》。

木待问

（1140—？），字蕴之，浙江永嘉（今浙江温州）人。宋隆兴元年（1163）癸未科状元。少时曾师从郑伯熊，历官太子詹事、焕章阁待制、礼部尚书，至侍从。为人自私刻薄，孝宗鄙之。长于诗。

萧国梁

生卒年不详。字挺之，永福（今福建永泰）人，一说闽（今福建闽侯）人。宋乾道二年（1166）丙戌科状元。授左宣义郎，历著作郎、太子侍讲兼礼部郎中等。是科廷试赵汝愚第一，国梁第二，缘以汝愚为宗亲并有官职，故改擢国梁第一。

郑侨

（？—1197），字惠叔，号回溪，福建莆田（今福建莆田）人。宋乾道五年（1169）己丑科状元。授签书镇南军节度判官。奉命使金，不辱使命。绍熙中，除赋重之弊。终以观文殿学士致仕。善书，工行、草，著有《书衡》。

黄定

（1133—？），字泰之，号龙屿，福建永福（今福建永泰）人。宋乾道八年（1172）壬辰科状元。历任秘书省校书郎、工部员外郎、国子监司业。淳熙十年，擢显谟阁学士、国子监祭酒。后出知温州，终广东提举。工诗文，有文集行世。

詹骙

（1145—？），字晋卿，会稽（今浙江绍兴）人。宋淳熙二年（1175）乙未科状元。授校书郎，历秘书郎、著作佐郎、著作郎。十年任将作少监少丞、宁国知府等，官至中书舍人，龙图阁学士。有政声，尤以诗名于世。

姚颖

（1150—1183），字洪卿，庆元府鄞县（今浙江宁波）人。宋淳熙五年（1178）戊戌科状元。授签书宁国军节度判官厅公事，召为秘书省校书郎，通判平江府，旋卒于任。博学多才，淡泊宽厚，文章俊秀。

黄由

生卒年不详。字子由，自号盘野居士，平江长洲（今江苏苏州）人。宋淳熙八年（1181）辛丑科状元。夺魁后，任绍兴府通判，以赈济灾民有功，擢秘书省正字，迁著作佐郎。嘉定初，知绍兴府。擢至正奉大夫、刑部尚书。擅长诗文。

卫泾

（1159—1226），字清叔，号后乐居士，平江昆山（今江苏昆山）人。宋淳熙十一年（1184）甲辰科状元。历官秘书省正字。

嘉定七年（1214）起知扬州，拜资政殿学士。历事三朝，倾心国事，不畏权贵。与朱熹善，曾刊其遗著。著有《后乐集》。

王容

生卒年不详。字南强，号南涧，湖南湘阴（今湖南长沙）人。宋淳熙十四年（1187）丁未科状元。历官校书郎等，以中书舍人兼同修国史，实录院撰修、检讨官。庆元中，任江西提举，后直焕章，擢至礼部侍郎，卒于任。

余复

（1152—？），字子叔，福建宁德（今福建宁德）人。绍熙元年（1190）庚戌科状元。为光宗亲擢并赐诗，授著作佐郎，历校书郎、实录院检讨等。因厌倦官场，退隐还乡。精研儒学，著有《礼经类说》等。

陈亮

（1143—1194），字同甫，婺州永康（今浙江永康）人。宋绍熙四年（1193）癸丑科状元。少聪颖，才气超迈，喜谈兵事。年十八，即奔走四方，抗金救国。及第时五十有一，授签书建康府判官，未赴而卒。著有《龙川集》等。

邹应龙

（1172—1244），字景初，号南容，泰宁（今福建泰宁）人。宋庆元二年（1196）丙辰科状元。历起居舍人，以龙图阁直学士权知赣州，江西提点刑狱，中书舍人等。嘉熙元年（1237），任端明殿学士，知庆元府兼沿海制置使，以年老致仕。

曾从龙

（？—1236），字君锡，泉州晋江（今福建晋江）人。宋庆元五年（1199）己未科状元。初名一龙，其廷对旁征博引，辞采飞扬，得宁宗赏识，亲擢第一，并赐名从龙。端平元年，拜资政殿大学士兼知枢密院事，进参知政事，督视江淮、荆襄兵马。

傅行简

生卒年不详。字敬父，庆元府鄞县（今浙江鄞县）人，一说为浙江明州人，宋嘉泰二年（1202）壬戌科状元。是科因宁宗居丧，不亲试，命省试第一者擢魁首，行简遂成状元。授承事郎，历秘书郎、校书郎、著作佐郎等，后辞官归里。

毛自知

（1178—？），字号不详，浙江濯县人。宋开禧元年（1205）乙丑科状元。殿试卷有"出兵抗金，定中原"，与宰相韩侂胄意相合，遂荐第一。授承事郎，签书镇东军节度判官。侂胄北伐军败，为史弥远弹劾，自知被牵连，降用。

郑性之

（1172—1254），字信之，号毅斋，福州（今福建福州）人。宋嘉定元年（1208）戊辰科状元。授平江军节度判官，端平元年擢吏部侍郎，疏请理宗广开言路，整肃朝政。迁左谏议大夫，屡陈治国之策，官至枢密院事兼参知政事。著有《端平奏议》等。

赵建夫

生卒年不详。字嗣勋，永嘉（今浙江温州市）人。宋嘉定四年（1211）辛未科状元。历秘书省正字、校书郎、著作佐郎、嘉兴知府、都官郎官兼国史馆编修等，擢至工部尚书。

袁甫

生卒年不详。字广微，号蒙斋，庆元府鄞县（今浙江宁波）人。宋嘉定七年（1214）甲戌科状元。授签书建康军节度判官，迁秘书省正字，疏言局势严峻，应严守帅之选。迁秘书郎，再言边事之病，在内而不在外。改江东常平提举，遇大旱，赈济灾民，问民疾苦。官至兵部尚书兼吏部尚书。著有《蒙斋集》等。

吴潜

（1196—1262），字毅夫，号履斋，宣州宁国（今安徽宁国）人。宋嘉定十年（1217）丁丑科状元。绍定时，官至太府卿兼沿江制置使，建康府、江东安抚留守。对蒙古主张和、守、战三者结合。后历任庆元府兼沿海制置使、兵部尚书、浙江制置使、翰林学士、知制诰兼侍读等职。著有《履斋遗集》。

刘渭

生卒年不详。字志清，婺州金华（今浙江金华）人。宋嘉定十三年（1220）庚辰科状元。历官特补承事郎、签书建康军节度判官等。

蒋重珍

生卒年不详。字良贵，无锡（今江苏无锡）人。宋嘉定十六年（1223）癸未科状元，又签判奉国军。绍定二年，奉召入京言事。因上疏提醒理宗亲揽大权，授秘书郎兼庄文府教授。因病求退，以集英殿修撰身份任安吉知州，代理刑部侍郎。三次请求辞官，朝廷均不准。最后，诏以刑部侍郎身份带职致仕。

王会龙

（1192—？），字君遇，台州临海（今浙江临海）人。宋宝庆二年（1226）丙戌科状元。宝庆元年礼部省试中，获第一。是年理宗守丧，未与策试，令以省试名次代之，会龙遂得魁。绍兴二年任秘书省正字，历校书郎、著作郎、工部郎中等，终太府寺卿。

黄朴

（1192—？），字成父，福州侯官（今福建闽侯）人。宋绍定二年（1229）己丑科状元。历著作郎、吏部郎中，终广东漕司。

徐元杰

（1194—1245），字伯仁，号梅野，信州上饶（今江西上饶）人。宋绍定五年（1232）壬辰科状元。嘉熙初，擢任秘书郎正字，迁校书郎。淳祐元年，知南剑州，有惠政。授侍左郎官，言敌国外患，乞以宗社为心。善诗文，有《梅埜集》。

吴叔告

（1193—1265），字君谋，福建莆田（今福建莆田）人。宋端平二年（1235）乙未科状元。授为秘书郎，倍受理宗器重。多次上疏，所言皆中时弊。在任期间，政绩卓著。景定中，召为尚书右侍郎中官，累官至大理少卿。

周坦

生卒年不详。字子父，永嘉（今浙江永嘉）人。宋嘉熙二年（1238）戊戌科状元。授镇东军节度判官，历校书郎、著作郎、吉安知府。淳祐五年，迁工部郎官。

徐俨夫

生卒年不详。字公望，号桃渚，永嘉（今浙江永嘉）人，一说为平阳人。宋淳祐元年（1241）辛丑科状元。历官校书郎、秘书郎、著作佐郎兼靖惠王府教授、礼部郎官、秘书丞等。性刚正，敢直言，忤丁大全被革。景定中，起为礼部侍郎。以文章诗词名著于时。

留梦炎

（1219—1295），字汉辅，号中斋，浙江衢州（今浙江衢县）人。宋淳祐四年（1244）甲辰科状元。历宗正少卿、福建提举、吏部右侍郎、宣奉大夫、端明殿学士。仕元二十年，官终礼部尚书，翰林学士承旨。为人奸诈，为浙人所不齿。

张渊微

生卒年不详。字孟博，号平斋，盱江（今江西广昌）人，一说为建昌军新城人。宋淳祐七年（1247）丁未科状元。历秘书省正字、校书郎、著作佐郎、司府郎官兼史馆校勘，兼景献府教授、资善堂直讲。宝祐中，擢至侍郎，致仕归。

方逢辰

（1221—1291），字君锡，严州淳安（今浙江淳安）人。宋淳祐十年（1250）庚戌科状元。历官承事郎、秘书省正字、校书郎等。咸淳七年（1271），擢吏部尚书，迁礼部，辞未就，聚徒讲学。宋亡，元朝邀其出山仕宦，坚辞。著有《蛟峰文集》。

姚勉

（1216—1263），字飞卿，号成一，新昌（今江西宜丰）人。宋宝祐元年（1253）癸丑科状元。授平江府推官，迁校书郎兼中书舍人。时丁大全专权，逐太学生，姚勉上疏论救，忤怒大全，被迫辞官。及吴潜为相，召为校书郎，疏论贾似道误国，被免官。善诗文，与黄梦炎、胡仲云、刘元高并称为“锦江四俊”。

文天祥

（1136—1283），字天祥，号文山，吉州庐陵（今江西吉安）人。宋宝祐四年（1256）丙辰科状元。与陆秀夫、张世杰被称为“宋末三杰”。他晚年的诗词，慷慨激昂，苍凉悲壮，具有强烈的感染力。历任签书宁海军节度判官厅公事、刑部郎官、江南西路及荆湖南路提刑、知赣州职等。著有《过零丁洋》等。

周震炎

（1231—？），字名光，太平当涂（今属安徽）人。宋开庆元年（1259）己未科状元。震炎相貌英俊，为考官丁大全看中，似作驸马人选，以献媚理宗。遂私告试题，使其得中魁首。理宗见其年近三十，不悦，事遂废。后丁大全被罢，牵连周震炎，夺其状元，降为末等，死于贬官途中。

方山京

生卒年不详。字子高，号砚庵，绍兴府（今浙江绍兴）人。宋景定三年（1262）壬戌科状元。历官签书建康军节度判官厅公事任秘书省正字，兼沂靖惠文府教授，庄王府教授，迁秘书郎等，病卒。为官谨慎，正直清廉。

阮登炳

生卒年不详。字显之，号菊存居士，长州（今江苏苏州）人。宋咸淳元年（1265）乙丑科状元，授为绍兴府签判。咸淳四年，以签书镇东军节度判官厅公事，兼福王府教授。不久，迁秘书省正字，再迁秘书郎。德祐二年，赵㬎率朝臣投降，阮登炳亦为降臣，三月，乞请回乡。

陈文龙

（1232—1276），字德云，号洞真，福州兴化（今福建莆田）人。宋咸淳四年（1268）戊辰科状元。历官镇东军节度判官等。以正直敢言，忤怒权臣贾似道。襄阳被元军攻占，上疏斥贾似道用人不当，遭贬。后被起用为左司谏，迁侍御史、参知政事。景炎元年，再任参知政事，后被元军抓获，绝食而死。

张镇孙

（1235—1278），字鼎卿，号粤溪，南海（今广东南海）人。宋咸淳七年（1271）辛未科状元。历秘书省正字、校书郎、婺州通判。德祐元年，元军进逼临安，弃官回乡，被劾免。景炎二年，率军收复广州，但不久又被元军攻占，被俘就义。工诗文，著有《见面亭集》。

王龙泽

生卒年不详。字潜渊，义乌（今浙江义乌）人。宋咸淳十年（1274）甲戌科状元。宋朝的最后一位状元。授承事郎、签书昭庆军节度判官厅公事。德祐二年，元军攻陷临安，宋亡。元世祖命其为监察御史。擅长书法。

辽代

室昉

（920？—994？），字号、籍贯均不详。辽会同元年（938）戊戌科状元。历仕太宗、世宗、穆宗、景宗四朝。景宗保宁年间拜枢密使，兼北府宰相，加同政事门下平章事。圣宗统和年间，与韩德让、耶律斜轸同辅政，改革时弊。卒，赠尚书令。

高举

生卒年不详。字号、籍贯均不详。辽统和六年(988)戊子科状元。本科仅录取其一人。余事无考。

高正

（？—1016），字号、籍贯均不详。辽统和七年（989）己丑科状元。二十三年一月，以政事舍人（一说为宗正卿）为贺宋来年正旦副使。五年后，以枢密直学士出使高丽。翌年三月，迁工部侍郎，拜北院枢密副使。开泰二年二月，奉命按察诸道刑狱。开泰五年，卒。

郑云从

生卒年不详。字号、籍贯均不详。辽统和八年（990）庚寅科状元。此科进士及第者仅两人，余事无考。

石用中

（？—1022），字号、籍贯均不详。辽统和九年（991）辛卯科状元。开泰中历任翰林学士、顺义军节度使、汉人行宫都部署、参知政事等。

王熙载

生卒年不详。字号、籍贯均不详。辽统和十一年（993）癸巳科状元。此科及第者仅二人。余事无考。

吕德懋

（？—1031），字号、籍贯均不详。辽统和十二年（994）甲午科状元。该榜取进士两人。圣宗时，历任三司使、枢密副使、吏部尚书等。

王用极

生卒年不详。字号、籍贯均不详。辽统和十三年（995）乙未科状元。此榜共取二人，余事无考。

张俭

（962—1053），字师约，宛平（今北京市）人。辽统和十四年（996）丙申科状元。授礼部郎中、知制诰、直枢密院。太平五年，兼武定军节度使。翌年，为南院枢密使，左丞相兼政事令，监修国史。居相位二十余年，裨益为多。

陈鼎

生卒年不详。字号、籍贯均不详。辽统和十五年（997）丁酉科状元。此科取进士二人，余事无考。

杨又玄

生卒年不详。字号、籍贯均不详。辽统和十六年（998）戊戌科状元。开泰七年知详覆院。太平二年，为枢密副使。五年，为吏部尚书、参知政事兼南院枢密使。七年，知贡举，同知者邢详曾因处事不公遭非议。

初锡

生卒年不详。字号、籍贯均不详。辽统和十七年（999）己亥科状元。此科共取进士四人，余事无考。

南承保

生卒年不详。字号、籍贯均不详。辽统和十八年（1000）庚子科状元。此榜仅取士三人。余事无考。

邢祥

生卒年不详。字号、籍贯均不详。辽统和二十年（1002）壬寅科状元。开泰元年（1012）知贡举，处事不公，为人所论，论者被处杖徒。第二年，授给事中。太平七年再知贡举。

李可封

生卒年不详。字号、籍贯均不详。辽统和二十二年（1004）甲辰科状元。景福元年，以崇禄卿与工部尚书高德顺使宋，颁圣宗遗物予宋。

杨佶

生卒年不详。字正叔，南京（今北京）人。辽统和二十四年（1006）丙午科状元。任校书郎、大理正。开泰六年，转仪曹郎，加谏议大夫。不久，出知易州。入为大理少卿，累迁翰林学士。为政清简，言而有信。著有《登瀛集》。

史克忠

生卒年不详。字号、籍贯均不详。辽统和二十六年（1008）戊申科状元。该榜取进士十三人。太平二年以贺宋正旦副使出使宋。余事无考。

刘二宜

生卒年不详。字号、籍贯均不详。辽统和二十七年（1009）己酉科状元。圣宗御前引试三人，以第一名登第，余事无考。

高承颜

生卒年不详。字号、籍贯均不详。辽统和二十九年（1011）辛亥科状元。本科取士二人。余事无考。

史简

生卒年不详。字号、籍贯均不详。辽开泰元年（1012）壬子科状元。此科取进士十九人，考官为裴玄感、邢祥。余事无考。

鲜于茂昭

生卒年不详。字号、籍贯均不详。辽开泰二年（1013）癸丑科状元。此科取进士六人，余事无考。

张用行

生卒年不详。字号、籍贯均不详。辽开泰三年（1014）甲寅科状元。此榜取进士三十一人。余事无考。

孙杰

生卒年不详。字号、籍贯均不详。辽开泰五年（1016）丙辰科状元。此榜取进士四十八人。余事无考。

张克恭

生卒年不详。字号、籍贯均不详。辽开泰七年（1018）戊午科状元。太平二年（1022），以堂后官充贺夏国王李德昭（《辽史》避景宗耶律贤小字明扆讳，改李德昭）生日使。兴宗重熙中，官至宰臣，守司空。

张仲举

生卒年不详。字号、籍贯均不详。辽开泰九年（1020）庚申科状元。此榜取进士四十五人。余事无考。

张渐

生卒年不详。字号、籍贯均不详。辽太平二年（1022）壬戌科状元。此榜取进士四十七人。余事无考。

李炯

生卒年不详。字号、籍贯均不详。辽太平四年（1024）甲子科状元。此榜取进士四十七人。余事无考。

张昱

生卒年不详。字号、籍贯均不详。辽太平五年（1025）乙丑科状元。此榜取进士七十二人。圣宗命赋诗，第其工拙，昱等十四人授太子校书郎。另五十八人为崇文馆校书郎。

张宥

生卒年不详。字号、籍贯均不详。辽太平八年（1028）戊辰科状元。此榜取进士五十七人，兴宗时曾任徽州刺史。余事无考。

张仁纪

生卒年不详。字号、籍贯均不详。辽太平九年（1029）己巳科状元。太平九年（1029），渤海人在东京（今辽宁辽阳）发动了反辽起义，张仁纪等协助守沈州。平定后，圣宗赐进士及第，以嘉奖其忠诚。

刘贞

生卒年不详。字号、籍贯均不详。辽景福元年（1031）辛未科状元。此科取进士五十七人。余事无考。

刘师贞

生卒年不详。字号、籍贯均不详。辽重熙元年（1032）壬申科状元。此榜取进士五十七人。余事无考。

冯立

生卒年不详。字号、籍贯均不详。辽重熙五年（1036）丙子科状元。该年十月，兴宗亲御元和殿，以《日射三十六熊赋》及《幸燕诗》为题殿试，取进士四十九人，辽朝殿试自此始。冯立授右补阙。第二名赵徽以下皆为太子中舍人。

邢彭年

生卒年不详。字号、籍贯均不详。辽重熙七年（1038）戊寅科状元。辽兴宗御清凉殿亲试进士，此榜共取进士五十五人。余事无考。

王寔

生卒年不详。字号、籍贯均不详。辽重熙十一年（1042）壬午科状元。此榜共取进士六十四人。余事无考。

王棠

（？—1094），字号不详。涿州新城（今河北涿州一带）人。辽重熙十五年（1046）丙戌科状元。乡试、会试、殿试皆第一。历任上京留守、盐铁使、东京户部使。道宗大安三年（1087），入为枢密副使，拜南府宰相。练达朝政，临事不怠，法度修明，颇有政声。

张孝杰

（1025—1094），字号不详，建州永霸（今辽宁朝阳市西南）人。辽重熙二十四年（1055）乙未科状元。大康元年（1075），赐姓耶律，助耶律乙辛陷害太子耶律濬。五年，被道宗比为唐狄仁杰，遂赐名仁杰。六年，出为武定军节度使。次年削爵，又贬知安肃州。大安中，死于乡。

梁援

生卒年不详。字号、籍贯均不详。辽清宁五年（1059）己亥科状元。历任朝官、宫官、京官和州县，六次提案刑狱，所至皆有政声。铨读考试、典掌贡者十次，接送、馆伴宋使和出使多次，曾冒死上书揭露奸臣耶律乙辛。

王鼎

（1030—1106），字虚中，涿州（今河北涿县）人。辽清宁八年（1062）壬寅科状元。授易州观察判官，改涞水县令，累迁翰林学士、观书殿学士。因事流放镇州，后召还复旧职。著《焚椒录》，记道宗宣懿皇后被诬事，为辽史研究重要参考文献。

张臻

生卒年不详。字号、籍贯均不详。辽咸雍二年（1066）丙午科状元。此榜取进士一百零一人。余事无考。

赵廷睦

生卒年不详。字号、籍贯均不详。辽咸雍六年（1070）庚戌科状元。大安中，历枢密学士、参知政事兼同知南院枢密院事。寿昌中，进南府宰相，出知兴中府事。

刘霄

（1045—1130），字号不详，大兴宛平（今北京）人。辽咸雍十年（1074）甲寅科状元。宋《全辽诗话》载："东坡与辽使刘霄会食，霄诵东坡诗云：'痛饮从今有几日，西轩月色夜来新。'公岂不饮者耶？"据此，知其曾为使者到过宋。

刘瓘

生卒年不详。字号、籍贯均不详。辽大康五年（1079）己未科状元。此科及第者一百一十三人。余事无考。

李君裕

生卒年不详。字号、籍贯均不详。辽大康九年（1083）癸亥科状元。此榜取进士五十一人。余事无考。

张毂

生卒年不详。字号、籍贯均不详。辽大安二年（1086）丙寅科状元。此榜取进士二十六人。余事无考。

文充

生卒年不详。字号、籍贯均不详。辽大安六年（1090）庚午科状元。此榜录取进士七十二人。余事无考。

冠尊文

生卒年不详。字号、籍贯均不详。辽大安八年（1092）壬申科状元。此科及第者五十三人。余事无考。

陈衡甫

生卒年不详。字号、籍贯均不详。辽寿昌元年（1095）乙亥科状元。该科取进士一百二十人。余事无考。

康秉俭

生卒年不详。字号、籍贯均不详。辽寿昌六年（1100）庚辰科状元。此榜取进士八十七人。余事无考。

马恭回

生卒年不详。字号、籍贯均不详。辽乾统三年（1103）癸未科状元。此榜取进士一百零三人。余事无考。

李石

生卒年不详。字号不详，辽阳人。辽乾统七年（1107）丁亥科状元。累官至翰林学士。金军破燕，降。辽国降臣左企弓奉命迁燕京百姓北行，路过平州，张觉召李石商议，将左企弓杀死，反金投宋后，李石改名为安弼。在宋朝，李石官至徽猷阁待制。

刘祯

生卒年不详。字号、籍贯均不详，一说为刘桢。辽乾统九年（1109）己丑科状元。此榜取进士九十人。余事无考。

韩昉

（1082—1149），字公美，燕京（今北京一带）人。辽天庆二年（1112）壬辰科状元。仕辽为右拾遗，转史馆修撰，累迁少府少监、乾文阁待制。熙宗皇统元年（1141），除济南尹，拜参知政事。六年，除汴京留守，封郓国公。

王翚

生卒年不详。字号、籍贯均不详。辽天庆八年（1118）戊戌科状元。此榜共取进士一百零三人。余事无考。

李宝信

生卒年不详。字号、籍贯均不详。辽建福元年（1122）壬寅科状元。此榜约取进士十九人。余事无考。

李球

生卒年不详。字号、籍贯均不详。辽德兴元年（1122）壬寅科状元。约保大二年，耶律淳死，妻萧德妃称制，放进士一百零八人。

边贯道

（1020？—1080？），祖籍丰州（今内蒙古呼和浩特丰州区）人，后迁云州。辽重熙十九年（1050）庚寅科状元。余事无考。

西夏

李遵顼

（1162—1225），字号不详，兴定府（今宁夏银川）人。天庆十年（1203）癸亥科状元。李彦宗之子。后统领西夏军事。他以状元当皇帝，在历史上是无前例的。后与蒙古、宋作战，屡败。

金代

刘㧑

生卒年不详。号南山翁，山西浑源（今属山西）人。金天会元年（1123）甲辰科词赋状元。释褐右拾遗，转知大城、阳曲、怀仁三县，擢大理正，迁平阳府判官、安东节度副使，再为大理正，出刺石州。议狱主恕，不屈权贵，多所平反。长治于民，条理简便，能兴利除弊。子孙多为科第出身。

刘敏行

生卒年不详。字号不详，平州人。金天会三年（1125）乙巳科词赋状元。除太子校书郎，累迁肥乡令，转高平令，官至河北东路转运使。

翟永固

（？—1166），字仲坚，中都（今北京）良乡人。金天会六年（1128）戊申科词赋状元。授怀安丞，迁望云令，补枢密院令史，辟左副元帅宗翰府掾。累至工部员外郎、礼部郎中、翰林直学士。世宗大定二年（1162），起拜尚书左丞，后罢为真定尹。五年，致仕。

胡砺

（1107—1161），字元化，磁州武安（今河北武安）人。金天会十年（1132）壬子科状元。授右拾遗，权翰林院修撰。后改定州观察判官。海陵王天德初，迁侍讲学士，同修国史。再迁翰林学士，刑部尚书。世宗即位，改翰林承旨。在定州，督教不倦，其程文被誉为“元化格”。

赵洞

（1095—1155），字号、籍贯均不详。金天会十一年（1133）癸丑科词赋状元。这年秋末，金朝举子尽集于京城会试，分为词赋、经义两科，赵洞为词赋第一，孙九鼎为经义第一。中状元后即为承义郎。

杨伯渊

生卒年不详。字号、籍贯均不详。金天会十四年（1136）丙辰科词赋状元。历吏、礼二部主事、御前承应文字、同知永定军节度使事、司计郎中、知平定军，迁平州路转运使。知泰安军，有惠政，民为之刻石记其事。四迁山东东路转运使。大定三年（1163），致仕。

石琚

（1111—1182），定州（今河北定县）人。金天眷二年（1139）己未科词赋状元。调弘政、邢台县令。以廉、改秀容令。复擢行台礼部主事，召为左司都事，累迁吏部郎中。大定十七年（1177），拜平章政事，封莘国公。次年拜为右丞相，以年老衰病固辞，世宗以知人善举相许。

宋瑞卿

（1110—1170），字号、籍贯均不详。金皇统二年（1142）壬戌科词赋状元。余事不考。

孙用康

（1120—1180），字游古，燕（今北京一带）人。金皇统六年（1146）丙寅科词赋状元。与广宁府（今辽宁北镇）人张恭愈分别为进士第一、第二。官至翰林院修撰。

杨建中

（1125—1185），字号、籍贯均不详。金天德三年（1151）辛未科词赋状元。金海陵王完颜亮对科举考试作了新规定：并“南北选”为一，取消经义、策论科，专以词赋取士，而且每科只取进士六七十人，只点一名状元。杨建中夺得本科殿试第一。

吕忠翰

（1120—1190），字周卿，燕（今北京一带）人。金贞元二年（1154）甲戌科词赋状元。世宗时，官翰林修撰。因金朝科举重词赋，士子趋向成风而不及其余，撰写《降海陵王庶人诏》，点窜再三，终不成文。

郑子聃

（1126—1180），字景纯，大定府（今辽宁凌源）人。金正隆二年（1157）丁丑科词赋状元。累迁待制、吏部郎中、秘书少监、翰林学士、太子左谕德，补外为沂州防御使。召还，为左谏议大夫，兼直学士，改吏部侍郎，同修国史。

任忠杰

生卒年不详。字号不详，山西天戎（今属山西）人。金正隆五年（1160）庚辰科词赋状元。授翰林应奉文字，同知制诰。余事无考。

孟宗献

（1130—1180），字友之，号虚静居士。开封（今属河南）人。金大定三年（1163）癸未科词赋状元。乡、府、会、殿皆夺魁，被誉为“孟四元”。殿试题目是《所以临制则臣民畏服》。授翰林应奉文字，同知制诰。除右赞善大夫。

史绍鱼

（1140—1200），字号不详，定州（今河北定县）人。金大定十年（1170）庚寅科词赋状元。余事无考。

赵承元

（1145—1200），字善长，河北田间人。金大定十三年（1173）癸巳科词赋状元。御试题《周德莫若文王赋》。除应奉翰林文字，兼曹王府文学。以疏俊少检，得罪王府。世宗以为无士行，令此后取士，先查其乡行。

张甓

（1150—1210），字号、籍贯均不详。金大定十六年（1176）丙申科词赋状元。也有人说，此科状元是张甫。余事无考。

张甫

（1155—1215），字号、籍贯均不详。金大定十六年（1176）丙申科词赋状元。曾与当时著名人士王郁、文学家元好问等有往来。余事无考。

张行简

（1156—1215），字敬甫，莒州日照（今山东日照）人。金大定十九年（1179）己亥科词赋状元。除应奉翰林文字。章宗即位，转翰林院修撰，摄太常博士。累迁为礼部郎中，对仪礼制度多有修正。著有《礼例纂》等。

徐韪

（1140—1200），字号不详，沧州（今河北沧州市东南）人。金大定二十五年（1185）乙巳科词赋状元。沧州久无登科者，横海节度使张大节位任，督课儒业，修建学宫，作养人才，以是夺魁。

李修

（1160—1220），字号、籍贯均不详。金大定二十八年（1188）戊申科词赋状元。该科取进士五百八十六人。余事无考。

王泽

（1160—1220），字泽民，山西阳曲（今属山西）人。金明昌二年（1191）辛亥科词赋状元，官翰林应奉。因金朝取士只重词赋，故知识贫乏，以致不识枇杷为何物，使士林蒙羞。

张檝

（1165—1225），字巨济，山西山阴人。金明昌五年（1194）甲寅科词赋状元。先为县主簿，登第后官至刺史。为人有蕴藉，文赋诗笔，截然有度，倍受时人推崇。

吕造

（1165—1225），字子成，大兴（北京大兴）人。金承安二年（1197）丁巳科词赋状元，又作吕慥。不善作诗，重阳节时，章宗命翰林官员赋诗，勉强拼凑“佳节近重阳，微臣喜若狂”，为人讥讽，称“王泽不识枇杷子，吕造能吟喜若狂”。累迁为右司谏。哀宗正大四年（1227）为待制，上《尚书要略》。

王若虚

（1174—1243），字从之，河北藁城人。金承安二年（1197）丁巳科词赋状元。由荐入为国史院编修官，累迁应奉翰林文字。哀宗正大初年，预修《宣宗实录》，成，迁平凉府判官。召为右司谏，转延州刺史，入为翰林直学士。著有《滹南遗老集》等。

阎咏

（1165—1215），字长吉，号复轩，高唐（今山东）人。金承安五年（1200）庚申科词赋状元。在翰苑十年，出为河南府治中。道阻不前，卒于亳州。著有《复轩集》。

许天明

（1175—1235），一作天民，籍贯不详，金泰和三年（1203）癸亥科词赋状元。文才不错，业绩不显。余事无考。

李演

（1180—1213），字巨川，任城（今山东济宁）人，金泰和六年（1206）丙寅科词赋状元。除应奉翰林文字。宣宗贞祐初年，为济州刺史。与蒙古军战、兵败被执，不屈被杀，时年三十岁。赠济州刺史。

王纲

（1180—1240），字振之，洪洞（今山西洪洞县）人。金大安元年（1209）己巳科词赋状元。官至翰林院修撰，撰写《忠孝歌》盛传一时。

黄裳

（1180—1245），字吉甫，原籍山西。金崇庆二年（1213）亦称至宁元年（1213）癸酉科词赋状元。著名文人雷渊、宋九嘉、康锡之与之同榜。

李献能

（1192—1232），字钦叔，河中（今山西运城）人，一作永济县人。金贞祐三年（1215）乙亥科词赋状元。授应奉翰林文字，在翰林院凡十年，出为鄜州判官。苦学博览，长于四六文。以机变敏捷著称，被许为“今世翰苑才”。

程嘉善

（1190—1250），字号、籍贯均不详。金贞祐四年（1216）丙子科词赋状元。授应奉翰林文字。兴定五年（1221），知贡举，以滥放及第，夺三官。

张仲安

（1185—1220），字晋臣，燕山（今天津蓟县东南）人。金兴定二年或称金贞祐六年（1218）词赋状元。官翰林学士，秩未满，卒。

刘遇

（1190—1222），字鼎臣，真定（今河北正定县）人，金兴定五年（1221）辛巳科词赋状元。官应奉翰林文字，出为鄜州府经历。蒙古军破城，不知所终。余事无考。

王鹗

（1190—1273），字百一，曹州东明（今属山东东明县）人。金正大元年（1224）甲申科词赋状元，授应奉翰林文字。元太宗后乃马真氏三年，忽必烈召入潜邸，进讲经史。世祖中统元年，选为翰林学士承旨。制诰典章，多所裁定。建言置局纂修辽、金二史，设十路提举学校官。

卢亚

生卒年不详。字号不详，偃师（今河南偃师）人。金正大四年（1227）丁亥科词赋、经义状元。本年进士还有徐世隆、王盘、胡德硅、麻九畴等。

李塘

（1195—1225），字号、籍贯均不详。金正大七年（1230）庚寅科词赋、经义状元。据《金史 · 哀宗本纪》载：正大七年五月，“赐经义、词赋李塘以下进士第”。据此可知，他是本科词赋第一人。

王辅

生卒年不详。字号、籍贯均不详。金天兴二年（1233）癸巳科词赋状元。此为金朝科举的最后一榜，《金史》上也有记载，他是史料上有记载的金朝科举的最后第一人。

徒单镒

（1150—1214），字号不详，上京路（今属吉林）速速保子猛安人。金大正十三年（1173）癸巳科女真策论状元。授中路都教授，大正十五年，为国子助教，后为国史院编修官，兼修起居注，累迁翰林待制，兼吏部侍郎。著有《弘道集》。

纳兰胡鲁剌

（约 1160—1218），字号不详，大名路（今属河北大名县）伯鲁欢猛安人。金承安二年（1197）丁巳科策论状元。除应奉翰林文字，转修撰。迁同知顺天军节度使事，加朝议大夫，改礼部员外郎、曹州刺史、沃州刺史、南京路按察副使等。居官廉洁，不畏强势，治民防御皆有方。

完颜速兰

（1231—1280），字伯阳，籍贯不详。金至宁元年（1213）策论状元。累迁应奉翰林文字，权监察御史。二年，宣宗迁汴，数上书，宣宗以其直言，擢内侍局直长，迁谏议大夫，进侍御史。三年，为监察御史等职。

斡勒业德

（1185—1245），字号、籍贯均不详。金兴定五年（1221）辛巳科策论状元。该科取士二十八人，宣宗怪其数少，因知赡学费用减少，遂增为每人给地四十亩，以谋克内不隶军籍者为学生，并增府学人数。

富珠哩察罕

（1190—1250），又作孛术论长河、孛术里长河。字号、籍贯均不详。女真人。金正大元年（1224）甲申科策论状元。余事无考。

元代

护都答儿

生卒年不详。又名护都沓儿，字号不详，蒙古人。元延祐二年（1315）右榜状元，延祐五年，官翰林待制。余事无考。

张起岩

（1285—1353），字梦臣，号华峰，历城人。元延祐二年（1315）左榜状元。授登州同知。在近四十年仕宦生涯中，先后在地方和中央担任过许多重要职务，对元朝中期政治贡献很大。他的史学、文学造诣极高，善篆隶书，有《华峰类稿》等多种著作传世。

忽都达儿

（1296—1349），又名护都达儿，字通叟，沣阳捏克解氏。元延祐五年（1318）右榜状元。授承务郎，秘书监著作郎。尝奉诏祀五岳，后除湖广行省左右司员外郎，参与平定蛮徭之乱。

霍希贤

生卒年不详。字号不详，泮州人。元延祐五年（1318）左榜状元。至顺间，以翰林院修撰知郑州，有善政。余事无考。

泰不华

（1340—1352），字兼善，居台州，元至治元年（1321）右榜状元。授集贤院修撰，转秘书监著作郎，拜江南行台监察御史。时御史大夫脱欢，怙势贪暴，劾罢之，转江浙左右司郎中。时浙江大水，乃入朝，力言免租，民德之。著有《重类复古篇》等。

宋本

（1281—1334），字诚夫，大都（今北京）人。元至治元年（1321）左榜状元。授承务郎、翰林院修撰、同知制诰兼国史院编修官，预修《仁宗实录》，辞直而不俚。其文以气为主，贵立论，尚微词，词语典丽而丰硕，温厚而峭健。著有《至治集》。

捌剌

生卒年不详。字号、籍贯均不详。元泰定元年（1324）右榜状元。即蒙古、色目人榜状元，授集贤院修撰。余事无考。

张益

生卒年不详。字号不详，西河（今属山西）人。元泰定元年（1324）左榜状元。历翰林院修撰、监察御史、国子司业。至顺中，中书钦察台以罪罢之。后复起为四川平章。

王守城

生卒年不详。字君实，冀宁（河北）阳曲人。元泰定元年（1324）甲子科状元。授秘书郎，迁任太常博士，曾奉命续集《太常集礼》，转任艺林库使，参与修辽、金、宋三史，擢升中书省参议。

阿察赤

生卒年不详。字号、籍贯均不详。元泰定四年（1327）右榜状元。泰定二年，曾任定海县达鲁花赤。一举夺魁后，依例应授集贤院修撰。

李黼

（1298—1352），字子威，颍州人。元泰定四年（1327）左榜状元，授翰林院修撰。历河南行省检校官、礼部主事、监察御史、江西省郎中、国子监丞、礼部侍郎等职。每以圣贤心法为言，又建言依故迹修浚蔡河，奉旨详定中外封事。著有《勤斋集序》等。

笃列图

（1312—1348），字敬夫，燕山（今河北）永丰人。元至顺元年（1330）右榜状元。授承务郎、集贤院修撰，迁太医院都事。后至元二年，累迁南海御史。按治湖广、江浙，升福建廉访司官，以诬劾去职。年三十七卒。

王文烨

生卒年不详。字章甫，山东邹平人。元至顺元年（1330）左榜状元。授承务郎、翰林院修撰，累官枢密院判官。文章、政事为世所称。著有《邹平县创建崇经阁碑》等。

同同

（1302—？），字同初，居真定（今河北正定），蒙古人。元元统元年（1333）右榜状元。授承务郎、集贤院修撰，迁翰林待制，未几卒。著有《祀中岳记》等。

李齐

（1301—1353），字公平，保定路祁州蒲阴县（今河北博野）匠户村人。元元统元年（1333）左榜状元。授承务郎、翰林院修撰、同知制诰，兼国史院编修官。历南台御史、佥河南淮西廉访司事，移知高邮府，所至皆有政声。著有《御香碑》等。

拜住

生卒年不详。逊都思氏，字明善，康里人。元至正二年（1342）右榜状元。历兵部员外郎、南台御史。十年，任山东廉访佥事。官至枢密副使。明初入居高丽，高丽恭愍王赐姓名为韩复，任判司农寺事。

陈祖仁

（1314—1368），字子山，汴梁（今河南开封）人。元至正二年（1342）左榜状元。授翰林院修撰、同知制诰，兼国史院编修官。累官翰林院直学士、侍讲学士、中书省参议，至正二十年，帝欲重修上都宫阙、大兴工役。祖仁上书进谏：上都被毁……今日当务之急是恢复民力。帝赞赏而采纳。

普颜不花

（？—1367），字希古，蒙古人。元至正五年（1345）右榜状元。授翰林院修撰。十一年，迁江西行省左右司郎中。后历江西廉访副使、益都路达鲁花赤、山东廉访使、中书参政。十九年，授山东宣慰使，转知枢密院事、平章山东行省、守御益都。二十七年，明兵破城，不屈而死。

张士坚

生卒年不详。字号、籍贯均不详。元至正五年（1345）左榜状元。授翰林院修撰，转任太常官职。十一年，任内台监察御史，迁户部郎中。善篆书。

阿鲁辉帖木儿

生卒年不详。字号、籍贯均不详。元至正八年（1348）右榜状元。即蒙古、色目人榜进士第一人，依例授集贤院修撰。

王宗哲

生卒年不详。字元举，中山无极（今河北无极）遂州人。元至正八年（1348）左榜状元，他是元代唯一的“三元状元”。授翰林院修撰，同知制诰，历湖广佥宪。以诗文名。

朵烈图

生卒年不详。字仲容，蒙古人。元至正十一年（1351）右榜状元。赐进士及第，授承务郎、集贤院修撰。十七年，由翰林待制擢兵部郎中，仕至兵部尚书。

文允中

生卒年不详。字号不详，四川成都人。元至正十一年（1351）左榜状元。授翰林院修撰，出为四川儒学提举，死于兵难。

薛朝晤

生卒年不详。字子颙，辽东人。元至正十四年（1354）右榜状元。为该科蒙古、色目人榜状元，依照惯例授集贤院修撰。

牛继志

生卒年不详。字号不详，河北武强人。元至正十四年（1354）左榜状元。授翰林院修撰、同知制诰，兼国史院编修官。

倪征

生卒年不详。字号、籍贯均不详。元至正十七年（1357）右榜状元。及第后，依照惯例授翰林院修撰。

王宗嗣

生卒年不详。字号、籍贯均不详。元至正十七年（1357）左榜状元。为该科汉人、南人榜即左榜进士第一人，依例授翰林国史院修撰。

买住

生卒年不详。字翰臣，西域人。元至正二十年（1360）蒙古、色目人榜右榜状元。二十二年，以通事舍人迁秘书监丞。

魏元礼

生卒年不详。字廷训，河北肃宁人。元至正二十年（1360）左榜状元。时元纲不振，是务吏事，后隐居。明太祖访遗贤，征为翰林院修撰，升礼部侍郎。

宝宝

生卒年不详。字号、籍贯均不详，蒙古人。元至正二十三年（1363）右榜状元。为该科蒙古、色目人榜进士第一人，依例授集贤院修撰。曾任职宪台。

杨锐

生卒年不详。字号、籍贯均不详。元至正二十三年（1363）左榜状元。为该科汉人、南人榜，即左榜进士第一人，依例授国史院修撰。

赫德溥化

生卒年不详。字号、籍贯均不详。元至正二十六年（1366）右榜状元。为该科蒙古、色目人榜，即右榜进士第一人，依例授集贤院修撰。

张栋

生卒年不详。字号、籍贯均不详。元至正二十六年（1366）左榜状元。为该科汉人、南人榜，即左榜进士第一人，授翰林国史院修撰。这是元朝科举的最后一榜。

明代

吴伯宗

（1334—1384），字伯宗，江西金溪人。明洪武四年（1371）辛亥科状元。授礼部员外郎，与宋纳一起修《大明日历》。时胡维庸专权，因不趋炎依附，被借故贬谪凤阳。遂上书议论时政，极言胡专横不法，日后必将祸国，言词剀切，深中太祖意，诏加嘉奖。著有《荣进录》等。

朱善

（1340—1413），字备万，号一斋，南昌丰城（今江西丰城）人。明洪武五年（1372）壬子科状元。授翰林院修撰。逾年，因奏对失旨，降典籍，放归故里，旋召为翰林待诏。十八年，擢文渊阁大学士，因进讲《家人卦》《心箴》，得太祖欢心。同年任乙丑科会试主考官。著有《诗经解颐》。

丁显

（1358—？），字彦伟，福建建阳人。明洪武十七年（1384）甲子科状元，授翰林院修撰，博通经史，才思敏捷，能援笔立就。后因上疏言事，词语激烈，触怒太祖遭受贬谪，病死任所。著有《建阳集》。

任亨泰

生卒年不详。字古雍，湖北襄阳人。明洪武二十一年（1388）戊辰科状元。授翰林院修撰，官至礼部尚书。自幼聪慧过人，以国子监生擢为进士第一。太祖称其试卷"不蔓不枝"，特命建状元牌坊于其故里。圣旨建立牌坊自此始。著有《使交集》。

黄观

（1364—1402），字伯澜，贵池（今安徽池州）人。明洪武二十四年（1391）辛未科状元。授翰林院修撰，未几，擢尚宝卿，官终礼部右侍郎。建文初，改官侍中，与方孝孺、齐泰并受重用。建文四年（1402）奉诏募兵上游，并督勤王兵赴援京师。至安庆，燕兵已破京城，悲愤投江。工书法，字体古拙。

张信

（？—1397），字彦实，号诚甫，浙江定海人。明洪武二十七年（1394）甲戌科状元。授翰林院修撰，累迁侍讲学士。三十年丁丑科会试，所取均南士。落第举人状告主考阅卷不公，太祖令其复审落榜试卷，择优而取。或言刘三吾私嘱张信等人，专以劣卷进呈，意在维持原榜，太祖震怒，张信与白信韬等同被处死。

陈䢿

（？—1397），字安仲，号叔恭，福建闽县人。明洪武三十年

（1397）丁丑科“春榜”状元。此科会试主考官刘三吾、白信韬报录取的均为南士，北方落第举子状告阅卷不公。太祖令其偕前科状元张信等朝廷复查，择优进呈。但为其维持原榜，所呈均是陋劣之卷，结果太祖震怒，与白信韬、张信等同被处死。

韩克忠

（？—1425），字守信，山东武城人。明洪武三十年（1397）丁丑科“夏榜”状元。授翰林院修撰，累官监察御史，恪尽职守，得太祖赏识，升国子监司业。建文二年（1400），以年轻英锐，擢河南按察佥事。燕王称帝后，贬涿鹿知县。洪熙初，起复为御史，卒于任所。

胡广

（1370—1418），字光大，号晃庵，江西吉水人。明建文二年（1400）庚辰科状元。此科殿试，正值讨伐燕王朱棣，廷试本以王艮最优，但其貌不扬。而胡广的廷对中多斥责燕王，有“亲藩陆梁，人心动摇”等语，甚合帝意，遂亲擢为第一，并赐名“靖”，授翰林院修撰。

曾棨

（1372—1432），字子棨，号西墅，江西永丰人。明永乐二年（1404）甲申科状元。选庶吉士，授翰林院修撰。少负才名，文思泉涌，廷对万言，滔滔不绝。成祖亲阅其试卷，朱批：“贯通经史，识达天人，有讲习之学，有忠爱之诚，擢冠天下，昭我文明。”胡广后，凡有大制作，多出其手笔。著有《西墅集》。

林环

（1375—1415），字崇璧，号䌹斋，福建莆田人。明永乐四年（1406）丙戌科状元。授翰林院修撰，旋擢侍读学士，官终侍讲学士。预修《永乐大典》，任《书经》部分总裁官。两任会试同考，所取多英才。通达时务，有胆识，得成祖器重。著有《䌹斋集》。

萧时中

（1383—1425），字可复，以字行，号东白，江西庐陵（今江西吉安）人。明永乐九年（1411）辛卯科状元。授翰林院修撰，奉命修《五经四书性理大全》。为人敦厚，谨言慎行，谦虚礼让，忧心国事。曾因灾奏陈八事，极言时弊，得成祖嘉纳。著有《曲山三萧遗集》等。

马铎

（1366—1423），字彦声，号梅岩，福建长乐人。明永乐十年（1412）壬辰科状元，授翰林院修撰，累署翰林学士，国子祭酒，多次扈从北征。其弟李骐，虽然同母异父，然相处甚得，六年后也高中状元，为明朝唯一之兄弟状元，传为美谈。著有《玉岩集》。

陈循

（1385—1462），字德遵，号芳洲，江西泰和人。明永乐十三年（1415）乙未科状元，授翰林院修撰，正统中，累进户部右侍郎。景泰中，进华盖殿大学士。尝集古帝王行事，名勤政要典，上之。英宗复辟，谪戍铁岭。石亨败后，循上疏自讼，释为民。著有《芳洲集》等。

李骐

（1378—1425），字德良，福建长乐人。明永乐十六年（1418）戊戌科状元，授翰林院修撰。廷试时，成祖亲拔其卷，嫌其名“马”不雅，朱笔改为“骐”。传胪时，唱名三遍，无人敢应。成祖解释道：“即李马也。”方应答受诏赐。其后，他凡书姓名，均墨书“马”旁，朱书“其”字。

曾鹤龄

（1383—1441），字延年，号松臞，江西泰和人。明永乐十九年（1421）辛丑科状元，授翰林院修撰，官终侍讲学士。正统间，预修《实录》。正统三年（1438），充顺天乡试主考官，初试夜，贡院火焚部分试卷，力排众议，坚持如实上奏，请旨另试，以求公允，众皆慑服。著有《松坡集》。

邢宽

（？—1454），字用大，直隶无为州（今安徽无为县）人。明永乐二十二年（1424）甲辰科状元，授翰林院修撰。正统四年（1439）充会试同考官。因患足疾，告假回乡。十一年，召回京师复旧职，曾任顺天乡试主考官。官终南京翰林院侍讲学士兼署国子监事。居官三十年，为人处事宽厚坦荡。

马愉

（1395—1447），字性和，号澹轩，山东临朐人。明宣德二年（1427）丁未科状元，授翰林院修撰。九年，进学文渊阁。正统初，充经筵讲官，迁侍读学士。官终礼部右侍郎。曾奏请遣使分道清狱，以免囚徒长期系狱不决而病亡。著有《澹轩文集》。

林震

生卒年不详。字敦声，福建长泰人。明宣德五年（1430）庚戌科状元，授翰林院修撰。幼怀大志，家虽贫而志不移，耕读不辍。年稍长，就学九龙山，偶见壁书宋朝状元陈尧叟诗：“人生五马贵，山有九龙游。”即续“极品何荣贵，须先占状头”。十年后廷试夺魁。

曹鼐

（1402—1449），字万钟，号恒山，直隶宁晋（今河北宁晋）人。明宣德八年（1433）癸丑科状元，授翰林院修撰。宣德初，由举人授代州训导，自陈年轻学浅，不足为人师，愿就简职以报国，遂改泰和县典史。公余勤学不辍，知县戏称：“可作状元。”答曰：“非如此不可。”数年后果高中第一。

周旋

（1395—1454），字中规，号畏庵，浙江永嘉人。明正统元年（1436）丙辰科状元，授翰林院修撰，官终侍讲。考选状元须才貌双全，是科廷试，大学士杨士奇欲取周旋为一甲第一名，故意问诸同考：“有识周旋者否，其仪表如何？”太常卿魏骥误以为是同科浙江举人周瑄，欣然答道：“此人肌肤白皙，身材伟岸。”其实周旋其貌甚丑，故受诏陛见时，无不惊愕。

施槃

（1417—1440），字宗铭，直隶吴县（今江苏吴县）人。明正统四年（1439）己未科状元，授翰林院修撰。在任时，恭勤职守，求师向学，无一时少辍，其诗直逼古人。《明诗纪事》有其《送友》诗：“杨柳含烟翠欲滴，杨花飞雪点行舟。春风送别淮阴道，落月啼鹃动客愁。”深受大学士杨溥器重。

刘俨

（1394—1457），字宣化，号时雨，江西吉水人。明正统七年（1442）壬戌科状元，授翰林院修撰。十一年，与商辂等进学东阁。历左春坊大学士，充国史副总裁，升太常寺少卿，兼侍读学士。官终掌翰林院事。景泰七年，曲顺天府乡试，不畏权贵，秉公判卷，拒大学士陈循、王文，循子陈英、文子王伦双双落榜。

商辂

（1414—1486），字弘载，号素庵，浙江淳安人。明正统十年（1445）乙丑科状元，授翰林院修撰，旋进学东阁，官终吏部尚书、谨身殿大学士。终明之世，三试（乡试、会试、殿试）第一者，仅此一人。居内阁十八年，从未枉杀一人。有“本朝贤相，商公第一”之誉。著有《商文毅公集》。

彭时

（1416—1475），字纯道，号可斋，江西安福人。明正统十三年（1448）戊辰科状元，授翰林院修撰。景泰初，受命与商辂同入内阁预机务。第二年，以忤旨罢阁事。预修《寰宇通志》，成，迁太常少卿。官至吏部尚书。著有《可斋杂记》等。

柯潜

（1423—1473），字孟时，号竹岩，福建莆田人。明景泰二年（1451）辛未科状元，授翰林院修撰。天顺初，迁尚宝少卿。宪宗即位，升翰林学士。预修《英宗实录》，成，晋少詹事。后双亲相继亡，守丧未满，召为国子祭酒，力辞不受。未几，卒于乡。著有《竹岩诗文集》等。

孙贤

（1423—1477），字舜卿，河南杞县人。明景泰五年（1454）甲戌科状元，授翰林院修撰。历侍讲，充经筵讲官。宪宗即位，以东宫故人，升太常寺少卿兼翰林学士。成化六年，疏请早立太子以定国本。未几，引疾归，卒于乡。著有《恩荣鸣盛集》。

黎淳

（1423—1492），字太朴，号朴庵，湖南华容人。明天顺元年（1457）丁丑科状元，授翰林院修撰。预修《英宗实录》《资治通鉴纲目》，成，进左庶子。成化十四年，升礼部右侍郎。弘治初，进工部尚书，旋改礼部。急公好义，乐于助人，不失古君之风。著有《龙峰集》。

谢一夔

（1425—1487），字大韶，号约斋，江西新建人。明天顺四年（1460）庚辰科状元。授翰林院修撰，备位储相，继任左春坊左谕德，职系宫辅。再迁翰林学士，屡典文衡。复擢礼部右侍郎，制度仪文，多所裁定。仕终工部尚书，使人无久役，深得同僚仰重。著有《谢文庄集》。

彭教

（1438—1480），字敷五，号东泷，江西吉水人。明天顺八年（1464）甲申科状元，授翰林院修撰。预修《英宗实录》成，进侍讲学士。成化十三年，充顺天府乡试副主考，选拔多人才，人称公允。著有《东泷遗稿》。

罗伦

（1431—1478），字彝正，号一峰，江西永丰人。明成化二年（1466）丙戌科状元，授翰林院修撰。逾三月，大学士李贤遭丧夺情，愤而上书极论，降调福建市舶司副提举。学士商辂建言，召复原官，改调南京。居二年，引疾归。著有《一峰诗文选》。

张升

（1442—1517），字启昭，号柏崖，江西南城人。明成化五年（1469）己丑科状元，授翰林院修撰。弘治改元，迁左庶子。上疏大学士刘吉倾身阿佞，取悦言官等罪。刘吉恼怒，怂恿言官反劾其诬诋，降调南京工部员外郎，弘治十五年（1502），进礼部尚书。在部五年，直言敢谏，多有匡正。著有《柏崖文集》等。

吴宽

（1435—1504），字原博，号匏庵，直隶长州人（今江苏苏州）人。明成化八年（1472）壬辰科状元，授翰林院修撰。曾侍孝宗东宫，孝宗即位，迁左庶子，预修《宪宗实录》，进少詹事兼侍读学士，后又升任吏部右侍郎、礼部尚书等。官至礼部尚书，专典诰敕修《宪宗实录》。善诗文书画，尤工行书。著有《匏庵集》等。

谢迁

（1449—1531），字于乔，号木斋，浙江余姚人。明成化十一年（1475）乙未科状元，授翰林院修撰。迁少詹事兼侍讲学士。弘治八年（1495），与李东阳同入内阁，参与机务。累进太子少保、兵部尚书兼东阁大学士。与刘健、李东阳同为辅臣，时人称："李公谋，刘公断，谢公尤侃侃。"著有《归田稿》。

曾彦

（1425—1503），字士美，江西泰和人。明成化十四年（1478）戊戌科状元，授翰林院修撰。在馆中年虽长而退避谦让如后学，遇事敢于坦陈己见，议论多得体。屡任会试同考，以拔擢公允，为人称道。弘治七年（1494），进侍读学士。十年，致仕归乡。著有《申晚集记》。

王华

（1446—1522），字德辉，号实庵，浙江余姚人。明成化十七年（1481）辛丑科状元，授翰林院修撰。弘治中，累官侍讲学士、少詹事。预修《大明会典》等书，进礼部右侍郎，乃兼日讲官。武帝即位，刘瑾专权，不肯趋附，后因长子守仁忤瑾遭贬，调南京吏部尚书。后又借故令其致仕。著有《龙山稿》。

李旻

（1445—1509），字子阳，号东崖，浙江钱塘（今浙江杭州）人。明成化二十年（1484）甲辰科状元，授翰林院修撰。预修《宪宗实录》，充经筵讲官。累擢南京太常寺少卿兼南京国子监事。武宗即位，应诏回京，预修《孝宗实录》，改太常寺少卿兼翰林侍读，仍充经筵讲官。

费宏

（1468—1535），字子充，号健斋，江西铅山人。明成化二十三年（1487）丁未科状元，授翰林院修撰。正德中，累迁户部尚书。幸臣钱宁阴党朱宸濠，构之不成，乃诬以他事，遂乞休归。宸濠败，争荐于朝。世宗即位，起加少保，入辅政。及杨廷和去位，遂为首相。后又为张璁、桂萼所构，致仕。著有《鹅湖摘稿》。

钱福

（1461—1504），字与谦，号鹤滩，直隶华亭（今上海松江）人。明弘治三年（1490）庚戌科状元，授翰林院修撰。六年，充会试同考官，旋以疾辞归。诗文以敏捷见长，名噪一时。著有《鹤滩集》等。另有劝世诗《明日歌》：明日复明日，明日何其多。我生待明日，万事成蹉跎。

毛澄

（1460—1523），字宪清，号白斋，直隶昆山（今江苏昆山）人。明弘治六年（1493）癸丑科状元，授翰林院修撰。预修《大明会典》成，迁左谕德。辅导太子，以进讲清晰，循循善诱，受太子称赞。著有《毛文简集》。

朱希周

（1473—1557），字懋忠，号玉峰，直隶昆山（今江苏昆山）人。明弘治九年（1496）丙辰科状元，授翰林院修撰，进侍讲，充经筵讲官。参修《明会典》，主持编修《孝宗实录》。后官至南京吏部右侍郎。五年后被召回北京，出任礼部右侍郎。次年，又因得罪世宗任南京吏部尚书。嘉靖六年（1527），因与他人政见不和，辞官返故里。

伦文叙

（1467—1513），字伯畴，号迂冈，广东南海人。明弘治十二年（1499）己未科状元，授翰林院修撰。武宗即位，受命为安南颁朔正使，因父丧未能成行。正德五年（1510），充经筵讲官，出言率直，每带规讽，进右谕德兼侍讲学士。八年，任顺天乡试主考，所取多英才，堪称得人。著有《白沙集》等。

康海

（1475—1540），字德涵，号对山，陕西武功人。明弘治十五年（1502）壬戌科状元，授翰林院修撰、经筵讲官。性情刚正，不阿权贵。对权倾一时、横行霸道的宦官刘瑾，也同样看不起，后来因被归为刘瑾余党被卸职。著有《武功县志》及杂剧《中山狼传》等。

顾鼎臣

（1473—1540），字九和，号未斋，直隶昆山（今江苏昆山）人。明弘治十八（1505）乙丑科状元，授翰林院修撰，累迁礼部右侍郎。世宗好神仙术，内殿设斋醮，鼎臣进《步虚词》七章，优诏褒答。寻以礼部尚书兼文渊阁大学士，入参机务。昆山本无城，言当事筑之，后得免倭寇之患。卒于官，谥文康。著有《未斋集》等。

吕柟

（1479—1542），字仲木，别号泾野，陕西高陵人。明正德三年（1508）戊辰科状元，授翰林院修撰。权阉刘瑾以同乡故，欲招附门下，不从。又因西夏事，疏请武宗亲理政事，以消祸本。瑾恶其直，欲除之而后快，遂引疾辞归。瑾诛，起复。累迁国子监祭酒、南京礼部右侍郎署吏部事。著有《四书因问》等。

杨慎

（1488—1559），字用修，号升庵，祖籍庐陵，徙居四川新都。明正德六年（1511）辛未科状元，授翰林院修撰。十二年，因武宗浪游，抗疏极谏，不听，愤而引疾归。嘉靖三年（1524），擢翰林学士，以争“大礼”跪伏左顺门哭谏，谪戍永昌卫。博学多才，其记诵之广、著述之丰，为明朝第一。著有《升庵集》等。

唐皋

（1468—？），字守之，号心庵，歙县（今安徽歙县）人。明正德九年（1514）甲戌科状元，授翰林院修撰。十六年，奉使朝鲜。嘉靖初，进侍讲。才思敏捷，然科场不顺，屡试不中。曾壁书："愈读愈不中，唐皋其命如何；愈不中愈读，命其如唐皋何？"以自勉。后连中两元，大魁天下。著有《心庵文集》等。

舒芬

（1484—1527），字国裳，号梓溪，江西进贤人。明正德十二年（1517）丁丑科状元，授翰林院修撰。为宦清正，敢言直谏，因谏阻武宗常以打猎巡游，寻欢作乐，荒废朝政，被贬谪为福建市舶司副提举。嘉靖间，又因哭谏世宗而入狱。不久，母亲病故，扶柩南归。因忧国忧民，含恨而逝，世称"忠孝状元"。

杨维聪

（1500—？），字达甫，号方域，顺天固安（今河北固安）人。明正德十六年（1521）辛巳科状元，授翰林院修撰、右春坊右中允。嘉靖三年（1524年）七月十二日，朱厚熜诏令礼部，十六日为父母上册文、祭告天地、宗庙、社稷，群臣哗然。杨维聪等人等伏左顺门哭争，被廷杖。辑有《性理诸家解》。

姚涞

（？—1537），字维东，号明山，浙江慈溪人。明嘉靖二年（1523）癸未科状元，授翰林院修撰。时"大礼议"之争起，因与杨慎、舒芬等连疏极谏，并偕群臣哭争而受廷杖。曾疏请罢元世祖祭祀，礼部以为不可。后北方边患频仍，世宗遂令从其请。召修《明伦大典》，恳辞不与。著有《明山集》等。

龚用卿

（1500—1563），字鸣治，号云冈，福建怀安人，一作侯官人。明嘉靖五年（1526）丙戌科状元，授翰林院修撰，历左春坊、左谕德、翰林院侍读直经筵，每进讲志存规讽。十五年，奉诏出使朝鲜，归国时婉言谢绝贵重礼品。回国复命，上疏三事，皆见嘉纳。擢南京国子监祭酒。著有《使朝鲜录》等。

罗洪先

（1504—1564），字达夫，号念斋，江西吉水人。明嘉靖八年（1529）己丑科状元，授翰林院修撰。十八年，召为春坊左赞善。因与唐顺之、赵时春疏请朝见皇太子，触怒世宗，削职为民，并以此名重天下。工书法，字体秀润。著有《念庵集》等。

林大钦

（1511—1546），字敬夫，号东莆，广东海阳（今广东潮州）人。明嘉靖十一年（1532）壬辰科状元，授翰林院修撰。幼时，家贫苦读，曾以《李纲十策论》居乡试第一，又以洋洋万言，殿试夺魁。时年二十二岁。辞官后，潜心学问，著书讲学。母故后，哀伤过甚死亡，年仅三十六岁。著有《东莆先生文集》。

韩应龙

（1498—1536），字汝化，号五云，浙江余姚人。明嘉靖十四年（1535）乙未科状元。授翰林院修撰，任职未满一年，因病猝死，时年三十八岁。此科殿试，世宗亲自命题。并告知辅臣欲以“法天法祖”立意。大学士李公时以韩应龙等十二卷进呈，世宗阅后认为韩应龙卷“说的正合题意”，遂擢为一甲第一名。

茅瓒

（1499—？），字邦献，号见沧，浙江钱塘（今浙江余杭）人。明嘉靖十七年（1538）戊戌科状元，授翰林院修撰。曾任会试同考。嘉靖三十年，晋南京国子监祭酒，自题其堂额："身教律己严，恪动应矩度。"整饬学风多有建树，后任礼部左侍郎兼翰林学士。三十九年，转吏部左侍郎，寻以病告归。著有《见沧文集》。

沈坤

（1507—1560），字伯载，号十洲，江苏山阳（今江苏淮安）人。明嘉靖二十年（1541）辛丑科状元，授翰林院修撰。后母亡回家守孝。时淮安常遭倭寇骚扰，沈坤挺身而出，变卖家产，召募乡兵千余人，百姓称为"状元兵"。后任命其为北京国子监祭酒，尚未及赴任，帝听信谗言，将沈坤逮捕下狱，死于狱中。

秦鸣雷

（1518—1593），字子豫，号华峰，浙江临海人。明嘉靖二十三年（1544）甲辰科状元。授翰林院修撰，历充会试同考、乡试主考，升左谕德。四十一年，擢礼部右侍郎，寻改左侍郎兼翰林学士，官终南京礼部尚书。万历元年（1573），因厌恶官场倾轧，自请致仕。著有《谈资》等。

李春芳

（1510—1584），字子实，号石麓，直隶兴化（今江苏兴化）人。明嘉靖二十六年（1547）丁未科状元，授翰林院修撰。选入西苑撰"青词"，深受世宗眷宠，超擢翰林学士，累迁礼部尚书。后进吏部尚书，改中极殿大学士。为高拱排挤，辞归。著有《贻安堂集》。

唐汝楫

（1513—？），字思济，号小渔，浙江兰溪人。明嘉靖二十九年（1550）庚戌科状元。授翰林院修撰，官至左春坊左谕德。出身名门，状元及第，据传还与嘉靖帝做的一个梦有关。那梦中有“欲效唐虞，汝作舟楫”之语，恰嵌有唐汝楫的姓名，“独与宸衷契合”。著有《小渔遗稿》等。

陈瑾

（1523—1566），字德言，号环江，福建闽县（今福建福州）人。明嘉靖三十二年（1553）癸丑科状元，授翰林院修撰。因受命册封诸藩误期，贬惠州推官。未几，经首辅徐阶荐改南京寺仆太丞。四十三年，召为右春坊右中允兼编修。次年，奔父丧，因家丁与福建巡抚发生冲突，劝解时误伤而逝。著有《内制策》等。

诸大绶

（1523—1573），字端甫，号南明，浙江山阴（今浙江绍兴）人。明嘉靖三十五年（1556）丙辰科状元。授翰林院修撰，预修《承天大志》，校录《永乐大典》，成，晋左春坊左谕德兼侍读。充经筵讲官，因讲论出众，受穆宗嘉奖。大学士徐阶称赞“诸太史真乃讲官”。官终礼部右侍郎。著有《诸文懿公集》。

丁士美

（1521—1577），字邦彦，号后溪，淮安清河（今江苏淮阴）人。明嘉靖三十八年（1559）己未科状元，授翰林院修撰。他为官清正，忧国忧民，颇有政绩，深得皇帝的赏识。任经筵讲官时，对皇帝经常规劝。后掌国子监翰林院事，由太常卿累进为吏部左侍郎。因父亲逝世，回乡守孝卒于家，赠礼部尚书。

申时行

（1535—1614），字汝默，号瑶泉，直隶长洲（今江苏苏州）人。明嘉靖四十一年（1562）壬戌科状元。授翰林院修撰，历任左庶子，掌翰林院事，以文受知于宰相张居正。张居正改革弊政时，保守派纷纷被罢官贬谪，因申时行“蕴藉不立岸异”，反而步步升官。成为宰相后，能容人，世称长者。著有《赐闲堂集》。

范应期

（1527—1594），字伯祯，号屏麓，浙江乌程（今浙江湖州）人。明嘉靖四十四年（1556）乙丑科状元，授翰林院修撰。曾数任顺天、应天乡试主考。致仕后，乡居不法，结怨邻里，千余人遮道告状，巡按御史责令将其逮捕，因不堪受辱，自缢身亡。著有《玉拙堂集》。

罗万化

（1536—1594），字一甫，号康洲，浙江会稽（今浙江绍兴）人。明隆庆二年（1568）戊辰科状元。授翰林院修撰，升侍读，预修《大明会典》，因不谄权势，忤首辅张居正，久不得迁。居正卒，方晋谕德，次年擢国子监祭酒。二十年召为礼部尚书兼翰林学士。越二年，乞归，病逝途中。著有《世泽编》等。

张元忭

（1538—1588），字子荩，号阳和，四川绵竹人。明隆庆五年（1571）辛未科状元，授翰林院修撰。万历中，为左谕德兼侍读。善属文，工书，卒年五十一。著有《皇明大政记》等。

孙继皋

（1550—1610），字以德，号柏潭，直隶无锡（今江苏无锡）人。明万历二年（1574）甲戌科状元，授翰林院修撰。历左谕德，擢少詹事兼侍讲学士。二十年，拜礼部右侍郎兼学士。后改吏部兼管铨选事，论救被遣谪言官，不遗余力。后上疏极论神宗称疾不送生母陈太后灵柩，忤旨致仕。著有《柏潭集》等。

沈懋学

（1539—1596），字君典，号少林，宣城（今安徽宣城）人。明万历五年（1577）丁丑科状元，授翰林院修撰。值张居正父丧夺情，翰林院诸臣均以为不可。吴中行等因攻击张居正而下狱，遂偕侍讲田一俊、赵志皋疏救，未果。又三次函请居正之子嗣修，力加规劝，嗣修不予理睬，遂愤而称病辞官。著有《颊居遗稿》等。

张懋修

（1555—1634），字惟时，号斗枢，湖北江陵人。明万历八年（1580）庚辰科状元，授翰林院修撰。未三年，其父张居正病逝，有人追论其生前所为，神宗反目为仇，抄没相府，张氏子弟全部削职为民。天启二年（1622），张居正案昭雪，其年已六十有八。著有《墨卿谈乘》。

朱国祚

（1559—1624），字兆隆，号养淳，浙江秀水（今嘉兴）人。明万历十一年（1583）癸未科状元。授翰林院修撰，官终户部尚书兼武英殿大学士。因党争激烈，乞休归。自幼目不视邪色，足不履非礼之地，素行清慎，能识大体，人称忠厚长者。著有《介石斋集》。

唐文献

（1549—1605），字元征，号抑所，直隶华亭（今上海松江）人。明万历十四年（1586）丙戌科状元，授翰林院修撰，詹事府詹事。三十一年，“妖书”之狱起，大学士沈一贯欲以此事谋害礼部侍郎郭正域，唐文献偕同僚往见沈一贯，责以大义，郭正域获免，而唐文献则由此为沈一贯所恨。著有《占星堂集》。

焦竑

（1541—1620），字弱侯，号澹园，山东日照人。明万历十七年（1589）己丑科状元。授翰林院修撰，皇长子侍读等职。他博览群书、严谨治学，尤精于文史、哲学，为明代晚期著名思想家、藏书家、古音韵学家、文献考据学家。著有《国朝献徵录》等。

翁正春

（1553—1626），字兆震，号青阳，福建侯官（今福建闽侯）人。明万历二十年（1592）壬辰科状元。授翰林院修撰，历春坊中允，主顺天乡试，擢少詹事兼侍读学士。三十八年，知贡举，充日讲官。上“清君心，遵祖制，振国纪，信臣下，重贤才，慎财用，惜民命，重边防”八箴，皇帝不予采纳。

朱之蕃

（1561—1626），字元介，号兰嵎，山东茌平人。明万历二十三年（1595）乙未科状元。授翰林院修撰，历左谕德、少詹事，晋礼部侍郎，转吏部。三十三年，奉使朝鲜，言行得体，不辱使命。工诗文书画，临终前曾语其子：“人生聚则成形，散则成气，一去一来而已。”说笑而逝。著有《南还杂著》等。

赵秉忠

（1574—1626），字季卿，山东益都（今山东青州市）人。明万历二十六年（1598）戊戌科状元。授翰林院修撰，三十三年，任会试同考官，得抗清名将孙承宗。历侍读学士、礼部侍郎，掌詹府事，拜尚书。如今人们看到的状元卷，是其第十三代孙赵焕彬于 1983 年捐献的，属一级文物。著有《江西舆地图说》等。

张以诚

（1568—1615），字君一，号瀛海，直隶青浦（今上海青浦）人。明万历二十九年（1601）辛丑科状元，授翰林院修撰。洁身自好，尽心职守，进左谕德。时神宗不理朝政，不见外臣，遂上疏极谏，援古论今，颇为剀切，一时传为奇文。因父丧悲哀过甚而亡，年仅四十八岁。著有《毛诗微言》等。

杨守勤

（1566—？），字克之，号昆阜，浙江慈溪人。明万历三十二年（1604）甲辰科状元，授翰林院修撰。未几，母亡服丧。期满迁中允，主持顺天乡试。再迁谕德，充东宫讲官，后为右庶子，兼侍读学士。为人温润，矜气节，重名行。为文不事雕琢，著有《诗经悬鉴》等。

黄士俊

（1570—1661），字亮垣，号玉仑，广东顺德人。明万历三十五年（1607）丁未科状元。授翰林院修撰，升礼部侍郎，晋礼部尚书。其赶考前去岳父家筹借盘缠，正赶上岳父宴请宾客，因嫌其衣衫褴褛，连客厅的门都没让进，只拿了两只鸭蛋打发他走人，幸好几个奴仆倾囊相助，才有后来的状元及第。

韩敬

（1580—？），字简与，号止修，浙江归安（今天浙江湖州）人。明万历三十八年（1610）庚戌科状元。天资聪敏，曾拜汤宾尹为师，以文才出众得其厚爱。殿试中，宾尹又暗使计谋拔其为第一。榜发，士论大哗，宾尹被劾免职，韩敬亦称病辞。

周延儒

（1593—1643），字玉绳，号挹斋，直隶宜兴（今江苏宜兴）人。明万历四十一年（1613）癸丑科状元。授翰林院修撰，累迁少詹事掌翰林院事。崇祯二年（1629）特旨拜礼部尚书兼东阁大学士，入参机务。清兵来，胆怯不敢战，及清兵去，又冒功邀赏。事败露，思宗令其自尽，并籍没其家。

钱士升

（1575—1652），字抑之，号御岭，浙江嘉善人。明万历四十四年（1616）丙辰科状元，授翰林院修撰。与钱龙锡、钱谦益、钱象升并称为“翰林四钱”。时党争激烈，赵南星、魏大中被诬陷获罪，遂用尽全部家产竭力营救，受东林党人推崇。著有《南宋书》等。

庄际昌

（1584—1629），字景说，号羹若，福建永春人。明万历四十七年（1619）己未科状元，授翰林院修撰。后以廷试试卷误写“醪”为“胶”，被言官参劾，贬官回乡。天启元年（1621）召还，因不满魏忠贤党羽所纂《三朝要典》，削职为民。崇祯初复起，旋升左庶子，思宗每召大臣议事，均由其作记。因劳累过度，卒于任。

文震孟

（1574—1636），字文起，号湛持，直隶长州（今江苏苏州）人。明天启二年（1622）壬戌科状元，授翰林院修撰。曾祖文徵明，祖父文彭，父元发，均以道德文章名世。自幼力学，善诗文，工书法，为人刚直，德行高洁。然十赴会试，历时二十七年，年近五十方夺魁。著有《药园全集》等。

余煌

（？—1646），字武贞，号公逊，浙江会稽（今浙江绍兴）人。明天启五年（1625）乙丑科状元。授翰林院修撰，预修《三朝要典》。崇祯初，累迁左庶子，充经筵讲官。言官追论其预修《三朝要典》事，思宗念其操行坚贞，鲠直不阿，未予追究。清顺治八年（1651），清兵陷绍兴，遂悲愤投水死。

刘若宰

生卒年不详。字荫平，号退庵，安徽怀宁人。明崇祯元年（1628）戊辰科状元，授翰林院修撰。历左谕德，充经筵讲官。有一次，他主讲“修己以敬”章，朱由检有些疲劳，架起二郎腿，他马上援引《五子之歌》规谏说：“为人上者，奈何不敬！”崇祯听了有所触动，重新端坐，恭敬地听他讲课。

陈于泰

生卒年不详。字大来，直隶宜兴（今江苏宜兴）人。明崇祯四年（1631）辛未科状元，授翰林院修撰，出身富家，与该科主考周延儒为姻亲，遂得以高中第一。廷试时，读卷官毕自严为投延儒所好，拟其卷为第一，人们纷纷指责延儒揽权徇私，因思宗倚重延儒，此事不了了之。

刘理顺

（1582—1644），字复礼，号湛陆，河南杞县人。明崇祯七年（1634）甲戌科状元。授翰林院修撰，历南京国子监司业，累迁左谕德，充经筵讲官。一生勤学慎友，年二十五举于乡，十赴会试，历时二十七年，终于夺魁，时年五十有三，思宗喜道："朕得一耆硕矣！"著有《刘文烈公集》。

刘同升

（1587—1646），字晋卿，江西吉水人。明崇祯十年（1637）丁丑科状元，授翰林院修撰。次年，杨嗣昌"夺情"入阁，何楷、黄道周等上疏论劾获罪，遂偕同榜探花赵士春抗疏，触怒思宗，贬福建按察司知事，遂称病回乡。著有《明名臣传》等。

魏藻德

（1605—1644），字思令，号清躬，顺天通州（今北京通州）人。明崇祯十三年（1640）庚辰科状元。是科殿试后，思宗欲得异才，以挽颓势，召其中四十八人面试于文华殿。问："今内外交讧，何以报仇雪耻？"众皆无言以对，只有他慷慨陈词，以"知耻而才能自生，功业自建"相对，思宗喜擢为第一，授翰林院修撰。

史惇

生卒年不详。字子有，江苏金坛人。明崇祯十五年（1642）壬午科状元。据《金坛名人传》记载，史惇当时只是举人身份进考，经崇祯批准入闱，并一举夺魁。授户部山东司主事，调员外郎中。不久，又任九江知府。著有《恸余杂记》等。

杨廷鉴

生卒年不详。字冰如，号靖山，直隶武进（今江苏武进）人。明崇祯十六年（1643）癸未科状元，授翰林院修撰。次年三月，李自成攻占北京，他化装外逃，被捕后投降，为首批劝进朝贺者。授弘文馆编修，加俸一级。李兵败后，投奔南京福王，被列为四等罪臣，当戍边。未几，福王政权灭，降清。后致仕归乡。

大西国

龚济民

生卒年不详。字号不详，四川人。大西国大顺元年（1644）甲申科状元。张献忠登基称帝后，建立大西国，改号大顺元年。这一科，会试得进士一百二十人，点龚济民为文科状元，张大受为武科状元。

清代

傅以渐

（1609—1665），字于磐，号星岩，山东聊城人。清顺治三年（1646）丙戌科状元。授翰林院修撰，晋武英殿大学士，兼兵部尚书。顺治十四年冬，因皇太后生病，两个月内积压奏疏八百余件，傅奉旨代拟批阅，于三日之内处理完毕，受到顺治的嘉奖。著有《内则灾衍义》等。

吕宫

（1603—1664），字长音，号金门，江苏武进（今江苏常州）人。清顺治四年（1647）丁亥科状元。授翰林院修撰，掌修国史。后历右中允、秘书院学士、吏部侍郎、弘文院大学士。十二年，修撰《资政要览》成，加授太子太保。后多次辞官不允，直至因病回籍调养。著有《群书通解》等。

刘子壮

（1609—1652），字克猷，号稚川，湖北黄州（今湖北黄冈）

人。清顺治六年（1649）己丑科状元。授国史院修撰，博学多才，尤擅八股文。因与同科榜眼熊伯龙同以古文造诣高深著称于世，并称“熊刘”。二人与康熙朝韩菼、李光地，并称“顺康四大家”。著有《屺思堂集》。

麻勒吉

（？—1689），满洲正黄旗人，姓瓜尔佳氏。清顺治九年（1652）满榜状元。例授翰林院修撰，掌修国史。次年，入弘文院为侍讲学士。次年，擢弘文院学士，掌撰述诸事。十二年，充日讲官，再充任《太祖圣训》《太宗圣训》副总裁。十四年，任经筵讲官。死后，民众为其立“清白一世，治绩卓著”碑。

邹忠倚

（1623—1654），字于度，号海岳，江苏无锡人。清顺治九年（1652）汉榜状元，授秘书院修撰。原为上一科进士，殿试未能通过，发愤三年，终获魁首。是清朝第一个“补考状元”。因该科效元朝制，分设汉满两榜，故为汉榜状元。登第两年后病重，不久去世，时年三十二岁。著有《雪蕉集》等。

图尔宸

生卒年不详。字自中，满洲正白旗人，清顺治十二年（1655）满榜状元。授翰林院修撰，掌管国史。康熙二十二年（1683）任甘肃布政使。康熙二十五年，任陕西巡抚，次年授礼部右侍郎。康熙三十年，任工部右侍郎，擅诗文。

史大成

（1621—1682），字及超，号立庵，浙江鄞县人。清顺治十二年（1655）汉榜状元，授翰林院修撰。康熙十一年（1672），由侍读学士升为内阁学士、日讲起居注官。次年升任礼部左侍郎，迁至礼部右侍郎。在顺治甲午科浙江乡试中，曾与严我斯、蔡启僔（后均成状元）三状元乡试同一榜，为举场所鲜见。

孙承恩

（1619—1659），字扶桑，江苏常熟人。清顺治十五年（1658）戊戌科状元。授翰林院修撰，掌修国史。顺治帝曾亲阅其殿试卷，对其直抒己见、针砭时弊颇有好感，对“克宽克仁，止孝止慈”之论倍加赞赏。

徐元文

（1634—1691），字公肃，号立斋，江苏昆山人。清顺治十六年（1659）己亥科状元。授翰林院修撰，掌修国史。与兄徐乾学、弟徐秉义以文名被称为“昆山三徐”。顺治帝称其为佳状元，恩宠有加。

马世俊

（1609—1666），字章民，号甸臣，江苏溧阳人。清顺治十八年（1661）辛丑科状元。授翰林院修撰，掌修国史，仕至侍读学士。自幼家境贫寒，登第时，龚鼎孳阅其文卷，以为有才，每年末资助薪炭，历三十载始登第。释褐时，贫不能具轩。策骞驴，老苍头携官袍随之，士林传为佳话。著有《匡庵诗集》等。

严我斯

（1629—？），字存庵，浙江归安（今湖州或吴兴）人。清康熙三年（1664）甲辰科状元。授翰林院修撰，掌修国史。后任山东乡试主考官、日讲起居注官、翰林学士等，官至礼部侍郎。恬淡仕途，向往归隐，二十六年假归，卒于乡。著有《尺五堂诗删》。

缪彤

（1627—1697），字歌起，号念斋，江苏吴县人。清康熙六年（1667）丁未科状元。授翰林院修撰，掌修国史。是科废八股，考策论，故应试者少，所取进士不被看重。发榜前，其心情忧郁，已束装欲归故里，榜发之日，甚感荣耀。将魁首心情及荣辱盛况尽记书中，撰成《胪传纪事》。著有《双泉堂文集》。

蔡启僔

（1619—1683），字石公，号昆旸，浙江德清人。清康熙九年（1670）庚戌科状元。直授日讲起居注官。去京城会试时，路过江苏山阳县，同乡邵某在此当县令，因是乡试同年，想前去一见，结果受到冷遇。县令得知他考取状元后，派人携带厚礼前来赔罪。蔡拒收，并写一首诗让来人带回去。诗云："去年风雪长安路，举世谁怜范叔寒，寄语山阳贤县令，查明须向榜头看。"

韩菼

（1637—1704），字元少，号慕庐，江西长州（今江苏苏州）人。清康熙十二年（1673）癸丑科状元。授翰林院修撰，充日讲起居注官。其文才得康熙赏识，曾两典顺天乡试，迁侍讲学士，礼部侍郎，兼翰林院掌院学士。官至礼部尚书、经筵讲官。康熙赞其"文章古雅，旷古少见"。著《有怀堂文集》。

彭定求

（1645—1719），字勤止，号访廉、止庵，江苏长州（今江苏苏州）人。清康熙十五年（1676）丙辰科状元。授翰林院修撰，掌修国史。四十四年，康熙南巡苏州，想到彭定求，并说：“你学问好，品行好，家世好。”要他到扬州书局担任《全唐诗》总裁，此皇皇巨著的编成，他功不可没。著有《儒门法语》等。

归允肃

（1642—1689），字孝仪，号惺崖，江苏常熟人。清康熙十八年（1679）己未科状元。授翰林院修撰，充日讲官。历任中允、侍读、侍讲学士，官至少詹事。曾典试顺天乡试。考前，不少欲试者前来拜谒，希望有所关照，允肃与同考官发誓：“毋夺于威，毋诱于利，毋牵前恩，毋邀后报。”朝野无不盛誉他的持正不阿。著有《笔诠》等。

蔡升元

（1652—1722），字方麓，号征元，浙江德清人。清康熙二十一年（1682）壬戌科状元，授翰林院修撰。二十四年，任会试同考官，日讲起居注官。后回乡奉养双亲。四十二年，帝南巡，蔡在嘉兴迎驾，奉旨登舟奏对，深得帝怜爱，次日以其讲筵甚久、家计甚贫而赐银葬亲，并诏令事竣来京。著有《使秦草》。

陆肯堂

（1650—1696），字邃升，江南常州（今江苏苏州）人。清康熙二十四年（1685）乙丑科状元，授翰林院修撰，掌修国史。二十六年，充丁卯科江西乡试正考官，回京后充日讲起居注官。历任右中允、左中允、侍讲、侍读。朝中诰命、制敕、典要多出其手，康熙称其学问甚优，人品亦好。著有《三礼辨直》等。

沈廷文

生卒年不详。字原蘅，号元洲，浙江秀水（今嘉兴）人。清康熙二十七年（1688）戊辰科状元。授翰林院修撰，掌修国史。三十三年，任会试同考官。勤奋好学，熟悉典籍，曾搜寻史书中相似典故轶闻一百余条，辑成《广事同纂》。

戴有祺

（？—1711），字丙章，号珑严，江南金山卫（今上海金山）人。清康熙三十年（1691）辛未科状元，授翰林院修撰。不久，告假服丧。四十一年，壬午科乡试为词林官。是年大考列为三等，降为候补知县。仕途不畅，又不愿意同流合污，遂乞假回乡隐居，再不复出。著有《寻乐斋诗集》等。

胡任舆

（？—1704），字孟行，号芝山，江苏上元（今江苏南京）人。清康熙三十三年（1694）甲戌科状元。授翰林院修撰，掌修国史。尝充日讲官，每次进讲，声如金石。曾充会试考官，取人公允，仕至翰林侍讲。三十七年，吴三桂余部在湖广作乱，百姓流离失所，其倡导义捐，赈济灾民。

李蟠

（1667—？），字根大，号仙李，江南徐州（今江苏徐州）人。清康熙三十六年（1697）丁丑科状元。授翰林院修撰，掌修国史。三十八年，任顺天乡试主考官，姜宸英为副考官。此科作弊之风甚嚣尘上，榜发后，御史上奏弹劾此科考官。帝大怒，将主、副考官逮捕入狱，后充军塞外，李蟠身败名裂。著有《偶然集》。

汪绎

（1671—1706），字玉轮，号东山，江苏常熟人。清康熙三十九年（1700）庚辰科状元。授翰林院修撰，掌修国史。历任礼部分校、《朱子全书》纂修。康熙四十四年，帝南巡，诏令江南名士校《全唐诗》，其与汪士鋐、彭定求等奉命校刊。次年，罹病而终。著有《秋影楼集》。

王式丹

（1645—1718），字方若，号楼村，江苏宝应人。清康熙四十二年（1703）癸未科状元。授翰林院修撰，凡大撰作，同馆皆推承其事。居官十年，吟诵自娱。归里后，侨居郡城，与学子论文为乐，士多从之游。式丹工诗，田雯、王士祯皆推许之。宋荦选刻《江左十五子诗选》，以式丹为首。著有《楼村集》等。

王云锦

（1657—1727），字海文，号柳溪，江南无锡（今江苏无锡）人。清康熙四十五年（1706）丙戌科状元。授翰林院修撰，掌修国史。四十八年，任会试同考官。后出任陕西学政，任道员一类的地方官。任职期间，参加编纂《康熙字典》。著有《秋林集》。

赵熊诏

（1663—1721），字侯赤，号裘萼，江苏武进人。清康熙四十八年（1709）己丑科状元，授翰林院编修。后以大臣之子弟效力西陲，督运粮草，节运费归公，人服其操守。官至翰林院侍读，以父忧归，哀毁卒。赵熊诏生平笃恩义，工诗文，通籍后，肆力天文、句股之学。著有《裘萼公剩稿》。

王世琛

（1680—1729），字宝传，号艮甫，江南长州（今江苏苏州）

人。清康熙五十一年（1712）壬辰科状元。授翰林院修撰，掌修国史。五十四年，任会试同考官。五年之后，以修撰出任乡试副考官。雍正四年（1726），出为山东学政，累官至少詹事。七年，卒于官。著有《桥巢小稿》。

王敬铭

（1668—1721），字丹思，号味闲，江南嘉定（今上海）人。清康熙五十二年（1713）恩科状元。授翰林院修撰，五十四年，任会试同考官。五十六年，任江西乡试主考官。五十八年，侍值热河。两年后父丧，回家祭葬，卒于家中。著有《未岩诗稿》。

徐陶璋

（1674—1738），字端揆，号达夫，江南长州（今江苏苏州）人。康熙五十四年（1715）乙未科状元。授翰林院修撰，掌修国史。六十年，出任分校礼部会试官，从落选卷中拔出邓钟岳，后果然高中状元。乾隆时，充任纂修实录官，预修《雍正朝实录》，因编校辛劳，得疾而终。

汪应铨

生卒年不详。字杜林，号梅林，江苏常熟人。清康熙五十七年（1718）戊戌科状元。授翰林院修撰，掌修国史。入值南书房，官至左春坊赞善。因锋芒太露，得罪权贵而遭弹劾，被免职还乡。主讲钟山书院。著有《闲绿斋文稿》。

邓钟岳

生卒年不详。字东长，号晦庐，山东东昌卫（今山东聊城）人。清康熙六十年（1721）辛丑科状元。授翰林院修撰，掌修国史，官至礼部左侍郎。入仕后，三典省试，四任督学，每到一地，大兴教育。在江苏刊刻《近思录》等书训士，在广东，摒弃供顿旧习，依《程氏分年读书法》教学生研读经书。著有《知非录》等。

于振

生卒年不详。字鹤泉，号连漪，江南金坛（今江苏金坛）人。清雍正元年（1723）癸卯科状元，授翰林院修撰。为人刚正不阿，视学湖北时，奖拔真才，有知人之誉。有文才，风流倜傥，曾为《扬州鹤》传奇作序，也曾参与修纂《子史精华》。工书法，著有《清涟文钞》等。

陈德华

（1696—1779），字云倬，号月溪，直隶安州（今河北安新）人。清雍正二年（1724）甲辰科状元。授翰林院修撰，掌修国史。四年，服父丧。回京充日讲起居注官。九年，迁赞善，不久迁侍读学士，官至礼部侍郎。乾隆三十六年（1771），皇太后万寿庆典，诏绘《九老图》，为九老之一。

彭启丰

（1701—1784），字翰文，号芝庭，江南长州（今江苏苏州）人。清雍正五年（1727）丁未科状元。授翰林院修撰，掌修国史。不久，奉诏入值南书房，承旨起草诏令，应制撰写文字。从雍正七年开始，屡次担任河南、云南、江西、顺天乡试考官，迁右中允，成为东宫右春坊的一名官员。著有《芝庭诗稿》。

周澍

生卒年不详。字雨甘，号西坪，浙江钱塘（今浙江杭州）人。清雍正八年（1730）庚戌科状元。授翰林院修撰，掌修国史。十年，出任湖南乡试主考官。次年，任会试同考官。十三年，任江南乡试主考官。乾隆元年（1736），以翰林院修撰充任陕西学政。曾参与校刊《康熙字典》。

陈倓

（1695—1739），字定先，号爱川，江南仪征（今江苏仪征）人。清雍正十一年（1733）癸丑科状元，授翰林院修撰。十三年，任顺天乡试同考官，授国史馆修撰，参与编撰《续文献通考》。又充文颖馆提调，实录馆纂修。乾隆二年（1737），册封为安南特简副使。回京后受命典顺天武乡试。卒于任上。

金德瑛

（1701—1762），字汝白，号桧门，浙江仁和（今浙江杭州）人。清乾隆元年（1736）丙辰科状元，授翰林院修撰。历任右庶子、内阁学士、礼部侍郎，仕至左都御史。在督办学政，选拔、培养人才方面多有建树。先后出任江西、山东及顺天学政，四次任福建、江南、江西、福建乡试主考。著有《桧门诗疑》等。

于敏中

（1714—1779），字仲常，号耐圃，江南金坛（今江苏金坛）人。清乾隆二年（1737）恩科状元，授翰林院修撰，掌修国史。历任山西乡试、会试考官，山东、浙江学政，兵部、刑部侍郎，户部尚书、内阁学士、军机大臣，仕至协办大学士、文华殿大学士，封太子太保。曾为方略馆、国史馆、三通馆及四库全书馆总裁，主持军机处二十年。著有《临清纪略》等。

庄有恭

（1713—1767），字容可，号滋圃，广东番禺人。清乾隆四年

（1739）己未科状元。授翰林院修撰，入上书房。历任光禄寺卿、内阁学士、江苏学政、江苏巡抚等，署两江总督。曾因擅自处理隐瞒贿官企图作弊等案，未上奏，被革职并拟处绞刑，后因未受贿改判，令其戴罪立功，署湖北巡抚。卒于福建巡抚任上。

金甡

（1702—1782），字雨叔，号海柱，浙江仁和（今浙江杭州）人。清乾隆七年（1742）壬戌科状元，授翰林院修撰。会试、殿试连中二元。九年，出任广东乡试主考官。十二年，出任顺天乡试同考官后，曾任江西、山西等乡试主考官。十九年，任会试同考官。后破格晋升侍讲学士。著有《静廉斋诗集》。

钱维城

（1720—1772），字宗盘，号稼轩，又号幼斋，江南武进（今江苏常州）人。清乾隆十年（1745）乙丑科状元。授翰林院修撰，掌修国史。散馆满文察列三等，又试汉文，留任。历任右中允、入值南书房、侍读学士、侍讲学士、内阁学士、礼、工、刑部侍郎。乾隆三十七年卒于家中。著有《茶山集》。

梁国治

（1723—1786），字阶平，号瑶峰，浙江会稽（今浙江绍兴）人。清乾隆十三年（1748）戊辰科状元。授翰林院修撰，掌修国史。历任日讲起居注官、国子监司业，广东、江西乡试主考、安徽、江苏学政、右副都御史、吏部侍郎。为官清廉，死后靠资助安葬。工书法。著有《敬思堂文集》。

吴鸿

（1725—1763），字颉云，号云岩，浙江仁和（今浙江杭州）人。清乾隆十六年（1751）辛未科状元。授翰林院修撰，掌修国史。二十七年，与钱大昕、王杰出任湖南乡试典试官。对丁甡、丁正心、张德安、石鸿翥、陈圣清等五人试卷尤为赏识。结果丁甡名列第一，时人称为“识士”。著有《云岩诗文稿》。

秦大士

（1715—1777），字鲁一，号涧泉，江苏江宁人。清乾隆十七年（1752）恩科状元。授翰林院修撰，掌修国史。十岁能赋诗作文，科场不顺，中年方及第。历任考官，阅卷尽职尽责。善书画，书兼精篆、隶、行、草，长于画竹，享有盛名。有诗、书、画“三绝”之名。著有《蓬莱山樵集》等。

庄培因

（1723—1759），字本淳，号仲醇，江南阳湖（今江苏武进）人。清乾隆十九年（1754）甲戌科状元。授翰林院修撰，掌修国史。官至翰林院侍读学士。是榜，一甲二名王鸣盛，二甲四名纪昀，二甲四十名钱大昕，均为一代文宗，被称为“名榜”。其兄庄存舆，为乾隆十年乙丑科榜眼，时人称“兄弟鼎甲”。著有《虚一斋集》。

蔡以台

生卒年不详。字季实，号兰圃，浙江嘉善人。清乾隆二十二年（1757）丁丑科状元。授翰林院修撰，掌修国史。二十五年，充任顺天乡试同考官。是年，任日讲起居注官。翌年，任会试同考官，因随乾隆巡幸五台山，正在途中，未临场监考。其取士公允，为人称道。著有《三友斋遗稿》。

毕沅

（1730—1797），字秋帆，号弇山，江南镇洋（今江苏太仓）人。清乾隆二十五年（1760）庚辰科状元。授翰林院修撰，掌修国史，累官至湖广总督。学识渊博，自经史旁及小学、金石、地理，能诗文，有《续资治通鉴》行于世。

王杰

（1725—1805），字伟人，号葆淳、畏堂，陕西韩城人。清乾隆二十六年（1761）恩科状元。授翰林院修撰，入值南书房，旋升内阁学士。三十九年，任刑部侍郎，迁吏部左都御史。四十八年，任兵部尚书，后历任上书房总师傅，东阁大学士，太子太保。任上耻与权臣和珅交往，甚得时人口碑。著有《葆淳阁集》等。

秦大成

（1720—1779），字澄叙，号簪园，江南嘉定（今上海嘉定）人。清乾隆二十八年（1763）癸未科状元。授翰林院修撰，掌修国史。不久，请长假回乡侍养老母。四十三年，复任充会试同考官。仕至翰林院修撰。后再次告假回乡，卒于家中。据史书记载，其品德也为时人称道，在他去世时“仅有薄田三十亩，图书满架”。

张书勋

生卒年不详。字在常，号西峰，江苏吴县人。清乾隆三十一年（1766）丙戌科状元。授翰林院修撰，掌修国史，累官至右中允。自幼以孝闻于乡里，深得乡人称赞。传说有一年除夕夜，其母梦中见到一位金甲神对她说：“您的儿子孝行素著，今年春天一定能高中状元。”后来，果然高中榜首。

陈初哲

（1736—1787），字在初，号永斋，江南元和（今江苏吴县）人。清乾隆三十四年（1769）己丑科状元，授翰林院修撰。帝特命入庶常馆学习满文文献，初哲过目即晓其要旨，二年后结业考试，其成绩名列第一。帝高兴地说："汉人中难得这样的人才。"充任"方略馆"的纂修官，并让他入值武英殿，成了乾隆皇帝极为宠信的近臣。

黄轩

生卒年不详。字日驾，号蔚塍，安徽休宁人。清乾隆三十六年（1771）辛卯科状元。授翰林院修撰，掌修国史，在上书房行走。四十二年，出为山东乡试同考官。次年，任会试同考官。四十四年，又任顺天乡试同考官，升为洗马，京察一等，授四川川东道道员，时值台湾用兵，奉命协济军粮，劳累过度而卒。

金榜

（1735—1801），字辅之，号檠斋，安徽歙县人。清乾隆三十七年（1772）壬辰科状元，授翰林院修撰。曾任山西乡试主考官和会试同考官。毕生穷治礼学，所著《礼笺》词精义赅，以考证缜密、立论清新为当时治经大法，亦为礼学史上的重要著述。著有《周易考占》。

吴锡龄

（？—1776），字纯甫，安徽休宁人。清乾隆四十年（1775）乙未科状元。授翰林院修撰，掌修国史。少而好学，大魁次年，不幸罹病身亡。同科榜眼汪镛，因胪唱未至而罚俸。探花沈清藻，授编修不久因病而终。鼎甲三人如此厄运，实属罕见。

戴衢亨

（1755—1811），字莲士，江西大庾（今江西大余县）人。清乾隆四十三年（1778）戊戌科状元，授翰林院修撰。嘉庆二年（1797）任军机大臣行走，自此不断升迁，历任内阁学士兼礼部侍郎，兵部、工部、户部尚书，翰林院掌院学士，充日讲起居注官，协办大学士等。曾与礼部尚书纪昀主持续修《四库全书》。

汪如洋

（1755—1794），字润民，号云壑，浙江钱塘（今浙江杭州）人。清乾隆四十五年（1780）庚子科状元。授翰林院修撰，掌修国史，旋入上书房。五十一年，出任山东乡试正考官，不久提督云南学政。任上，见文化落后，学者苦于无师，每逢考试，先写范文，考后发给应试者找出差距。著有《湖海诗传》等。

钱棨

（1743—1799），字振威，号湘舲，江南长州（今江苏苏州）人。清乾隆四十六年（1781）辛丑科状元，授翰林院修撰。曾夺得解元、会元，成为清朝首位“连中三元”者。胪唱之日，皇帝赋诗云：“国朝经百载，春榜得三元”。京师及数百人赞颂之诗，由副主考翁方纲辑成《三元诗集》。

茹棻

（1755—1821），字稚葵，号古香，浙江会稽（今浙江绍兴）人。清乾隆四十九年（1784）甲辰科状元，授翰林院修撰。五十三年，出任山东乡试正考官，次年视学湖北。不久，由少詹事任奉天府丞兼学政。任满三年，升为内阁学士，工部侍郎，终官兵部尚书。著有《使楚诗草》等。

史致光

（？—1828），字葆甫，号郯师，山阴（今浙江绍兴）人。清乾隆五十二年（1787）丁未科状元。授翰林院修撰，五十四年任湖北正考官。后以京官出守大理，旋调云南知府。时滇省盐政腐败，流弊丛生，受苦民众围攻省城，声言惩办盐署官吏而后罢。史致光妥善处理变患，盐务自此肃清。

胡长龄

（1758—1814），字西庚，号印渚，江南通州（今江苏南通）人。清乾隆五十四年（1789）己酉科状元，授翰林院修撰。五十六年，大考二等，擢侍讲学士。六十年，迁国子监祭酒，终官礼部尚书。精通经学，与山阳人汪廷珍齐名，被称为“汪经胡史”。著有《三余堂集》。

石韫玉

（1755—1837），字执如，号琢堂，江苏吴县人。清乾隆五十五年（1790）恩科状元。授翰林院修撰，掌修国史。终官仍赏翰林院编修之职。为文贯通古今，诗破唐宋门户，尤长于经世致用之学。世称“军事歪才石状元”，著有《独学庐初稿》。

潘世恩

（1770—1854），字槐堂，号芝轩，江苏吴县人。清乾隆五十八年（1793）癸丑科状元，授翰林院修撰。道光十八年（1838），晋为武英殿大学士，与三位门生卓秉恬、穆彰阿、宝兴号称“满汉四相公”。与其弟潘世璜、其孙潘祖荫合称“苏州三杰”。任官期间，不附权贵和珅，支持举荐林则徐。

王以衔

（1761—1823），字署冰，号勿庵，浙江归安（今浙江吴兴）人。清乾隆六十年（1795）乙卯科状元，授翰林院修撰。曾任顺天乡试副考官，后任江苏学政。力主文章平正通达，一扫过去险怪芜杂之风。帝知其端谨，克尽师道，令改值上书房。道光帝即位，见其年事已高，令专理部务。

赵文楷

（1761—1808），字介山，号逸书，安徽太湖人。清嘉庆元年（1796）丙辰科状元，授翰林院修撰。三年，充任顺天乡试同考官。次年，任会试同考官，同年，奉诏册封琉球国王。其间，恪尽职守，婉言谢绝国王馈赠，颇受称道。累官至山西雁平道道员，署理山西按察使。著有《石柏山房诗集》。

姚文田

（1758—1827），字秋农，号梅漪，归安（今浙江吴兴）人。清嘉庆四年（1799）己未科状元。授翰林院修撰，充国史馆、唐文馆纂修，会试总裁，广东等省正副考官，广东等省学政。累官祭酒、詹事、内阁学士，户、礼、兵诸部侍郎，左都御史，官终礼部尚书。著有《说文声系》等。

顾皋

（1763—1832），字缄石，号歅斋，江苏无锡人。清嘉庆六年（1801）辛酉科状元。授翰林院修撰，掌修国史。九年，任贵州学政，任满升为国子监司业。不久升侍讲，日讲起居注官。十七年，回乡服父丧。复职后充庶吉士教习，升右庶子、左庶子。奉旨入值懋勤殿，参加编纂《石渠宝笈》《秘殿珠林》。

吴廷琛

（1773—1844），字震南，号棣华，江苏元和人。清嘉庆七年（1802）壬戌科状元。授翰林院修撰，掌修国史。殿试后，读卷官评判试卷，选出十份最佳的卷子，排定第一至第十的名次，进呈嘉庆帝裁决，吴廷琛卷名列第一。嘉庆帝觉得第一份最好，遂于卷首朱书“第一甲第一名”。这一年，他正值而立之年。

彭浚

生卒年不详。字映旗，号宝臣，湖南衡山人。清嘉庆十年（1805）乙丑科状元。授翰林院修撰，掌修国史。官至奉天府丞兼奉天学政。任官期间，多次典试督学，重视人才选拔。嘉庆年间协理会试，前后五鼎甲皆出其门。河南祝庆蕃兄弟三人一同登第，也出自其手。

吴信中

生卒年不详。字阅甫，号霭人，江苏吴县（今苏州）人。清嘉庆十三年（1808）戊辰科状元。授翰林院修撰，掌修国史。先后出任河南、广东、湖北乡试主考官，累官至侍读学士。少力学，惜字纸，曾刻《文帝惜字文》以规劝世人。著有《玉树楼稿》。

洪莹

生卒年不详。字宾华，号铃庵，安徽歙县人。清嘉庆十四年（1809）恩科状元。授翰林院修撰。十八年，出任顺天乡试同考官，累官至知府。淡泊功利，无心宦海，不久上疏辞官，回故乡隐居。从此专意学问，尤长于经学。对五经研究很有造诣，多有撰述，惜已散失。工书法，楷体尤佳。著有《元和姓纂》。

蒋立镛

（1782—1842），字序东，号笙陔，湖北天门净潭乡人。清嘉庆十六年（1811）辛未科状元。授翰林院修撰，掌修国史，官至内阁学士兼礼部侍郎。举家世代科名，其子为探花，其孙中进士。其文立意清新，笔调流畅。书以遒劲端庄著称于世。著有《香案集》。

龙汝言

（1838—1814），字子嘉，号锦珊，安徽桐城人。清嘉庆十九年（1814）甲戌科状元。入值南书房行走，侍奉赋诗绘画。先后出任湖北乡试正考官、会试同考官。旋任《清高宗实录》监修官，因夫妻吵架暂避友人家中，耽误校样，恰巧校样中“高宗纯皇帝”之“纯”误为“绝”，帝大惊，将其革职。著有《赐砚斋集》。

吴其濬

（1789—1847），字季深，号云娄农，河南固始人。清嘉庆二十二年（1817）丁丑科状元。授翰林院修撰，历任纂修官、礼部尚书、兵部右侍郎、湖广总督，福建、山西巡抚等职。公余之时搜求本草，研究药性，观赏植物，描绘精图。著有《植物名实图考》三十八卷，是记述植物药品的皇皇巨著。

陈沆

（1785—1826），字太初，号秋舫，湖北蕲水（今湖北浠水县）人。清嘉庆二十四年（1819）已卯科状元。授翰林院修撰，掌修国史。道光元年（1821），出任广东乡试正考官。三年，充会试同考官，不久，调任四川道监察御史。六年，病死于任上。著有《诗比兴笺》等。

陈继昌

（1791—1849），字哲臣，号莲史，广西临桂人。清嘉庆二十五年（1820）庚辰科状元。他是清代科举史上第二位连中“三元”者。及第后，授翰林院修撰。历陕西、甘肃、顺天等乡试典试官。道光六年（1826），任会试同考官。后又任山西、直隶、甘肃、江宁布政使，官至江苏巡抚。著有《殿试策》等。

戴兰芬

生卒年不详。字畹香，号湘圃，安徽天长人。清道光二年（1822）壬午科状元。授翰林院修撰，掌修国史。八年，出任福建乡试主考官，以取士公平为时人称道。十一年，提督陕甘学政，后官至侍读学士。英年早逝，时人惜之，擅长诗词，著有《香祖诗集》等。

林召棠

（1786—1872），字爱封，号芾南，广东吴川人。清道光三年（1823）癸未科状元。授翰林院修撰，掌修国史。十一年，出任陕甘乡试主考官。不久，以母亲年迈有病，辞官归里。曾自撰治家格言，中有“日食饭当思耕田人之苦，日着衣当思织布人之劳”。著有《心亭居诗文集》。

朱昌颐

（1784—1855），字吉求，号朵山，浙江海盐人。清道光六年（1826）丙戌科状元。授翰林院修撰，掌修国史。嘉庆十八年（1813），拔贡入国子监。道光五年顺天乡试中举。金殿传胪后次日，帝召见并命其写一折扇，字成，帝大悦，赐文绮。著有《鹤天鲸海诗文稿》。

李振钧

生卒年不详。字仲衡，号海初，安徽太湖人。清道光九年（1829）己丑科状元。授翰林院修撰，掌修国史。出自官宦之家，其父李长森为乾隆九年进士。振钧自幼好学，十分推崇本邑状元赵文楷，刻苦进学，终获大魁。入仕适逢衰世，曾任顺天乡试同考官，仕宦多年，累官至侍郎。著有《味镫听叶庐诗集》。

吴钟骏

（1798—1853），字崧甫，号晴舫，江苏吴县人。清道光十二年（1832）恩科状元。授翰林院修撰，掌修国史。十四年，出任福建乡试主考官。二十三年，出任浙江学政。次年，升任礼部右侍郎。二十七年，充殿试读卷官。状元吴廷琛为其侄，时称“叔侄状元”。

汪鸣相

生卒年不详。字朗渠，号珏生，江西彭泽人。清道光十三年（1833）恩科状元。授翰林院修撰，掌修国史。是科应为道光十二年举行，为祝道光五十寿辰，改十二年为恩科，正科推迟一年。次年任顺天乡试同考官。次年，任广西乙未恩科乡试主考官。虽然数任乡试典试官，但官位不显，仍为翰林院修撰。

刘绎

（1796—1878），字瞻岩，江西永丰人。清道光十五年（1835）乙未科状元。授翰林院修撰，掌修国史。入值南书房，侍从道光帝赋诗填词绘画。十七年，出任山东学政。任上刻《劝课条规》，著《崇正黜邪论》一卷，以整饬教育，鼓励善类。其学子成名者甚多。

林鸿年

（1805—1885），字勿村，福建侯官人（今福建闽侯）人。清道光十六年（1836）丙申科状元，授翰林院修撰。十八年，奉旨为册封琉球国王正使，赐一品服，代表清廷谕祭故王，册封新王。在琉球一百六十天，摒绝馈赠，禁止随从人员携货勒售，拒绝接受送给使者的“宴金”。归国后，著有《使琉球录》。

钮福保

生卒年不详。字右申，号松泉，浙江乌程（今浙江吴兴）人。清道光十八年（1838）戊戌科状元。授翰林院修撰，掌修国史。出任江南乡试副考官，江西乡试副考官，后转任广西学政。二十五年后，两次任会试同考官，取士公允。官至詹事府少詹事。多次出任典试官，以公平选拔取士著称。

李承霖

生卒年不详。字雨人，号果亭，江苏丹徒（今镇江）人。清道光二十年（1840）恩科状元。授翰林院修撰，掌修国史。二十二年，出任广西乡试主考官，后提督广西学政。时官场腐败，考场“枪替”盛行，其着力纠正，考风遂变。后入值南书房，教皇子奕誴读书。咸丰四年，丁忧返里，不复出。编有《劫余仅存》。

龙启瑞

（1814—1858），字辑五，号翰臣，广西临桂（今广西桂林）人。清道光二十一年（1841）辛丑科状元。授翰林院修撰，掌修国史。二十三年，出任顺天乡试同考官，次年出任广东乡试副考官。后又升侍讲，出为湖北学政。引导士人钻研“根柢之学”。撰著《经籍举要》《视学须知》，指导教学。

孙毓溎

生卒年不详。字犀源，号梧江，山东济宁人。清道光二十四年（1844）甲辰科状元。授翰林院修撰，掌修国史。二十六年，任云南学政。咸丰元年（1851），任山西按察使，迁浙江，兼布政使。次年因病去职。太平天国定都南京，大学士贾桢荐其督力团练。后因病赴京治疗，卒于家中。

萧锦忠

（？—1854），初名衡，字史楼，湖南茶陵人。清道光二十五年（1845）恩科状元。授翰林院修撰，掌修国史。自幼苦读，家贫无钱购书，便借书抄录，所学经史全系手抄成册。道光十二年考中举人，此后在京客居十余年，与名士往来频繁。诗文精妙，流传较广。著有《自然斋时文诗赋》等。

张之万

（1811—1897），字子青，号銮坡，河北南皮人。清道光二十七年（1847）丁未科状元。历任翰林院修撰、河南学政、内阁学士、礼部侍郎兼署工部等职。同治元年（1862年），偕太常寺卿许彭寿等，汇辑前代帝王及垂帘事迹可法戒者呈上，赐名《治平宝鉴》。著有《张文达公遗集》等。

陆增祥

（1815—1882），字魁中，号星农，江苏太仓人。清道光三十年（1850）己酉科状元。授翰林院修撰，掌修国史。热衷于金石文字，著有《金石补正》一百三十卷，对古文字学贡献甚大，为一代学术巨匠。著有《元金石偶存》等。

章鋆

（1820—1875），字酡芝，号采南，浙江鄞县（今宁波）人。清咸丰二年（1852）壬子科状元，授翰林院修撰。次年，侍奉上书房。咸丰五年，出任四川主考官。咸丰九年，充任顺天乡试同考官。同治元年（1862），出任广西乡试主考官。次年，提督福建学政。后又以国子监祭酒出任广东学政。著有《望云馆诗稿》。

孙如仅

生卒年不详。字亦和，号松坪，山东济宁人。清咸丰三年（1853）癸丑科状元。授翰林院编修，掌修国史。一生多次任典试官职，公允秉正，务求选拔真才实学之士，在陕甘学政任上，曾著《曲徙粗议十六策》，其论多为以后左宗棠督办新疆军务时所采用。

翁同龢

（1830—1904），字声甫，号叔平，江苏常熟人。清咸丰六年（1856）丙辰科状元，授翰林院修撰。翁同龢是同治帝、光绪帝的两代帝师。官至协办大学士，户部尚书，参机务。光绪戊戌政变，罢官归里。沙孟海《近三百年的书学》一文中指出："他出世最晚，所以能够兼收众长，特别是钱沣的方法，有时还掺入些北碑的体势。把颜字和北碑打通了，这是翁同龢的特色。"翁同龢著有《瓶庐诗稿》。

孙家鼐

（1827—1909），字燮臣，号蛰生，安徽寿州（今寿县）人。清咸丰九年（1859）己未科状元。授翰林院修撰，入值上书房授读。后他和资历较深的同僚翁同龢一起教授年轻的皇帝。在此期间，历任工部侍郎、户部侍郎、兵部侍郎以及吏部侍郎等职。官至工部尚书，兼顺天府府尹。

钟骏声

生卒年不详。字雨辰，号亦溪，仁和（今浙江杭州）人。清咸丰十年（1860）恩科状元。授翰林院修撰，掌修国史。后屡掌文衡。次年，出任顺天乡试同考官。同治元年（1862）任会试同考官。六年，出任湖北乡试主考官。后以修撰转四川学政。在其任上，选贤任能，取士公允，颇受赞誉。著有《养自然斋集》。

徐郙

（1836—1908），字颂阁，嘉定（今上海嘉定）人。清同治元年（1862）壬戌科状元。授翰林院修撰，掌修国史，官至礼部尚书。任职期间，屡掌文衡，称得士。工书画，尤擅山水。为人懒散，出入歌楼妓院，人品不佳，又以权谋私、贪财纳贿，为时人所讥斥。

翁曾源

（1843—？），字仲渊，江苏常熟人。清同治二年（1863）恩科状元。授翰林院修撰，任国史馆纂修，掌修国史。因容貌英俊，有“美状元”之誉。慈禧召见，却不善应对，被斥出宫。不久称病辞官，回归故里约二十余年，病发身亡。善画花卉，乡里得其片纸以为宝。

崇绮

（？—1900），字文山，姓阿鲁特氏，满洲镶黄旗人。清同治四年（1865）乙丑科状元，授翰林院修撰。八国联军侵华时，出任户部尚书。慈禧奔居庸关后，任留京办事大臣。为保护慈禧，与荣禄伪装皇驾，从南路直奔保定，吸引联军。后因见山河破碎，京师沦陷，自缢于莲池书院。

洪钧

（1839—1893），字陶士，号文卿，江苏吴县人。清同治七年（1868）戊辰科状元，授翰林院修撰。九年，出任湖北、江西等处学政。光绪元年（1875）充任顺天乡试同考官，次年出任陕西乡试主考官。他是历史上唯一担任过“大使”的状元郎，是清末颇有外交才能的著名外交官。著有《元史译文证补》。

梁耀枢

（1832—1888），字冠祺，号叔简，广东顺德人。清同治十年（1871）辛未科状元。授翰林院修撰，掌修国史。官至詹事府少詹事。在朝为官，性刚直，有大志。曾参劾广东学政叶大焯科场舞弊。张之洞督两广，广东的西、北两江泛滥成灾。其有言“臣诚不忍缄默”，力奏朝廷，朝野为之震惊。

陆润庠

（1841—1915），字凤石，号云洒，江苏元和（今江苏吴县）人。清同治十三年（1874）甲戌科状元。授翰林院修撰，掌修国史。官至都察院左都御史。光绪二十六年（1900），八国联军入侵，慈禧太后西狩，他代言草制。书法清华朗润，然馆阁气重，卒年七十五岁，卒后谥文端。

曹鸿勋

（1848—1910），字仲铭，号兰生，山东潍坊（今山东潍坊）人。清光绪二年（1876）丙子科状元，授翰林院修撰。五年，任湖南副考官，两年后改任视学。任职期间，为改善湖南边区的文化状况，开办省书院，选送优秀学员入院深造，以开拓视野，丰富知识，使边区学风大变。著有《校经堂初集》。

王仁堪

（1848—1893），字可庄，福建闽县（今福建闽侯）人。清光绪三年（1877）丁丑科状元，授翰林院修撰。五年，崇厚擅自与沙俄签订《里瓦基亚条约》，即《交收伊犁条约》，王仁堪与曹鸿勋等联名弹劾，致崇厚革职定罪。十九年，调苏州知府，以疾卒于任。

黄思永

（1842—1914），字慎之，号亦瓢，江苏江宁人。清光绪六年（1880）庚辰科状元。授翰林院修撰，掌修国史。十二年，充会试同考官。后累迁官至侍读学士。曾两次被御史弹劾，先因国丧着吉服被参下狱，得职后，再被参丢官。后清廷设商部，起用为顾问官，与张謇并称为“商部两状元。”

陈冕

（1859—1893），字冠生，号梦莱，顺天宛平（今北京大兴）人。清光绪九年（1883）癸未科状元。入翰林院为修撰，掌修国史。1884年，黄河发大水，陈冕秉承父训，捐家财赈灾。带领亲友，坐着小船，给灾民送饭送水，选择高处建简易民房多处，供灾民栖身。

赵以炯

（1857—1906），字仲莹，号鹤林，贵州贵阳人。清光绪十二年（1886）丙戌科状元。授翰林院修撰，掌修国史。十四年，出为四川乡试副主考官。十七年，提督广西学政。二十一年，充任会试同考官。五年后，回乡服母丧，主讲学古书院。丧满返京，值时局动荡，难以晋升，遂辞官回乡。

张建勋

（1848—1913），字季端，号愉谷，广西临桂人。清光绪十五年（1889）己丑科状元。授翰林院修撰，掌修国史。二十年，出为云南乡试主考官。二十三年，提督云南学政。敷陈教化，倡办教育，当地士民赠其“大启滇文”匾额。著有《愉谷诗稿》。

吴鲁

（1845—1912），字肃堂，号且园，福建晋江人。清光绪十六年（1890）恩科状元。授翰林院修撰，掌修国史。为福建科举时代最后一个状元。历任陕西典试（主考），安徽、云南督学，云南主考，吉林提学使。以振兴文教为己任，任吉林提学使时，捐俸五千金筹办提督学政公署。著有《蒙学初编》等。

刘福姚

生卒年不详。字伯崇，号守勤，广西临桂人。清光绪十八年（1892）壬辰科状元。授翰林院修撰，掌修国史。历任侍讲、贵州乡试正考官、广东乡试副考官、浙江乡试副考官、河南乡试副主考官、翰林院秘书郎兼学部图书局总务总校。晚年定居上海，以卖文为生，穷困潦倒，抑郁以终。著有《忍庵词》。

张謇

（1853—1926），字季直，号啬庵，江南通州（今江苏南通）人。清光绪二十年（1894）甲午科状元。及第前，曾连续三次进京参加会试，均名落孙山。甲午科殿试，受翁同龢赏识，评阅其卷：“文气甚老，字亦雅，非常手也。”八位读卷大臣，仅张之万一人存异，上裁为第一。为中国近代教育之开拓者。著有《张謇日记》等。

骆成骧

（1865—1926），字公骕，四川资州（今四川资中）人。清光绪二十一年（1895）乙未科状元。授翰林院修撰，掌修国史。二十四年，充会试同考官。同年，受聘为京师大学堂首席提调官，操持大学堂事务。曾创立 " 蜀学堂 "，讲习新学，宣传维新。先后出任贵州、广西乡试主考官。后被派往日本留学，专攻法政。回国后，主办广西桂林法政学堂。著有《国文中坚集》等。

夏同龢

（1869—1925），字用卿，贵州麻哈（今贵州麻江）人。清光绪二十四年（1898）戊戌科状元。授翰林院修撰，掌修国史。官至江西实业厅厅长。曾被派往日本留学，时值维新变法。其性格豪放，倾向维新。赴日归来，割辫、修发、着洋装，俨然一派新式人物，曾使妻儿不敢相认。

王寿彭

（1875—1929），字次篯，山东潍县（今山东潍坊）人。清光绪二十九年（1903）癸卯科状元，授翰林院修撰。后入进士馆读书，在译学馆教过书。曾赴日本考察政治、教育和实业。辛亥革命后，任山东巡按使署秘书，教育司长、山东省教育厅长。1926 年，创办了山东大学并自兼校长。工书法，时人以“得其片纸寸缣为荣”。著有《考察录》等。

刘春霖

（1872—1944），字润琴，号石箕，直隶肃宁（今河北肃宁）

人。清光绪三十年（1904）甲辰科状元，授翰林院修撰。因其后即废除科举，故自称“第一人中最后人”。光绪三十三年，被派往日本留学，回国后出任保定直隶高等学堂监督，创办直隶书局。一生坦坦荡荡，始终保持民族气节，后卒于北京寓所。

太平天国

武立勋

生卒年不详。字号不详，和州（今安徽和县）人。太平天国三年（1853）天试状元。余事无考。

傅善祥

（？—1856），字号不详，金陵（今江苏南京）人。太平天国三年（1853）女试状元。余事无考。

杨朝福

生卒年不详。字号不详，湖北安庆人。太平天国三年（1853）翼试状元。余事无考。

朱世杰

生卒年不详。字号、籍贯均不详。太平天国三年（1853）东试状元。余事无考。

吴容宽

生卒年不详。字号、籍贯均不详。太平天国四年（1854）天试状元。余事无考。

乔彦才

生卒年不详。字号、籍贯均不详。太平天国四年（1854）某试状元。余事无考。

叶春元

生卒年不详。字号、籍贯均不详。太平天国五年（1855）天试状元。余事无考。

刘盛培

生卒年不详。字号不详，湖北人。太平天国六年（1856）某试状元。余事无考。

范朴园

生卒年不详。字号、籍贯均不详。太平天国七年（1857）天试状元。余事无考。

沈抡元

生卒年不详。字号、籍贯均不详。太平天国八年（1858）天试状元。余事无考。

吴镇坤

生卒年不详。字号、籍贯均不详。太平天国九年（1859）天试状元。余事无考。

汪顺祥

生卒年不详。字号、籍贯均不详。太平天国十年（1860）天试状元。余事无考。

陆培英

生卒年不详。字号、籍贯均不详。太平天国十一年（1861）天试状元。余事无考。

刘闳忠

生卒年不详。字号、籍贯均不详。太平天国某年天试状元。余事无考。

徐首长

生卒年不详。字号、籍贯均不详。太平天国十二年（1862）天试状元。余事无考。

榜眼篇

唐代

李义琛

生卒年不详。字号不详，陇西（今甘肃）人。唐武德五年（622）壬午科榜眼。他是我国科举史上第一位榜眼。贞观年间，文成公主进贡的金子被盗，太宗见他神采奕奕，让他去捕获盗贼，他很快将其捉拿归案。太宗大喜，为其加官。

上官仪

（约608—664），字游韶，陕州陕（今河南三门峡市）人。唐贞观元年（627）丁亥科榜眼。举进士后，诏授弘文馆直学士，迁秘书郎。高宗继位后为秘书少监。他诗文婉媚，多为当朝显贵仿效，时称“上官体”。

田备

生卒年不详。籍贯、字号、生平均不详。唐贞元二十年（646）丙午科榜眼。该科取进士三人，另外两人为张昌龄、郝连梵。善属文，人们至今仍可在《文苑英华》读到他的《对高洁之士策》。

岑参

（718—769），字号不详，河南安阳人。唐天宝三年（744）甲申科榜眼。岑参是唐中期著名诗人，其诗与高适齐名，并称“高岑”。著有《岑参集》十卷。

王建

生卒年不详。字仲初，颍川（今河南许昌）人。唐大历十年（775）乙卯科榜眼，东都榜第二。历昭应县丞、太府寺丞、秘书郎等职。工乐府诗，与张籍齐名，有《王司马集》。

周渭

生卒年不详。字兆师，江苏淮阴人。唐大历十四年（779）己未科榜眼。建中元年（780）又参加“贞师伐谋对有明法”科考试，一举中第，他是为数不多的涉足武举的进士之一。

崔敖

生卒年不详。字号不详，博陵（今河北境内）人。唐建中二年（781）辛酉科榜眼。官至太常博士。著有《大唐河东盐池灵庆公神祠碑》。

马异

生卒年不详。字号不详，睦州（今浙江建德东北）人。唐兴元元年（784）甲子科榜眼。工诗，词调怪涩，属韩愈、卢仝等险怪一派。《全唐诗》存诗四首。

杨巨源

生卒年不详。字景山。蒲中（今山西永济一带）人。唐贞元五年(789)己巳科榜眼。据《唐代丛书》记载，杨巨源曾编著故事集《红线传》，还著有《李谟吹笛记》，用词优美。

陈羽

生卒年不详。字号不详，江东（今安徽芜湖一带）人。唐贞元八年（792）壬申科榜眼。历官乐宫尉佐。有《冬晚送友人使西蕃》等作品存世。

范传正

生卒年不详。字西老，南阳顺阳（今河南淅川县）人。唐贞元十年（794）甲戌科榜眼。曾应举博学宏词、书判二科，并登甲科，著有《进善旌赋》等。

李建

生卒年不详。字杓直，陇西（今甘肃）人。唐贞元十四年（798）戊寅科榜眼。有孝名，母亲曾说："倭子（李建小名）劝我吃饭，看他的样子，心里暖融融的，还没吃我就饱了。"入仕后，官至刑部侍郎。

吴丹

生卒年不详。字真存，籍贯不详。唐贞元十六年（800）庚辰科榜眼。该科取进士十九人，同榜有白居易等。官至镇州宣慰副使、知匦使、尚书等。白居易曾作《唐饶州刺史吴丹神道碑》。

李仍叔

生卒年不详。字周美，籍贯不详。唐元和五年（810）庚寅科榜眼。白居易曾有《开成二年三月三日禊于洛滨，留守裴令公召太子宾客李仍叔等一十五人合宴舟中诗》，从中可以看出他与当时名士多有交往。

孔温业

（？—857），字逊志，籍贯不详。唐长庆元年（821）辛丑科榜眼。据说本科考试有《周礼》方面的内容，许多人因为不熟悉没有答好，只有孔温业等三人粗通《周礼》而中高第。

张知实

生卒年不详。字号不详，陇西（今甘肃）人。唐宝历二年（826）丙午科榜眼。他曾编著唐人诗集，为一时名士。杜牧曾作《陇西李府君墓志铭》对其有所介绍。

杨发

生卒年不详。字至之，同州冯翊（今陕西大荔）人。唐大和四年（830）庚戌科榜眼。杨发工诗，与张知实等人一同编过唐人诗集。著有《大音希声赋》等。

陈上美

生卒年不详。籍贯、字号、生平均不详。唐开成元年（836）丙辰科榜眼。有《咸阳有怀》诗一首："山连河水碧氛氲，瑞气东移拥圣君。秦苑有花空笑日，汉陵无主自侵云。古槐堤上莺千啭，远渚沙中鹭一群。赖与渊明同把菊，烟郊西望夕阳曛。"

张棠

生卒年不详。籍贯、字号、生平均不详。唐开成二年（837）丁巳科榜眼。本科取进士四十人，同榜有著名诗人李商隐等。赋和试律诗的题目分别是《琴瑟和奏赋》和《霓裳羽衣曲诗》。

张潜

生卒年不详。字号、生平不详。清河（今河北清河及枣强一带）东武城人。唐会昌二年（842）壬戌科榜眼。及第后曾任扬州刺史，后又任右补阙、内供奉等职。

丁棱

生卒年不详。字子威，宜春（今江西宜春）人。唐会昌三年（843）癸亥科榜眼。丁棱身材矮小，相貌丑陋，而且说话还有严重的口吃，但工诗善文，诗文中常有警言佳句。

项斯

生卒年不详。字子迁，江南宁海人。唐会昌四年（844）甲子科榜眼。未及第前，曾以诗卷进谒杨敬之，杨爱不释手。赠诗云：“几度见诗诗尽好，及观标格过于诗。平生不解藏人善，到处逢人说项斯。”一时间，此诗传遍长安，翌年项斯进士及第。

王彦昌

生卒年不详。字号不详，山西太原人。唐广明二年（881）庚子科榜眼。他生于官宦世家，广明年初，黄巢农民军占领长安。唐僖宗逃到四川，续赐王彦昌进士第二人。

陈鼎

生卒年不详。字号不详，福清人。唐大顺二年（891）辛亥科榜眼。及第后授校书郎，与羊绍素、黄晟等人有过交往。

程晏

生卒年不详。字晏然，籍贯不详。唐乾宁二年（895）乙卯科榜眼。唐昭宗曰："赵观文、程晏、崔赏、崔仁宝等四人才藻优赡，义理昭宣，深穷体物之能，曲尽缘情之妙，所试诗赋，辞艺精通，皆合本意。"开榜时就以此为序。

卓云

生卒年不详。字号不详，福建长乐人。唐乾宁四年（897）丁巳科榜眼。此科知贡举为礼部侍郎薛昭纬。赋的试题为《未明求衣赋》。卓云历官淮南节度。

殷文圭

生卒年不详。字表儒，池州青阳（今安徽青阳）人。唐乾宁五年（898）戊午科榜眼。殷文圭曾为翰林学士，著有《俊唐张崇修庐州外罗城记》《登龙集》《笔耕词》等诗文集。

柳璨

生卒年不详。字照之，河东（今山西）人。唐光化二年（899）己未科榜眼。他博学多才，尤其精通《汉史》。他认为刘知几所撰《史通》讥驳经史过当，就暗暗记下其失误，另写出《柳氏释史》十卷，好评如云，声名鹊起。人们称其为"柳箧子"。

裴谐

生卒年不详 。 字号不详，桂州（今广西桂林）人。唐天祐三年（906）丙寅科榜眼。裴谐之兄裴说为本榜状元，兄弟同一榜同列鼎甲，在中国的科举史上也不多见。裴谐官至桂岭摄令，终于桂岭。著有《裴谐集》。

五代十国

陈沆

生卒年不详。字号不详，高密人。后开平二年(908)戊辰科榜眼。登进士后，曾官至魏博芦度，辟为判官。不久就返回庐山隐居，成为黄损、虚中等人所尊崇的老师。《全唐诗》载："陈沆，南唐时庐阜处士，有诗一首。"

桑维翰

（？—947），字国侨，河南洛阳人。后唐同光三年（925）乙酉科榜眼。据史书记载，他参加进士考试时，有人以"桑""丧"之嫌，劝他别再应试。桑维翰手持铁砚，信誓旦旦地说："铁砚穿，乃改业。"并著《日出扶桑赋》以明其志。

韩锡载

（902—970），字叔言，潍州北海（今山东潍坊）人。后唐同光四年（926）丙戌科榜眼。因其父韩光嗣被后唐明宗杀死，遂逃奔江南。李煜继位后，官至中书侍郎、光政殿学士承旨。善为文，士人、道士求铭志记者不绝。著有《格言》《格言后述》。

江文蔚

（901—953），字君章，祖籍济阳考城。后唐长兴三年（932）壬辰科榜眼。官至翰林学士知礼部贡举。他赋文写作极佳。《土牛赋》中的“饮渚俄临，讶监军之捧塞；度关倘许，疑函谷之丸封”为一时之佳句。

张洎

（934—975），字师黯，滁州全椒（今安徽）人。南唐保大十六年（958）戊午科榜眼。元宗时，为李煜记室。李煜继位后，张洎为工部员外郎、知制诰。迁中书舍人，参预机密，恩宠第一。他博涉经史，多知典故，官至给事中、参知政事。其人风仪洒落，文采清丽，但好攻人短。

李昉

（925—996），字明远，深州饶阳（今河北饶阳）人。后汉乾祐元年（948）戊申科榜眼。著名学者，官至中书侍郎。他一生的主要功绩是主编了三部巨著：即《太平御览》一千卷；《太平广记》五百卷；《文苑英华》一千卷。三部书与《册府元龟》合称为“宋四大书”。此外，他还著有《李昉集》五十卷。

梁国翰

生卒年不详。字元褒，郑州管城人。后周广顺二年（952）壬子科榜眼。《宋史 · 赵上交传》中记载：“擢扈载甲科及取梁国翰、董淳之流，时称得士。”

陈保极

生卒年不详。字天锡，福州（今福建）闽县人。后唐天成三年（928）戊子科榜眼。及第后，秦王从荣闻其名，辟为从事。仕南唐为大理评事，充武义节度掌书记，尚书左司员外郎。诰词美其“含华禧光，握蛇吐凤”。

张观

生卒年不详。字仲宾，常州毗陵（今江苏常州）人。南唐后主年间宋开宝五年（972）壬申科榜眼。曾召为度支判官等，出知道州，移广南西路转运使，卒于桂州。广览汉史，雅好论事，辞理切直，有古风。

罗颖

生卒年不详。字号不详，江西南昌人。南唐后主年间（961—975）榜眼。罗颖在乡间被称为辞赋高才。赴金陵以《销刑鼎赋》应试，论述儒家学术的根本。知贡有司官员把罗颖列为最后一位，李煜钦点时将其拔为进士第二人。

宋代

李彦颖

生卒年不详。字彦颖，籍贯不详。北宋太平兴国二年（977）丁丑科榜眼。曾任台州通判，浙东安抚使等职。余事无考。

田锡

（940—1003），字表圣，四川乐山人。北宋太平兴国三年（978）戊寅科榜眼。历路州判官，改左拾遗，值史馆。任谏官时，勇于谏诤，屡言时政得失。咸平三年（1000）应举贤良方正，并上疏论治乱兴亡之鉴。官终史馆修撰等，著有《咸平集》。

陈若拙

（955—1018），字敏之，北京人。北宋太平兴国五年（980）庚辰科榜眼。释褐将作监丞，通判鄂州。真宗时，累官至给事中，知澶州。陈若拙多诞妄，寡学术，当时以第二人及第者为榜眼，素无文，故时人目之为“瞎榜”。

易准

生卒年不详。字叔平，江西吉安庐陵县人。北宋太平兴国八年（983）癸未科榜眼。易准从小就非常机敏，及第后太宗命其知制诰，他写文章非常快，而且别有新意。后因劝谏忤怒圣上，罢官归隐。

口扶

生卒年不详。姓氏、字号、籍贯均不详。北宋端拱二年（989）戊子科榜眼。也有人说这一科的第二人是江拯。余事无考。

曾会

生卒年不详。字宗元，福建晋江人。北宋端拱二年（989）已丑科榜眼。官至刑部郎中、集贤殿修撰。为官四十多年，一生侍奉真宗、仁宗二朝，先后在地方七郡任过职。

朱台符

（965—1006），字拱正，四川湄州人。北宋淳化三年（992）壬辰科榜眼。年少聪颖，及长，善词赋。时太宗廷试贡士，多擢敏速者，台符与同辈课试，以尺晷成一赋。释褐将作监丞。真宗咸平初知贡举，擢太常博士，后出知洪州，卒于舟次，年仅四十二岁。

黄宗旦

（973—？），字叔才，福建惠安县锦田村人。北宋咸平元年（998）戊戌科榜眼。幼有神童之称，淳化末年（993—994），他以文章晋见莱国公寇准，很受器重，欧阳修也很赏识他。中进士时，同榜第三名也是惠安人李庆孙。两人文章齐名，被誉为“国朝才子黄宗旦，天下文章李庆孙”。

高辅尧

生卒年不详。陕州峡石（今河南陕县西南）人，北宋咸平二年（999）己亥科榜眼。他兄弟等人，名为辅政、辅之、辅尧、辅国，俱进士及第，辅政官至秘书丞，辅之官至太常卿。

周起

生卒年不详。字万卿，山东邹平人。北宋咸平三年（1000）庚子科榜眼。授将作监丞，通判齐州，擢枢密直学士权知开封府。真宗时拜给事中、同知枢密院事。

陈知微

（969—1018），字希颜，江苏高邮人。北宋咸平五年（1002）壬寅科榜眼。入仕后，既做过司农寺一类的闲官，又纠正过监狱的冤情，年仅五十岁便因病去世。真宗录用其子陈舜卿为太常奉礼郎，并用官船将其灵柩运回家乡安葬。

夏侯麟

生卒年不详。籍贯、字号、生平均不详。北宋景德二年（1005）乙巳科榜眼。曾授官大理评事，通判诸州。

祖士衡

生卒年不详。字平叔，河南上蔡人。北宋大中祥符元年（1008）戊申科榜眼。入仕后授大理评事，累迁起居舍人知制诰、史馆修撰等。小时候曾有道士对其相面说："此儿神骨秀异，他日有名于时，若年过四十当位极人臣。"只可惜三十九岁便离开了人世。

宋程

生卒年不详。字公范，福建泉州人。北宋大中祥符二年（1009）己酉科榜眼。初授大理评事、州通判，仕至台州通判。其文章在当时很受追捧，当朝宰相把他视作国家栋梁。终因性情刚烈，触犯权贵，罢官归隐。

丁度

（990—1053），字公雅，河南开封（一说湖南醴陵）人。北宋大中祥符四年（1011）辛亥科榜眼。初授大理评事、通州通判。庆历中，曾拜参知政事，积官至尚书右丞。卒谥文简。著有《迩英圣览》《龟鉴精义》等。

萧贯

生卒年不详。字贯之，临江军新喻（今江西新余）人。北宋大中祥符八年（1015）乙卯科榜眼。初为大理评事，通判安、宿二州，累迁尚书刑部员外郎，终试知制诰。遇事敢为，不苟合于时，有人把他与唐代诗人李贺相比。

叶清臣

（988—？），字道卿，江苏苏州人。北宋天圣二年（1024）甲子科榜眼。历任苏州观察判官、太平州通判，知秀州、宣州等。皇祐元年（1049）帝垂询备边之策，他力荐富弼、范仲淹、韩琦等，河北乏兵食，自汴漕米七十余万以佐之。有《春秋纂类》。

韩琦

（1007—1075），字雅圭，河南安阳人。北宋天圣五年（1027）丁卯科榜眼。熙宁初，出判相州、大名等地，竭力反对王安石变法。

为相时，认为王安石虽有盛名，仍不可用。去相后，则说“安石为翰林学士则有余，处辅弼之地则不可”。著有《安阳集》。

刘沆

（995—1060），字冲之，江西永新县人。北宋天圣八年（1030）庚午科榜眼。初为大理评事，通判舒州。善决大狱，出知衡州，严治豪强伪券夺田。嘉祐初，遭中丞张昇等纠劾，罢相，出知应天府，徙陈州。

杨察

生卒年不详。字隐甫，安徽合肥人，北宋景祐元年（1034）甲戌科榜眼。除将作监丞，迁秘书省著作郎、直集贤院，累迁户部侍郎。无子，认养了兄弟的后代。其弟杨寘，北宋仁宗庆历二年（1042）举进士第一。

李绚

（1012—1052），字公素，四川邛州依政人。北宋宝元元年（1038）戊寅科榜眼。入仕后出知润州，后为知制诰，判吏部流内铨。皇祐元年（1049），直龙图阁。三年，权知开封府。徙提举在京诸司库务。四年，卒，年四十。《宋史》卷三〇二有传。

王珪

（1019—1085），字禹玉，四川华阳人。北宋庆历二年（1042）壬午科榜眼。入仕后从政十六年，无所建树，人称“三旨相公”。以其上殿进呈，云“取圣旨”；上可否讫，云“领圣旨”；退谕禀事者，云“已得圣旨”。用这种明哲保身的处世方法保存自己。

刘敞

（1018—1068），字原父，号公是，临江新喻（今江西新余）人。北宋庆历六年（1046）丙戌科榜眼。刘敞学识渊博，精读经书。廷对时本为第一，因编排官、翰林学士王尧（天圣五年丁卯科状元）是其内弟，为了避嫌，宋仁宗将河南邓县的贾黯列为第一。

沈遘

（1025—1067），字文通，杭州人。北宋皇祐元年（1049）己丑科榜眼。廷唱第一，大臣谓已官者不得先多士，乃以为第二。通判江宁府，除集贤校理，迁龙图阁直学士，拜翰林学士。

杨绘

（约1027—约1088），字元素，四川绵竹人。北宋皇祐五年（1053）癸巳科榜眼。少而奇警，读书五行俱下，名闻西州。进士及第后，通判荆南。神宗立，召修起居注、知制诰，擢翰林学士。哲宗元祐初，以天章阁侍知杭州。

窦卞

生卒年不详。字彦法，冤句（今山东荷泽）人。北宋嘉祐二年（1057）丁酉科榜眼。熙宁初，河决滹沱，水及郡地，地大震，流民相接，卞发常平粟食之。还为户部判官、司修起居注，进天章阁待制，判昭文馆、将作监。后以殿直王永年案牵连，夺职。

胡宗愈

生卒年不详。字完夫，晋陵（今江苏常州）人。北宋嘉祐四年（1059）己亥科榜眼。元祐初，进起居郎、中书舍人、给事中、御史中丞。哲宗尝问朋党之弊，进《君子无党论》，拜尚书右丞，谏官刘安世等合攻之，罢知政殿学士，出知陈州、成都府，蜀人安其政，召为礼部尚书，迁吏部。

陈睦

生卒年不详。字和叔，福建莆田人。北宋嘉祐六年（1061）辛丑科榜眼。入仕后曾与左谏议大夫安焘一起出使外国，在明州（今宁波一带）造两舰，皆称作神舟。自定海起航，向大洋彼岸驶去。回来后，国人欢呼出迎。宋徽宗把袍笏玉带赏赐给他们。

陈轩

生卒年不详。字符舆，福建建阳人。北宋嘉祐八年（1063）癸卯科榜眼。初授平江军节度推官，元丰间（1078—1085）知汀州，崇尚无为而治。黄庭坚诗云："平生所闻陈汀州，蝗不入境年屡丰。"

薛向

生卒年不详。字师正，河中万泉（今山西万泉）人。北宋治平二年（1065）乙巳科榜眼。入仕后政绩卓著，神宗曾以其为江、浙、荆、淮发运使。采用客舟与官舟分运的方法，以相督察，改变了过去分明内盗却谎称风大沉船的恶习。

何洵直

生卒年不详。字号不详，湖南道州人。北宋治平四年（1067）丁未科榜眼。该科试题为《刚中履帝位赋》。据《湖南通志》载，何询直为何嗣全之孙，官太常博士。

上官均

（1038—1115），字彦衡，福建邵武人。北宋熙宁三年（1070）庚午科榜眼。应试时，吕大临、苏轼都评定他为第一，因文中有议新法，被主考吕惠卿改为第二，而把叶祖洽列为第一。著有《曲礼讲义》《奏议》和《广陵文集》等。

王任

生卒年不详。字叔重，华阳（今河南商州）人。北宋熙宁六年（1073）癸丑科榜眼。王任官至渝州知府。余事无考。

陈文莹

生卒年不详。字莹中，江苏金坛人。北宋元丰二年（1079）已未科榜眼。少时孤苦，与弟弟自食其力，他在赡养母亲的同时，仍然不忘苦读，终于荣登榜眼，有《漫塘文集》存世。

刘逵

生卒年不详。字公达，福建人，北宋元丰八年（1085）乙丑科榜眼。调越州观察推官，入为太学、太常博士，国子司业。徽宗崇宁中，累迁中书侍郎。卒赠光禄大夫。

吕益柔

生卒年不详。字文刚，秀州嘉兴县人。北宋元祐三年（1088）戊辰科榜眼。授承事郎，签书保信军节度判官厅公事，刑部侍郎。仕至朝请大夫、显谟阁待制。著有《吕益柔文集》五十卷。

朱谔

（1067—1107），字圣与，秀州华亭（今浙江嘉兴）人。北宋元祐六年（1091）辛未科榜眼。调忠正军推官。徽宗崇宁初，擢侍御史，迁给事中，以同党籍人姓名，改今名。大观元年（1107）拜右丞，居三月卒，年四十。

赵谂

生卒年不详。籍贯、字号、生平均不详。北宋绍圣元年（1094）甲戌科榜眼。初授左承事郎，知彭州九陇县。以谋逆被诛。

方天若

生卒年不详。籍贯、字号不详。北宋绍圣四年（1097）丁丑科榜眼。初授曹州节度推官，历湖南转运使，秘书少监。仕至右文殿修撰、知泉州。宋徽宗宣和年间，丞相蔡京用给事中赵敏奏："凡世俗有以天字为名称者，悉皆禁革。"于是，方天若改元若，直到明正德后才逐渐宽松。

范致明

生卒年不详。字晦叔，福建建安人。北宋元符三年（1100）庚辰科榜眼。因为人刚正，得罪了权贵，被贬为岳州监酒税。著有《岳阳风土记》一卷，对郡县沿革、山川变易、古迹存亡等，考证甚详。晚年双目失明，两耳失聪，仍著有一部《巴陵古今记》。

蔡佃

生卒年不详。字耕道，兴化军仙游县人。北宋崇宁二年（1103）癸未科榜眼。时蔡京当国，力欲罗致门下，竟不能屈。会星异，上疏论宰相非人，宜学汉汲黯故事，以应天变。责监温州税，官至朝奉郎，直龙图阁。

柯栞

生卒年不详。字季忱，北宋崇宁五年（1106）丙戌科榜眼。及第后，历秘书少监、太常少卿、右文殿修撰、太子舍人、知德安府，终朝请大夫。其弟莫俦榜进士，官从政郎。

李宗师

生卒年不详。字号不详，福建闽县人。北宋政和二年（1112）壬辰科榜眼。进士及第后，曾任湖州掌书记，余事无考。

潘良贵

（1088—1145），字子贱，浙江金华人。北宋政和五年（1115）乙未科榜眼。累迁提举淮南东路常平。钦宗召对，论何卓等人不可用，黜监信州任职。高宗即位召为左司谏，因请诛叛命者，忤时相，去职奉祠。后又坐与李光通书，贬三官。《宋元学案》有传。

赵楷

生卒年不详。宋徽宗第三子。北宋政和八年（1118）戊戌科榜眼。他曾经偷偷地参加科举考试，由于他确有实力，竟一路披靡，步入殿试。在殿试中发挥更为出色，一举夺得了头名状元。发榜后，赵楷将实情告诉了徽宗。徽宗高兴之余，怕天下士子说闲话，便把他取为进士第二名。

周执羔

（1094—1170），字表卿，江西戈阳县人。北宋宣和六年（1124）甲辰科榜眼。有雅士循吏之风，手不释卷，尤通于《易经》。乾道二年（1166）四月，为礼部侍郎，一日经筵讲授《易经》时，曰："学《易》知数，臣年纪人了，事陛卜之日短矣。"说完泪流满面，孝宗皇帝也凄然。

王大宝

（1089—1166），字符龟，祖籍温陵徙潮州（今广东湖州）人。南宋建炎二年（1128）戊申科榜眼。王大宝知温州，提点福建刑狱。

去临漳时，路过一峻岭，地处偏僻，山石嶙峋，盗贼出没，王大宝用自己三十万金，招募民工修道十余里，方便了行人。

凌景夏

生卒年不详。字季文，浙江余杭人。南宋绍兴二年（1132）壬子科榜眼。曾与司勋员外郎朱松等六人上疏，力陈与金议和的危害，表达了他的拳拳爱国之心。宋高宗评价他说："卿性资夷粹，操履端方，出镇藩维。有慈祥之政，入司铨部有平允之声。"

黄中

（1095—1180），字通老，福建邵武人。南宋绍兴五年（1135）乙卯科榜眼。入仕后，任保宁军节度推官二十余年，秦桧死，召为校书郎，累迁权礼部侍郎。孝宗时官至龙图阁学士。黄中知人善任，詹事王十朋、舍人张震都是由他举荐的。

陈俊卿

（1113—1186），字应求，福建莆田人。南宋绍兴八年（1138）戊午科榜眼。授泉州观察推官，勤于职务。时秦桧当国，察其不附己，以为南外睦宗院教授。桧死，召为校书郎。孝宗时，除著作佐郎兼普安郡王教授。累迁尚书右仆射，同中书门下平章事兼枢密使，后上章告老致仕。有《宋史本传》传于世。

秦熺

生卒年不详。字伯阳，江苏南京人。秦桧之子。南宋绍兴十二年（1142）壬戌科榜眼。他原本第一，但高宗忌之，抑为第二。登科后，巴结他的人很多，有人甚至贿赂他的乳娘，但他不为所动，相反还疏远了这样的人。官至知枢密院事。

王刚中

（1103—1165），字时亨，饶州乐平（今江西弋阳）人。南宋绍兴十五年（1145）乙丑科榜眼。任推官，迁著作佐郎兼普安郡王（即孝宗）王府教授，迁中书舍人。以龙图阁待制知成都府，制置四川，至则协调诸帅各部。金兵犯淮，陈战守之策，反对议和。著有《易说》《春秋通义》等。

董德元

（1096—1163），字体仁，江西乐安县人。南宋绍兴十八年（1148）戊辰科榜眼。科考时，五十三岁的董德元把准了朝廷脉搏，在殿试策论中迎合了宋高宗和太师秦桧“柔道”御天下的主张及对金主和不战的思想，宋高宗大为赞赏，欲钦点为第一，因董德元已有官职，所以改为第二名进士。

蒋芾

生卒年不详。字子礼，常州宜兴（今江苏宜兴）人。南宋绍兴二十一年（1151）辛未科榜眼。乾道四年（1168），拜右仆射，同中书门下平章事兼枢密使。时廷臣议和战，建言“天时人事未至”而不可大举，遂出使绍兴使，落职。

曹冠

生卒年不详。字宗臣，浙江东阳人。南宋绍兴二十四年（1154）甲戌科榜眼。他博闻强记，后入太学，秦桧把他当作诸孙的老师一样看待，及第后官授太常博士。因为他侍奉秦桧，也被受累免官，后任朝奉大夫，知郴州等，著有《燕喜词》《双溪集》各一卷。

阎苍舒

生卒年不详。字惠天，蜀州晋原（今四川阆中）人。南宋绍兴二十七年（1157）丁丑科榜眼。淳熙四年（1177），以试吏部尚书使金。五年，以右司员外郎兼国史院编修官，累迁吏部侍郎兼同修国史。十六年，知江陵。今存诗五首。

许克昌

生卒年不详。字上达，秀州华亭（今上海金山枫泾）人。宋绍兴三十年（1160 年）庚辰科榜眼。他本来考取第一名，但因有官职在身，故改居第二，累官至右正言。自政和年间海水倒灌，酿成巨灾，危害民田，乾道年间许克昌奏请修筑，经秀州守臣邱密查勘，在亭林镇东北建成运港大堰，使三州民田免遭咸潮之害。

黄洽

（1122—1200），字德润，福建侯官人。南宋隆兴元年（1163）癸未科榜眼。官至知枢密院事。光宗时请求归田，别人劝他先建造宅第。他说："我是一介书生，蒙皇恩提拔至此，怎么能还没有报效国家就为自己办事呢？"

赵汝愚

（？—1196），字子直，居余干县（今江西余干）人。南宋乾道二年（1166）丙戌科榜眼。官至吏部秘书少监兼给事中。光宗时任知枢密院事，宁宗时拜右相，引朱熹入朝，抑韩侂胄，韩结党劾之，罢其相，出知福州。又以"谋为不轨"罪贬永州，死于途中。至韩被杀，追封沂国公。有《国朝诸臣奏议》。

石起宗

（1140—1200），字似之，晋江同安（今福建晋江）人。南宋乾道五年（1169）己丑科榜眼。及第后召试馆职，条对时务，除秘书省正字，再迁权仓部郎官。他善书画，工于诗赋。平时好学不倦，所有的俸钱，大部分都用于买书，他经常这样说：藏书数千卷，胜良田万顷。其著有《经史管窥》等。

黄艾

（1145—1306年），字伯耆，福建莆田人。南宋乾道八年（1172）壬辰科榜眼。入仕后累任秘书丞、著作郎，历官右正言兼翰林院侍讲。宁宗庆元元年（1195），为中书舍人兼实录院同修撰。后出知赣州，官终刑部侍郎。著有《止堂集》等。

罗点

（1149—1194），字春伯，江西崇仁县石庄乡高溪春人。南宋淳熙二年（1175）乙未科榜眼。登第后，授定江节度推官，累迁校书郎兼国史院编修官。光宗时授兵部尚书。宁宗嗣位，拜端明殿学士、签书枢密院事。著有《奏议》等。

叶适

（1150—1223），字正刚，浙江温州人。南宋淳熙五年（1178）戊戌科榜眼。授平江节度推官，召为太学士。为永嘉学派集大成者，主功利之学，发展工商业。反对朱熹理学，对孔子之外百家，均予批判。认定《十翼》乃孔子所作，指责“无极”“太极”说。著有《习学记言序目》等。

王奭

生卒年不详。籍贯、字号、生平均不详。南宋淳熙八年（1181）辛丑科榜眼。曾任文林郎、著作佐郎、校书郎、秘书郎等职。卢照邻《幽忧子集》中存《和王奭》一首。

陈持中

生卒年不详。字持中，浙江温州人。南宋淳熙十一年（1184）甲辰科榜眼。陈持中颇有文才，在四川某地任过知府。还任过著作佐郎兼实录院检讨官、舒州知府等。

陈元

生卒年不详。籍贯、字号、生平均不详。南宋淳熙十四年（1187）丁未科榜眼。该科取进士四百三十五人。陈元任过文林郎等职。

曾渐

（1164—1206），字鸿甫，抚州南城（今江西南城县）人。南宋绍熙元年（1190）庚戌科榜眼。及第后，历官承事郎签书南康军判官，秘书郎、实录检讨官、著作佐郎兼考工郎，知滁州，秘书丞、秘书少监、工部侍郎兼国史馆编修。

朱质

生卒年不详。字仲文，婺州府义乌县溪西（今义乌市佛堂镇溪西村）人。南宋绍熙四年（1193）癸丑科榜眼。累官太常寺少卿兼权吏部左侍郎。他能文善武，秉性刚直，因反对权臣对金妥协投降而被罢官。

莫子纯

（1159—1215），字粹中，浙江余姚人。南宋庆元二年（1196）丙辰科榜眼。签书平江节度判官厅公事，擢秘书省正字，迁中书舍人。有苏师旦者，因是韩侂胄心腹而气焰嚣张，求进者争趋其门。师旦升迁，朝中官员无人敢言，独子纯坚持己见，以为不可，于是忤侂胄意，遂被排挤出京。

许奕

生卒年不详。字成子，四川简州人。南宋庆元五年（1199）己未科榜眼。授签书剑南东川节度判官，历起居舍人。韩侂胄议开边，奕贻书论之，侂胄不悦。奕性孝友，通籀、隶书。著有《毛诗说》等。

乔嘉

生卒年不详。字号不详，浙江东阳人。南宋嘉泰二年（1202）壬戌科榜眼。及第后曾任文林郎、饶州佥判。余事无考。

赵甲

生卒年不详。籍贯、字号、生平均不详。南宋开禧元年（1205）乙丑科榜眼。及第后曾任文林郎。余事无考。

孙德舆

生卒年不详。字行之，福清人。南宋嘉定元年（1208）戊辰科榜眼。历校书郎、著作佐郎，出知衡州，官至江西提刑。卒后，特旨一子恩泽。

姚珨

生卒年不详。字贵叔，先祖为北京人。南宋嘉定四年（1211）

辛未科榜眼。及第后，由于状元赵建夫暴卒，便代其进殿谢恩，因此有人误以为他是本科状元。

汪介

生卒年不详。字号、籍贯均不详。南宋嘉定七年（1214）甲戌科榜眼。及第后，曾任文林郎。余事无考。

孙挟

生卒年不详。字号、籍贯均不详。南宋嘉定十年（1217）丁丑科榜眼。及第后，曾任文林郎。另据《八闽通志》载，本科的榜眼为郑良臣，待考。

董洪

（？—1250），字颖实，福建晋江人。南宋嘉定十三年（1220）庚辰科榜眼。学业精勤，重气节，为士论所称。曾乞外通判南剑，就知州事。严身奉法，勤抚凋弊，蠲役钱，苗米万计，创峡阳、济籴二仓，以备年岁歉收。

蔡仲龙

生卒年不详。字子奇，浙江丽水人。南宋嘉定十六年（1223）癸未科榜眼。及第后，历官秘书丞、著作郎、大理少卿，出任信州知府、屯田郎官等职。有人评价他:“以经明行修立于朝，如玉在山。”

杨栋

生卒年不详。字元极，四川眉州人。南宋绍定二年（1229）己丑科榜眼。授签书剑南西川节度判官厅公事。入朝为太学正，召试秘书省正字。度宗立，迁工部侍郎，拜参知政事，为上蔡书院山主。

著有《崇道集》等。

陈晋接

（1200—1271），字进叔，泉州晋江人。南宋绍定五年（1232）壬辰科榜眼。少习举业，才藻秀发，初授编修，迁京师国子监博士，治理学，从学者甚众，立教条，革陋习，不治生计，闭门玩读，至寝食不废。晚年遭宋元交战之乱，隐居紫帽山金粟下，以诗乐守。

李伯玉

生卒年不详。字纯甫，余干县（今江西余干）人。南宋端平二年（1235）乙未科榜眼。授观察推官，太学正，兼庄文府教授，太学博士。度宗即位，兼侍讲，累官礼部尚书。尝请罢童子科，以为非所以成人才、厚风俗。著有《斛峰集》。

邵泽

生卒年不详。字君美，福州人。南宋嘉熙二年（1238）戊戌科榜眼。闰四月十一日，试于集英殿。本科状元周坦，取进士四百二十三人。

吴必达

生卒年不详。字材卿，道州（今湖南道州）人。南宋淳祐元年（1241）辛丑科榜眼。本为进士第一，因有官降为第二，授建康教授，擢奉议郎，为礼部驾阁，兼给事中。佩紫金鱼袋，办事严明，有声于时。

黄拱辰

生卒年不详。字良辅，福建霞浦人。南宋淳祐四年（1244）甲辰科榜眼。仅据《淳熙三山志》记载：“黄拱辰，榜眼。字良辅，长溪人。”余事无考。

文及翁

生卒年不详。字时学，四川绵阳人。南宋宝祐元年（1253）癸丑科榜眼。咸淳元年（1265）六月，出知漳州。四年，以国子司业，为礼部郎官兼学士院权直及国史院编修官、实录院检讨官。年末，以直华文阁知袁州。德祐初，官至资政殿学士、签书枢密院事。元兵将至，弃官遁去。

陈赏

生卒年不详。字景申，福州怀安人。南宋宝祐四年（1256）丙辰科榜眼。曾祖为陈仰之。陈赏善治赋，余事无考。

林公一

（1217—1263），字道初，浙江乐清人。南宋开庆元年（1259）己未科榜眼。林公一登进士第，廷对时有奇伟气，有司以其“策”为第一，本应大魁天下，但是，奸相丁大全懂得理宗皇帝的心理，以公主下嫁大魁为由，把驸马周震炎擢为状元，将林公一排为第二名。一时间士论哗然，纷纷为林公一打抱不平。

陈宜中

（1236—1276），字与权，浙江永嘉人。南宋景定三年（1262）壬戌科榜眼。年少时，家贫如洗，但他为人“性特俊拔”。曾经有一个商人推算他的生辰，认为他将来必定大富大贵，于是把女儿许配给他。进入太学之后，陈宜中写的优美文章，得到了饱学之士的赞誉。

罗惠孺

生卒年不详。籍贯、字号、生平均不详。南宋咸淳四年（1268）戊辰科榜眼。余事无考。

杜文甫

生卒年不详。籍贯、字号、生平均不详。南宋咸淳七年（1271）辛未科榜眼，余事无考。

路万里

生卒年不详。字号、籍贯不详。南宋咸淳十年（1274）甲戌科榜眼。他是宋朝的最后一个榜眼，当时京城流传着民谣："龙在泽，飞不得；路万里，行不得；幼而黄，医不得。"分别指本科状元、榜眼和探花王龙泽、路万里和胡幼黄。

廖思齐

生卒年不详。字号不详，湖北崇阳人，宋朝某科榜眼，及第后曾任翰林学士。余事无考。

许安世

生卒年不详。字号、籍贯不详，南宋某科榜眼。余事无考。

王资深

生卒年不详。字号、籍贯不详，约为南宋高宗时（1127—1162）某科榜眼，其子王洋亦为榜眼。余事无考。

王洋

生卒年不详。字号、籍贯不详，约为南宋高宗时（1127—

1162）某科榜眼。余事无考。

刘昌言

生卒年不详。字号、籍贯不详，宋某科榜眼。余事无考。

辽代

于同会

生卒年不详。字号、籍贯不详。辽会同元年（938）戊戌科榜眼。这一年初开科举，只录取室昉和于同会两人。余事无考。

杜防

生卒年不详。字号不详，涿州归义县（今河北涿州）人。辽开泰五年（1016）丙辰科榜眼。累迁起居郎、知制诰。太平年间，为政事舍人，拜枢密副使，知匦院使。兴宗时，任参知政事、南府宰相、武定军节度使。道宗时，为右丞相，卒赠中书令。

赵陆

生卒年不详。字号不详，河南淮阳人。辽太平九年（1029）己巳科榜眼。同年十一月十五，防城进士张仁纪、赵陆等人一起入朝接受考试，考试结果圣宗非常满意，不仅赏赐了他们，而且还分别授了官职。

赵徽

生卒年不详。字号不详，北京人。辽重熙五年（1036）丙子科榜眼。官大理正，以能名，累迁翰林学士承旨。道宗咸雍三年，拜参知政事。出为武定军节度使，得民心。及迁，民请留。

金代

李俊民

（1176—1260），字用章，泽州（今山西晋城）人。金承安五年（1200）庚申科榜眼。举经义进士第一，授应翰林文字。承安四年将第一名状元取消，同于词赋第二名榜眼。入仕后，出任沁水县令，兼提举平仓事。后弃官而归。

武天佑

（1170—1230），字号不详，陵川（今山西陵川）人。金泰和三年（1203）或六年（1206）词赋科榜眼。《山西通志》载："武天佑，陵川人，明甫从子。（承安）五年词赋及第第一，翰林侍讲学士。"（承安）五年另有阎咏为词赋状元，故取其为经义第一。

武天和

（1175—1235），字号不详，陵川（今山西陵川）人。金章宗在位，只开设两榜，即泰和三年（1203）或六年（1206），武天和为其间的词赋榜眼。他是武天佑的弟弟，泰和年间中经义及第第一。（承安)四年将经义第一名状元称号取消,故同于词赋第二名榜眼。

邢天祐

（1175—1235），字号不详，浮山人。金大安元年（1209）己巳科词赋榜眼。据《陕西通志》的选举志记载，邢天祐为大安元年的经义第一。而承安四年将第一名状元称号取消，所以同于词赋的第二人。

高斯诚

（1180—1240），字法飑，大兴（今北京大兴）人。金至宁元年（1213）癸酉科词赋榜眼。授翰林应奉，调凤翔府录事，因事忤大吏，被构陷下狱。后得赦免，病终。一生读书不辍，学问赅博，与王若虚等交往，与刘从益为至交。诗文恬淡自得，颇喜佛学。

刘汝翼

（1187—1252），字舜卿，淄川东平（今山东省东平县）人。金贞祐四年（1216）丙子科词赋榜眼。及第后特授儒林郎，调兖州录事。正大八年（1231），起授同知汝州防御使事，留为户部员外郎，官太中大夫。蒙古军入河南，被掳北归，居镇阳，入史天泽幕府，任行部郎中，后辟为尚书省参佐，擢行六部侍郎，廉访使。

王彪

（1185—1232），字武叔，大兴（今北京大兴）人。金兴定二年（1218）戊寅科词赋榜眼。初宣宗喜其文，特授太子副司经，国史院编修官，进司经。后入翰林院为应奉，迁修撰。出为平凉府治中，入为翰林待制。出为州刺史，蒙古军围南京，服药自尽。

张介

（1185—1245），字介夫，彭城（今江苏徐州）人。金正大元年（1224）甲申科词赋榜眼。自幼善作诗赋，曾赠诗杨叔能，其末章云："我贫自救如沃焦，君来过我亦何聊。为君欲写贫士叹，才思殊减荒村谣。"杨叔能初以"荒村谣"得名，故云。

刘文龙

（1190—1250），籍贯、字号、生平均不详，内乡（今河南内乡县）人。金正大四年（1227）或七年（1230）词赋榜眼。《永乐大典》中有剧目名为《刘文龙》。

张恭愈

生卒年不详。字游古，燕（今北京市）人。金皇统六年（1146）丙寅科词赋榜眼。据《三朝北盟会编》记载，孙用康榜的进士还有张锡、张恭愈，而张恭愈乃第二名。《金史》上无张恭愈的传，其他史籍也未见记载。

李著

生卒年不详。字彦明，真定（今河北正定）人。金承安二年（1197）丁巳科词赋榜眼。在翰林院七年，出副定州，召为户部员外郎。泰和二年（1202），坐私议朝政，谪临洮府判官，移西京路按察司判官，迁彰德府治中。蒙古军破城，避于塔上，招降，不从，塔为兵掘倒，死于塔下。

元代

马祖常

（1285—1338），字伯庸，光州（今河南潢川）人。元延祐二年（1315）乙卯科蒙古色目人榜（右榜）榜眼。及第后，授承事郎、应奉翰林文字。后擢升翰林待制，礼部尚书。天历初，两次主持贡举，一次为读卷官，时称得人。著有《石田集》。

欧阳玄

（1283—1357），字原功，祖籍庐陵，迁居浏阳，潭州路浏阳州人。元延祐二年（1315）乙卯科汉人南人榜（左榜）榜眼。历官四十余年，屡主文衡，两知贡举及读卷官，朝廷文册、制诰多出其手。名山大川、释老之官、贵人墓碑，皆以得欧阳玄文词为荣。有《圭斋集》等传世。

褚不华

（？—1356），字君实，石楼人。元泰定初年（1324）甲子科蒙古色目人榜（右榜）榜眼。历南台御史、西台御史、河西道廉访佥事和副使等职。汝、颍农民军反，守淮安，以功升廉访使。至正十六年（1356），淮安城陷，死之，谥忠肃。

刘思诚

生卒年不详。字号不详，济南（今山东济南）人。元泰定四年（1327）丁卯科汉人南人榜（左榜）榜眼。及第后赐进士出身，授承事郎。存《沂山代祀碑》等。

哈剌台

生卒年不详。字德卿，色目人，居长葛（今河南）。元泰定四年（1327）丁卯科榜眼。哈剌鲁准尔氏，世家朔漠，其先人从蒙古军破汴，始家许州长葛县。中第后，赐进士出身，授同知徐州事。历监方城县，曾官儒林郎、汉阳府判官。

李祁

生卒年不详。字一初，江南茶陵人。元元统元年（1333）癸酉科（左榜）榜眼。授应奉翰林文字，同知制诰兼国史院编修。以母老就养江南，改婺源州同知，迁江浙儒学副提举、南台御史，未几归茶陵，值元季乱，不复出。有《云阳先生集》十卷。

余阙

（1303—1358），字廷心，庐州（今合肥）人。元统元年（1333）癸酉科蒙古色目人榜（右榜）榜眼。累官参知政事。余阙为政严明，治军与兵士同甘苦，有古良吏风。余阙留意经术，五经皆有传注，文章气魄深厚。著有《青阳集》四卷传于世。

善林远

生卒年不详。字号、籍贯均不详。元至正十一年（1351）辛卯科蒙古色目人榜（右榜）榜眼。此科由正奉大夫中书知政事同知为知贡举官。及第后，授集贤院兼国史院编修。

吴裕

生卒年不详。字号、籍贯均不详。元至正十一年（1351）辛卯科汉人南人榜（左榜）榜眼。中第后，授官，赐官袍、牙笏。后由状元率众上表谢恩，赴国子监拜先圣先师，并题名国子监。第一甲文允中，第二甲吴裕、张守正等五人。由此可知，吴裕虽然名列二甲，但仍可视同榜眼。

米升

生卒年不详。字允升，籍贯不详。元某科某榜榜眼。据记载，（米升）登江浙行省进士第二名。至正十年，米升授东路学田，此处条件较好，但有两个官吏如同蛀虫，侵吞生员的粮食，师生怨声载道。米升上任以后，很快扭转了局面。

明代

郭翀

（1338—？），字子翔，山西壶关人。明洪武四年（1371）辛亥科榜眼。殿试时，本来高中第一名，但在朱元璋看来，大明朝的第一位状元必须才貌双全，当他在烛影之下细细端详郭翀的面相时，觉得不如吴伯宗，于是，便将其列在一甲第二的位置。

练子宁

（1350—1402），名安，以字行，江西新淦人。明洪武十八年（1385）乙丑科榜眼。及第后授翰林院修撰，历迁工部侍郎。建文初，与方孝孺并见信用，改吏部左侍郎。未几，拜御史大夫。燕师起，李景隆兵败回京，主依法处死。及京师破，燕王即位，被磔死。有《金川玉屑集》。

唐震

生卒年不详。字士亨，福建闽县人。明洪武二十一年（1388）

戊辰科榜眼。中第后授翰林院编修。在一次随太祖出巡的路途中，不幸去世。朱元璋特遣使为其归葬，并为文谕祭。

张显忠

（1363—1408），字明远，福建宁化人。明洪武二十四年（1391）辛未科榜眼。初授翰林院编修，后升太常寺丞。国子监祭酒宋纳去世，继任者多不称职，太祖命少年进士张显宗临时接任国子监事务。当时士风久弊，他上疏十条改革旧习、申明学规的建议，受到朱元璋的赏识，很快他升为国子监祭酒。

景清

（？—1402），本姓耿，字号不详。陕西真宁（今甘肃正宁）人。明洪武二十七年（1394）甲戌科榜眼。授翰林院编修，改监察御史。建文初为北平参议，复迁御史大夫。成祖即位，以原官留任。欲于早朝时行刺成祖，被发现，搜之得所藏刃，遂被杀，灭九族，株连其乡人。

尹昌隆

（1369—1417），字彦谦，江西泰和人。明洪武三十年（1397）丁丑科春榜榜眼。授翰林院编修，改监察御史。永乐二年（1404），擢左春坊中允，随事匡谏，深得太子敬重。后忤尚书吕震，下狱论死，籍没其家。有《尹讷庵遗稿》。

王恕

生卒年不详。字号不详，山东长青人。明洪武三十年（1397）丁丑科夏榜榜眼。王恕资才英敏，万言立就。及第后授翰林院编修，官至太守而终。

王艮

（1368—1402），字敬止，江西吉水人。明建文二年（1400）庚辰科榜眼。廷试对策第一，因其貌不扬，易以胡靖（胡广），李贯第三，并授修撰。三人为同里，同科三鼎甲同出一地，乃科举史上绝无仅有之事。

周述

（？—1436），字崇述，江西吉水县人。明永乐二年（1404）甲申科榜眼。周述性情温和文静，中第后曾跟随成祖北巡，后升任左春坊谕德。宣宗时晋升为左庶子，正统初年（1436）在任上去世。他曾先后出任过应天府和顺天府的乡试主考官。

陈全

生卒年不详。字果之，号蒙庵，福建长乐人。明永乐四年（1406）丙戌科榜眼。授翰林院编修，历侍讲，署院事。永乐十五年（1417）八月，受皇太子的委任，出任应天府乡试主考官。工五言诗，著有《蒙庵集》。

苗衷

（1382—1460），字秉彝，安徽凤阳定远人。明永乐九年（1411）辛卯科榜眼。授翰林院编修，屡充乡试主考官。预修《宣宗实录》。正统初，任经筵讲官。景泰间，累迁兵部尚书，致仕。学问渊博，治学严谨，为士林推重。著有《史阁纪闻》《归田录》等。

林志

（1378—1427），字尚默，福建闽县人。明永乐十年（1412）壬辰科榜眼。授翰林院编修。官至右春坊右谕德兼侍读。少受业于王偁，学问精深，问学者甚众。淡泊名利，公余辄以诗文自娱。著有《蔀斋集》。

李贞

（1379—？），字子固，福建南靖人。明永乐十三年（1415）乙未科榜眼。授翰林院修撰，曾参与修纂《五经四书性理大全》一书，九年任满，本应升迁，但由于他不肯参与修佛书，改乡官便养。被贬为高州府教授，遂以此官终其身。

刘江

生卒年不详。字号不详。江苏江宁籍，江西福安人。明永乐十六年（1418）戊戌科榜眼。中第后授翰林院编修，升修撰，但其不愿受官场束缚，不想在仕途上有所作为，遂以侍奉父母为由，提出到地方上任职。于是，朝廷任命他为九江（今江西省九江市）教授，迁王府长史。

刘矩

生卒年不详。字仲方，河南开州人。明永乐十九年（1421）辛丑科榜眼。据说其廷试试卷本来拟定为第一，但因成祖夜里梦见一只白鹤翩翩飞至殿上，第二天便取曾鹤龄为第一名，刘矩只能屈居第二。及第后，授翰林院编修，官至翰林院修撰。

梁禋

生卒年不详。字以诚，顺天府宛平（今北京市）人。明永乐二十二年（1424）甲辰科榜眼。高中后授翰林院编修，宣德十年（1435）升为翰林院修撰。与同科进士陈汝同友善，病重后，梁家凡居第嫁娶诸事，皆由陈先生帮助料理。

杜宁

（1404—1473），字宗谧，原籍江西清江，后移居浙江天台。明宣德二年（1427）丁未科榜眼。授翰林院编修。宣德五年（1430），参与编撰《宣宗实录》，升修撰。书成，升为翰林侍讲，赐白金文绮。正统十五年（1450），为兵部左侍郎，使兵政为之一新。

龚锜

（1398—？），字台鼎，福建建安人。明宣德五年（1430）庚戌科榜眼。中第后授翰林院编修，后又因事牵连削官为民。正统年间邓茂七在沙龙地区造反，龚应诏为官军向导，行至高阳里被起义军杀害。著有《蒙斋集》十卷。

赵恢

（1394—？），字汝宏，福建连江人。明宣德八年（1433）癸丑科榜眼。《福建通志 · 文苑传》载："授翰林院编修，擢侍读，充经筵讲官，晋左春坊庶子兼侍读，纂国史。"据传，他因母早逝，自幼体弱多病，一次钓一条白鳝鱼，伙伴劝他放生。赵恢胆大，将它煮了吃。说也奇怪，几天后他顿觉血活筋舒，气升力涨。

陈文

（1405—1468），字安简，江西省庐陵人。明正统元年（1436）丙辰科榜眼。景泰间，历云南、广东布政使，有政绩。宪宗时，累官礼部尚书兼文渊阁大学士。为人以才自许，及参大政，多玩弄权术，排斥异己，专断独行。公余则喜欢宴饮自娱，时人颇有非议。

杨鼎

（1408—1485），字宗器，陕西咸宁人。明正统四年（1439）己未科榜眼。成化中，累官户部尚书。易米备灾，并上赎罪、中盐、折钞、征通等六事行之，由此仓廪丰足。后言官劾其非经国之才，遂屡疏求去。赐敕驰驿归，命官府月给米二石，岁给役四人，终其身。大臣致仕有给赐，自其始。

吕原

（1417—1462），字逢原，浙江秀水人。明正统七年（1442）壬戌科榜眼，官终翰林学士。早年家贫力学，知府黄懋赏识其文才，补为府学生员，举乡试第一。性谦和简朴，事亲至孝。入仕后，守正持重。有《介轩集》。

周洪谟

（1419—1491），字尧弼，四川长宁人。明正统十年（1445）乙丑科榜眼，授翰林院编修。成化间，迁南京国子监祭酒，疏请遵旧制，积粟以养监生妻孥，修复经板仓二十间。官终礼部尚书，致仕卒。周洪漠熟悉本朝典故，喜谈经济，性矜庄寡合。著有《群经辨疑》等。

陈鉴

（1415—1471），字缉熙，江苏苏州人。明正统十三年（1448）戊辰科榜眼，授行人。正统中，擢御史，出按顺天，改按贵州。以疏谏征麓川，忤中官王振，改云南参议，复摭其罪，下狱论死。景帝即位，获释。官至河南参议。致仕卒。

刘升

（1431—1461），字幼显，江西永新人。明景泰二年（1451）辛未科榜眼。生性刚毅果断，不依附权贵。当时边疆军饷乏馈，皇上欲加重赋税。刘升率多位同僚一起上疏，愿意以翰林院官俸解燃眉之急，受到人们的普遍赞誉。

徐溥

（1428—1499），字时用，江苏宜兴人。明景泰五年（1454）甲戌科榜眼，授编修。弘治五年（1492），代刘吉为首辅，与同列刘健、李东阳等一同辅政，于时政多有匡救。在内阁十二年，爱护人才，曾说："天生才甚难，不忍以微瑕弃之。"曾预修《大明会典》，有《谦斋集》等。

徐琼

（？—1505），字时庸，江西金溪人。明天顺元年（1457）丁丑科榜眼。授翰林院编修，参与《大明一统志》《英宗实录》的编纂工作。升侍讲，充任应天府乡试主考官。升侍读学士，掌管南京翰林院事。致仕归养后，朝廷诏告地方官员月给米，岁给役，以示优礼。

李永通

（1424—？），字贯道，四川长宁人。明天顺四年（1460）庚辰科榜眼。授翰林院编修，曾出任会试同考官，所选拔皆天下名士。成化三年（1467）升为翰林侍讲，直经筵，担任日讲官，为宪宗讲学，深受嘉奖。十五年，升为翰林侍讲学士，日待重用，却因病去世。宪宗特遣官谕祭，举柩乘傅归葬。

吴钺

（1439—1489），字鼎仪，号静逸，本姓陆，江苏昆山人。明天顺八年（1464）甲申科榜眼。授翰林院编修，参与《英宗实录》的编纂，书成，升翰林修撰。不久又担任太子侍讲，教习东宫，宪宗称善不绝。

程敏政

（1444—1499），字克勤，安徽休宁人。明成化二年（1466）丙戌科榜眼。授编修，历左谕德，为东宫讲官。弘治十二年（1499），以礼部右侍郎与李东阳主会试，举人徐经、唐寅预作文，与试题合，被劾鬻题，与经、寅俱下狱，被勒令致仕。著有《新安文献志》等。

丁溥

（1428—？），字原敬，江苏华亭县人。明成化五年（1469）己丑科榜眼。自幼入国子监读书，对《诗经》颇有研究。及第后授翰林院编修。

刘震

（1433—1501），字道亨，江西安福县人。明成化八年（1472）壬辰科榜眼。授翰林院编修，后任满升侍讲。弘治帝登极，升刘震为右谕德。一日，皇上来国子监视学，亲听其讲授《周易》，称赞其词义明畅，特赐袭衣，赐宴于礼部。

刘戬

（1435—约1489），字景元，江西安福县人。明成化十一年（1475）乙未科榜眼。授翰林院编修，进侍讲。孝宗立，奉使安南颁诏。轻车简从，公毕即返，不受馈赠，其清廉为人所重。与礼部侍郎章敞、南京兵部右侍郎徐琦皆以出使安南不辱使命著称。累官右春坊右谕德，卒于官。

杨守阯

（1436—1512），字维立，浙江鄞县人。明成化十四年（1478）戊戌科榜眼。授翰林院编修。弘治初，召修《宪宗实录》，迁侍讲学士。修《大明会典》，充副总裁。寻迁南京吏部右侍郎。曾掌兵部，陈疏时弊五事，官至南京吏部左侍郎。有《碧川文钞》等。

黄珣

（1447—1514），字廷玺，浙江余姚人。明成化十七年（1481）辛丑科榜眼。授翰林院编修，参与编纂《宪宗实录》，充经筵讲官，书成，升侍讲，赐宴及金币。又进左春坊谕德，负责国子监司业事，再升国子监祭酒。正德二年，因忤大宦官刘瑾被传旨勒令致仕。

白钺

（1456—1510），字秉德，真定南宫（今河北冀州）人。明成化二十年（1484）甲辰科榜眼。乃白圭次子，及第后授翰林院编修。累官太子少保、礼部尚书。熟悉典章制度，尤其擅长辞章。

刘春

（1459—1521），字仁仲，四川巴县人。明成化二十三年（1487）丁未科榜眼。授翰林院编修，屡迁翰林学士。正德八年（1513），拜礼部尚书，掌詹府事。掌礼部三年，慎守法典，宗藩请封、请婚及文武大臣祭葬、赠谥，多所裁正。有《刘文简集》。

刘存业

（1459—1506），字可久，广东东莞人。明弘治三年（1490）庚戌科榜眼。授翰林院编修，武宗即位，充经筵讲官，参与修纂《孝宗实录》，受到皇帝的嘉奖，并赠予金帛。

徐穆

（1467—1511），字舜和，江西吉水人。明弘治六年（1493）癸丑科榜眼，授翰林院编修。正德初，奉使朝鲜，却其馈赠，不取朝鲜一纸，人服膺其清廉。以不服刘瑾，迁南京兵部员外郎，瑾败，复入翰林院为侍读，官至侍读学士。

王瓒

（1462—1524），字思献，浙江永嘉人。明弘治九年（1496）丙辰科榜眼。历任翰林院编修、经筵讲官、国子监祭酒、礼部侍郎，为官长达三十年，忧国忧民，刚正不阿。在向皇帝"讲课"中抨击当权宦官刘瑾，遭到迫害。四次参与负责科举考试。卒后被追赠礼部尚书。有《正教编》《弘治温州府志》等书传世。

丰熙

（1468—1538），字原学，号五溪，浙江鄞县（今浙江宁波）人。明弘治十二年（1499）己未科榜眼。授翰林院编修，进侍讲，迁右谕德。世宗继位，进翰林学士，"大礼"议起，屡偕礼官力争。尊称礼定，又与众官伏哭左顺门，遂下诏狱，复廷杖，遣戍福建镇海卫，卒于戍所。

孙清

（1483—？），字直卿，浙江余姚籍，武清县人。明弘治十五年（1502）壬戌科榜眼。授翰林院编修，是明朝少年进士之一。后改任陕西提学副使。英年早逝，未展现大的作为。

董玘

（1487—1546），字文玉，号中峰，浙江会稽（今浙江绍兴）人。明弘治十八年（1505）乙丑科榜眼。官至吏部左侍郎兼翰林学士。嘉靖初，以焦芳所修《武宗实录》变乱是非，多不可信，遂疏请重加校勘，为士论所重。有《中峰文选》。

景旸

（1475—1524），字伯时，江苏仪真人。明正德三年（1508）戊辰科榜眼。授翰林院编修，不为刘瑾所屈。进国子监司业，与生员讲习，不避寒暑。典簿念其家贫，给官俸时私益其斛，乃还所益之米，并责称“奈何污我”。工诗文，与蒋山卿、赵鹤、朱应登并称“江北四子”。著有《前溪集》。

余本

（1480—1529），字子华，号南湖，浙江鄞县人。明正德六年（1511）辛未科榜眼。自幼聪明好学，经史子集无不潜心精读。曾对人说：“人读圣贤书，则心明气定，其他玩好不能入，从此摄伏身心，自然有益。”当时学士们称其“余夫子”。

黄初

（1478—？），字慎卿，江西贵溪人。明正德九年（1514）甲戌科榜眼，授翰林院编修。聪明好学，博闻强记，有志于宋代程朱理学，师从吴与弼，但其研究更为精深。有《中庸告蒙》传世。

伦以训

（1497—1540），字彦式，别号白山，广东南海人。明正德十二年（1517）丁丑科榜眼。伦以训是弘治年间状元伦文叙的次子。伦文叙的三个儿子均先后考中进士，留下“一门四进士”的佳话：长子伦以谅高中探花，三子伦以铣则殿试及格，考获进士名衔。伦以训著有《明朝彝宪》二百卷。

陆钎

（1494—？），字举之，号少石子，浙江鄞县人。明正德十六年（1521）辛巳科榜眼。授翰林院编修，历修撰、谕德、太常少卿兼侍读。锐志学问，砥砺名节。出为湖广按察佥事，擢山东提学副使。所至敦尚孝悌、分别义利，士习为之大变。著有《少石子集》等。

王教

生卒年不详。字庸之，河南祥符（今河南开封）人。明嘉靖二年（1523）癸未科榜眼。授翰林院编修，迁侍读，充经筵讲官，晋升国子监祭酒，官至兵部侍郎。

杨维杰

（1489—？），字英甫，顺天府固安（今河北固安县）人。明嘉靖五年（1526）丙戌科榜眼。其兄杨维聪为正德十六年（1521）状元，兄弟鼎甲，一时传为佳话。杨维杰初授翰林院编修，升为侍讲，官至左春坊左庶子兼翰林侍读。

程文德

（1496—1559），字舜敷，号松溪，浙江永康人。明嘉靖八年（1529）己丑科榜眼。授编修，历南京国子监祭酒、吏部左侍郎，后改掌詹府事，供事西苑。所撰青词，多寓规谏之意，为世宗不喜。调南京工部右侍郎，复疏谏世宗享“安静和平之福”，被视为讥讽诽谤，除名归。

孔天胤

（1505—1581），字汝锡，号文谷，山西汾州人。明嘉靖十一年（1532）壬辰科榜眼。明代凡宗室外戚，不准在京城担任官职。遂外补陕西按察司佥事、提督学政。不久，降为祁州知州，后复升为河南按察司佥事，复以布政司参议，提督浙江学政，历陕西按察司、右布政使，转河南左布政使。有文集、诗集行世。

孙升

（1501—1560），字志高，号季泉，浙江余姚人。明嘉靖十四年（1535）乙未科榜眼。授翰林院编修，累官至礼部侍郎。虽然是严嵩门生，但不趋附。会南京礼部尚书缺，廷臣均不欲往，独自请行。卒赠太子少保，居官不言人过，时称“笃行君子”。

罗珵

（1491—？），字邦珍，江西泰和人。明嘉靖十七年（1538）戊戌科榜眼。明朝著名学者、思想家，弘治六年（1493）探花罗钦顺的侄子，叔侄鼎甲，自是一段科举佳话。罗珵自幼聪明好学，精通《周易》，于嘉靖十三年（1534）乡试中举。罗珵的史料极少，人知他殿试高中后，授翰林院编修，现在只可见到他的殿试策。

潘晟

（1517—1589），字思明，号水濂，浙江新昌人。明嘉靖二十年（1541）辛丑科榜眼，张居正门生。隆庆四年（1570），累官至礼部尚书。万历十年（1582），以礼部尚书兼武英殿大学士入诏，因张居正故遭弹劾，未及上任即罢去。

瞿景淳

（1507—1569），字师道，号昆湖，江苏常熟人。嘉靖二十三年（1544）甲辰科榜眼。授翰林院编修，典制诰。历侍读学士，累迁吏部右侍郎。隆庆元年（1567），召为礼部左侍郎，总校《永乐大典》，以制义名动一时，与王鏊、唐顺之、薛应旂齐名。有《瞿文懿制敕稿》等。

张春

（1510—？），字仁伯，江西省新喻人。明嘉靖二十六年（1547）丁未科榜眼。授翰林院编修，又升侍讲，出任裕王（后为穆宗）府讲官，撰《经书格言》一书，受到穆宗的褒奖，特为张春书“进恩启迪”四个字。著有《代言草》等。

吕调阳

（1516—1580），字和卿，号豫所，广西临桂人。明嘉靖二十九年（1550）庚戌科榜眼，授翰林院编修，累官礼部尚书。隆庆间，充经筵讲官，每讲，必先洗沐斋戒，往往引经据典，以规谏时政，深得穆宗喜悦。神宗即位后，官至少傅、吏部尚书兼建极殿大学士，以病乞归。著有《帝鉴图说》。

曹大章

（1520—？），字一呈，号含斋，江苏金坛人。明嘉靖三十二年（1553）癸丑科榜眼，授翰林院编修。曾出任会试同考官，因慧眼识人受人赞誉。因文章写得好，曾与严嵩共值西苑醮坛，专为世宗写一些青词文章，后因得罪了严氏父子，遂被勒令致仕归乡。著有《含斋集》十六卷。

陶大临

（1526—1574），字虞臣，号念斋，浙江会稽人。明嘉靖三十五年（1556）丙辰科榜眼，授翰林院编修。为吴时来起草劾严嵩疏章，时来被捕下狱，仍不避嫌疑，日进汤药，探视如故。时来亦忍死无一供言。万历初，累官吏部侍郎，卒赠吏部尚书。

毛惇元

（1529—？），字裕仁，号春台，浙江余姚人。明嘉靖三十八年（1559）已未科榜眼，乡试夺得第三十七名，会试第三名，殿试高第后，授翰林院编修，终翰林院编修。如今人们只能看到他的殿试策一卷。

王锡爵

（1534—1610），字元驭，号荆石，江苏太仓人。明嘉靖四十一年（1562）壬戌科榜眼，授翰林院编修，累迁祭酒。万历初，以詹事掌翰林院，后进礼部右侍郎。曾面请首辅张居正免廷杖吴中行等，为居正所恨，遂归省。有《王文肃集》。

李自华

（1535—？），字元实，号见亭，浙江嘉善籍，江苏华亭人。明嘉靖四十四年（1565）乙丑科榜眼。授翰林院编修迁谕德，历官至国子监司业。及第任京官后，过着平淡生活。一次其父赴京师，一再告诫儿子要“心念黎民疾苦，无忘上恩。”受父熏陶，李自华为官清廉，淡泊名利，且很早就已引退。

黄凤翔

（1538—1614），字鸣周，号仪庭，明隆庆二年（1568）戊辰科榜眼。授编修，教习内书堂。他曾任庚辰科同考官，秉公阅卷，不私居正二子。屡迁南京国子监祭酒，拜礼部右侍郎。因疏争立太子事，辞归。著有《田亭草》等。

刘瑊

（1530—1586），字玉俦，江苏苏州人。明隆庆五年（1571）辛未科榜眼。授翰林院编修，曾被首辅张居正提名充任《会典》纂修官。万历八年（1580），升任南京国子监司业。五年后，专任北京国子监司业，万历十四年升为左春坊左中允兼翰林院编修，掌司经局印信。

余孟麟

（1537—1620），字伯祥，江苏江宁人。明万历二年（1574）甲戌科榜眼。万历四年（1576），任《大明会典》的纂修官，十年后，升为南京国子监司业、洗马。万历二十年，又由南京翰林院侍读学士升为南京国子监祭酒。他也是明代著名书法家，尤擅真草。

张嗣修

（1553—？），字岱舆，湖北江陵人。明万历五年（1577）丁丑科榜眼。张居正的二公子，他的哥哥张敬修与弟弟张懋修同为万历八年（1580）进士，张懋修为一甲第一名。万历十一年（1583）被万历皇帝发配充军烟瘴之地。

萧良有

（1549—？），字以占，号汉中，湖北汉阳人。明万历八年（1580）

庚辰科榜眼。授编修，进修撰，国子监祭酒。生而颖异，有神童名。入仕后，任史官十五年，以学识渊博极负众望。自阁部卿寺至台省，有关国家大计，多有咨询。著有《玉堂遗稿》。

李廷机

（1542—1616），字尔张，号九我，福建晋江人。明万历十一年（1583）癸未科榜眼。授翰林院编修，累迁国子监祭酒，主张从严治教。久之，迁南京吏部右侍郎，署部事。官至礼部尚书，入参机务。著有《李文节文集》等。

杨道宾

（1552—1609），字惟彦，号荆岩，福建晋江人。明万历十四年（1586）丙戌科榜眼。授编修，历礼部侍郎，习练朝典，曾以星变疏请释逮系言官。南京水灾，疏请御殿决政、章疏及时批答，毋留中及内降。东宫辍讲，疏引唐宦官仇士良语为戒，深中时弊。卒于官，谥文恪。有《杨文恪公文集》。

吴道南

（1550—1623），字会甫，号曙谷，江西崇仁县人。明万历十七年（1589）己丑科榜眼。授编修，进左中允，累擢礼部右侍郎署部事。遇事有操执，明达政体，屡因灾异疏请：召还中使，尽免山东诸税，赈救灾民，起用遗贤，释放被权阉构陷之满朝荐、卞孔时等。著有《日讲录》等。

史继偕

（1560—？），字世程，福建晋江人。明万历二十年（1592）壬辰科榜眼，授编修。万历四十七年（1619年）三月，与大学士方从哲、户部张问达同为殿试读卷官，为取头名状元庄际昌受恶意攻击，一气之下，辞朝南行。天启二年壬戌（1622），史继偕与叶向高等被命为神宗、光宗两朝《实录》的总裁。

汤宾尹

（1567—？），字嘉宾，安徽宣城人。明万历二十三年（1595）乙未科榜眼。授编修，累官国子监祭酒。三十八年，充庚戌科会试同考官，私其弟子韩敬，从中作弊，使韩敬连擢会试、殿试第一。事发，被劾落职，引发党争七年之久。有《睡庵集》。

邵景尧

（1560—？），字熙臣，号芝南，浙江象山人。明万历二十六年（1598）戊戌科榜眼。授翰林院编修，后掌司经局，熟谙历史掌故，曾奉使出封宗藩。随谕德赵秉忠典试南畿，振拔孤寒之士，后乞休乡居。著有《邵太史诗集》。

王衡

（1564—1607），字辰玉，号缑山，江苏太仓人。明万历二十九年（1601）辛丑科榜眼，授编修。十六年，举顺天乡试第一。因其父锡爵时官首辅，为避嫌遂不复应会试。父罢相后方应会试、殿试，均第二。惜负才早折，先父而逝。有杂剧《郁轮袍》等。

孙承宗

（1563—1638），字稚绳，号恺阳，河北高阳人。明万历三十二年（1604）甲辰科榜眼，授编修，进中允。果敢有谋略，尤晓边事。天启二年（1622），擢兵部尚书兼东阁大学士，时辽东形势危急，自请以原官督山海关，及蓟、辽、天津诸处军务。有《孙高阳文集》。

施凤来

（1563—约 1642），字羽王，浙江平湖人。明万历三十五年（1607）丁未科榜眼，授编修。历少詹事兼礼部侍郎，拜尚书，入参机务。以柔和媚世，谄事魏忠贤，官至内阁首辅。崇祯初，为御史罗元宾疏劾，乞休归。后定为逆案，削职为民。著有《三关记》曲目。

马之骐

（1579—？），字康庄，河南新野人。明万历三十八年（1610）庚戌科榜眼。经筵日讲官，为皇帝讲解经传史鉴。他经历万历、泰昌、天启三朝，任礼部左侍郎。对太监魏忠贤勾结熹宗乳母客氏实行宦官专政，能秉笔直书，《明史》评他“独标忠清”。著有《静啃堂全集》等。

庄奇显

（1587—1622），字允元，号九微，福建晋江人。明万历四十一年（1613）癸丑科榜眼。在郡中历代鼎甲榜上名列第六，而以年龄论，则是最年轻者。明光宗泰昌元年（1620），服阕赴京，补国子监司业之职，专心致志于教学研究和培养门生。天启二年（1622），病卒，年仅三十五岁。

贺逢圣

（1587—1643），字克繇，号对扬，湖广江夏人。明万历四十四年（1616）丙辰科榜眼，授编修。天启间，迁洗马，以忤魏忠贤削籍。崇祯间，官至礼部尚书兼东阁大学士，两次入阁辅政。

为人谦静，然遇事不能匡救。后张献忠破江夏，投湖死。

孔贞运

（1574—1644），字开仲，江苏句容人。明万历四十七年（1619）己未科榜眼，授编修。天启中，任经筵展书官，纂修两朝实录，又为思宗进讲《皇明宝训》，称述太祖勤政讲学之事。崇祯九年，入阁参与机务，旋代张至发为首辅，疏救郑三俊、钱谦益等。有《词林典类》等书。

傅冠

（1595—1646），字元甫，号寄庵，江西进贤人。明天启二年（1622）壬戌科榜眼，授编修。崇祯十年（1637），拜礼部尚书兼东阁大学士。因误批奏章，引罪归。福王时受命以原官督师江南，因嗜酒被劾落职。清兵下江南，被执杀。著有《宝伦楼集》。

华琪芳

生卒年不详 。字方侯，号未斋，江苏无锡人。明天启五年（1625）乙丑科榜眼，授编修。当时正值奸臣魏忠贤把持朝政，华曾参与《三朝要典》的纂修工作。魏忠贤倒台后，华琪芳因此被罢官。后来他感叹地说：“假如我不参与纂修《三朝要典》，现在也可以为相了。”可见遗恨千古。著有《宜博集》。

何瑞征

生卒年不详。字号不详，河南汝宁信阳人。崇祯元年（1628）戊辰科榜眼，授翰林院编修，历任国子监祭酒。崇祯十五年出任江南乡试主考官，所选拔的人才中多为非常注重名节的举子，如黄淳耀等，皆出其门。清顺治元年（1644）被授予礼部右侍郎，致仕归乡。

吴伟业

（1609—1672），字骏公，号梅村，江苏太仓人。明崇祯四年（1631）辛未科榜眼，授翰林院编修，后任东宫讲读官、南京国子监司业等职。南明福王时，拜少詹事，清朝顺治十年（1653），被迫赴京出仕。初授秘书院侍讲，后升国子监祭酒。与钱谦益、龚鼎孳并称“江左三大家”，又为娄东诗派开创者。

吴国华

生卒年不详。字以文，江苏宜兴人，明崇祯七年（1634）甲戌科榜眼，授翰林院编修，充经筵日讲官，侍奉怀宗。讲课条理清晰，论述晓畅。崇祯十五年出任浙江乡试主考官，选拔当时著名人物黄涛、王自起等，升为国子监司业。官至右春坊右谕德。

陈之遴

（1605—约 1667），字彦升，号素庵，浙江海宁人。崇祯十年（1637）丁丑科榜眼，授翰林院编修。清兵入扰衡水一带，其父任顺天巡抚，因城池失守下狱问罪。陈之遴因父罪株连，被罢官。清兵入关后，效命于南明政权，被任为福建主考官。清兵逼近南京，避不赴任。清顺治二年（1645）降清。

葛世振

生卒年不详。 字仞上，号同果，浙江鄞县人。明崇祯十三年（1640）庚辰科榜眼。授翰林院编修，充日讲官。曾作《四郊礼成颂辟雍重临赋》进上，以文词妍丽而在京城盛传。又曾上奏对兵饷之事，有“增兵不如练兵，加饷不如清饷”之语，欢娱帝心，崇祯帝曾将其书列于御屏。

俞泰交

生卒年不详。字子开，江苏无锡人，一作江苏武进人。明崇祯十五年（1642）壬午科榜眼，授户部山东司主事。他四次奉命出使，拒受馈赠。当时官员的铨选、注缺都有定价，可他不持一钱，所以被发配到已残破不堪的九江为官。

宋之绳

（1612—1667），字其武，号柴雪，江苏溧阳人。明崇祯十六年（1643）癸未科榜眼，大明朝的最后一科榜眼。一生历经磨难，“年幼时大病不死；为贼执，赴市戮不死；赴井不死；归途，迂回于土寇锋镝之中，三千里不死；奸人含沙濒逮不死……”顺治间，充日讲官、顺天府乡试主考官，所拔多俊才。

清代

吕缵祖

生卒年不详。字峻发，号修祉，直隶（今河北）沧州人。清顺治三年（1646）丙戌科榜眼，授内翰林秘书院弘文院编修。翌年，任会试同考官。顺治六年，升任国子监司业。历官弘文院侍读、侍讲学士。著有《几园集》等。

程芳朝

（1611—1676），字其和，号笠庵，江南桐城人。清顺治四年（1647）丁亥科榜眼。历任顺、康两朝国史院编修，侍读学士，太常寺正卿等职。其秉性正直坦诚，不随人俯仰。任安南正使时，及时将吴三桂意欲造反的苗头禀报朝廷，提请戒备，为清代江山一统尽职尽责。去世后，大学士张英为其题写碑文。

熊伯龙

（1616—1669），字次侯，晚号钟陵，湖北汉阳人。原籍是江西进贤，后转入湖北。清顺治六年（1649）己丑榜眼。授国史馆编修，后官终内阁学士，兼礼部侍郎。历官二十年，不妄交游。伯龙博学工诗，尤精古文词及制义文。与刘子壮齐名，时号“熊刘”。著有《谷诒堂全集》。

张永祺

生卒年不详。字尔成，顺天大兴（今北京）人，清顺治九年（1652）壬辰科榜眼，授翰林院编修。三年后又出任会试同考官，《通鉴全书》纂修官，任国子监司业、内翰林国史院侍读等职。累迁官至大理寺少卿。工诗，《清诗汇》中载其诗作四首。

折库纳

生卒年不详。纳喇氏，满族镶白旗人，亦有说是镶蓝旗人。清顺治九年（1652）壬辰科榜眼。高中榜眼后，授翰林院编修。由中书累升至内院侍读学士、国史院学士兼礼部侍郎。顺治十五年，改内三院为殿阁，别建翰林院衙门，以折库纳为翰林院掌院学士，仍兼礼部侍郎。官至都察院左副都御史。

戴王伦

生卒年不详。字经碧，号一斋，直隶（今河北）人。清顺治十二年（1655）乙未科榜眼，授编修，历官江西粮储道，罢职。康熙已未举博学鸿词科。书法临摹晋唐人笔意，潇洒遒丽。画传家法，更工于兰竹。

贾勤

生卒年不详。亦称查亲，正红旗，满洲人。清顺治十二年（1655）乙未科榜眼。此为满榜进士第二人，自此后满洲榜停止，与蒙古人以及汉人、南人，合而为一。满洲榜开二科后停办，到清末，虽然也有满族旗人考入鼎甲，但不过屈指可数的几个人。

孙一致

（？—1693），字止澜，江南淮安府盐城人。清顺治十五年（1658）戊戌科榜眼，授翰林院编修，累官侍读学士。以母忧归，遂不复出。居乡时，守淡厌纷，不沽名钓誉，粗茶淡饭如穷士，展卷吟哦，怡然自得。诗宗少陵，所与唱酬，皆一时知名之士。著有《世耕堂集》。

华亦祥

生卒年不详。字缵长，江南常州府无锡人。清顺治十六年（1659）己亥科榜眼。授翰林院编修，十八年充会试分考官，寻迁待读，未几卒。

李仙根

生卒年不详。字子静，号南津，四川潼川府遂宁人。清顺治十八年（1661）辛丑科榜眼。曾任宏文院编修，秘书院侍读。康熙七年（1668），安南（今越南）内乱，李仙根奉命出使安南，朝廷赐正一品麒麟服以行。经三个月的宣谕、处理，安南平定。其于归途中写《安南使事记略》呈奉康熙。

李元振

（1635—1719），字贞孟，号畅园，河南柘城梁庄乡李关尧人。清康熙三年（1664）甲辰科榜眼。及第后授职宏文院，授翰林院编修。曾为顺天乡试正考官、顺天武乡试正考官。康熙二十六年（1687），天下大旱，御旨诏告群臣百官直言朝政得失，唯独李元振直陈时弊。著有《畅春园恩诗》等。

张玉裁

（1636—1674），字礼存，号退密，江南镇江府（今江苏）丹徒人。清康熙六年（1667）丁未科榜眼，授翰林院编修。指斥时政得失，慷慨陈词。九年分校礼闱，得士甚多。以疾卒，年仅三十五岁。

孙在丰

（1644—1689），字屺瞻，浙江德清人。清康熙九年（1670）庚戌科榜眼，授翰林院编修。值起居注，充日讲官，迁工部侍郎兼翰林院学士。二十六年赴淮阳，监修水利，疏言开新不如循旧，筑高不如就低，迤远不如取近，与靳辅意见相左。后迁内阁学士，不久去世。

王鸿绪

（1645—1723），字季友，号俨斋，江南松江府娄县人，一说华亭人。清康熙十二年（1673）癸丑科榜眼，授编修。历任顺天乡试副考官、日讲起居注官，二十二年擢内阁学士，充大清会典副总裁，次年为户部右侍郎。此后累官会试正考官、左都御史。因与少詹事高士奇揽权纳贿，被劾致仕。有《赐金园集》。

胡会恩

（1645—1723），字孟纶，号南苕，浙江德清人。清康熙十五年（1676）丙辰科榜眼，授翰林院编修。擢中允日讲起居注官，历任兵部督辅右理事官、内阁学士、兵部右侍郎等职。胡会恩工诗，著有《清芬堂集》八卷。

孙卓

（1649—？），字予立，号如斋，安徽宣城人。清康熙十八年

（1679）己未科榜眼，授翰林院编修。又过了一年，皇帝御试，孙卓又以文义、书法并称康熙皇帝的心意，擢为第一。雍正五年（1727）授礼部右侍郎。七年五月，自陈年老，求乞退休。

吴涵

（？—1709），字容大，号匪庵，浙江石门人。清康熙二十一年（1682）壬戌科榜眼，授翰林院编修。曾出任会试同考官，充日讲起居注官、历官升至顺天府丞。康熙三十三年，提调乡试，初阅姜宸英卷，违式当贴。他力排众议，将其纳入并改正。姜果然在殿试中取得一甲第三人的好成绩。

陈元龙

（1652—1736），字广陵，号乾斋，浙江海宁人。清康熙二十四年（1685）乙丑科榜眼。授翰林院编修，入值南书房。二十八年，被劾与高士奇、王鸿绪等植党营私，休致回籍。三十年诏复出，迁侍讲、侍读，随上征噶尔丹。雍正七年（1729）以近八十高龄任文渊阁大学士兼礼部尚书。著《爱日堂文集》。

查嗣韩

生卒年不详。字荆州，号皋序，浙江海宁人。清康熙二十七年（1688）戊辰科榜眼，及第后授翰林院编修。康熙三十年，任会试同考官。三十八年九月，充顺天武举乡试副考官。不久去世。

吴昺

生卒年不详。字永年，安徽全椒人。清康熙三十年（1691）辛未科榜眼。吴昺的殿试策仿效陆宣公奏议，很受读卷官的赏识。读卷官内阁九卿拟吴昺为状元，可是进呈御览时，康熙喜欢第二名的戴有祺的书法字，于是戴有祺便成为钦点的状元，而吴昺只能屈居第二了。

顾图河

（1656—1706），字书宣，号花翁，江南江都人。清康熙三十三年（1694）甲戌科榜眼。授翰林院编修，充日讲官，入值南书房。参与修《大清一统志》。出视湖广学政，甫抵任三月以疾卒。通经史，善书法。著《雄雉斋集》。

严虞惇

（1650—1713），字宝成，号思庵，苏州府常熟人（今江苏常熟）人。清康熙三十六年（1697）丁丑科榜眼。授翰林院编修，馆阁文字多出其手。以三十八年己丑科场案牵连罢官，闲居数年，复起用补国子监监丞，不轻其官，仍慎严其职。著有《读诗质疑》等。

季愈

生卒年不详。字退如，江南扬州府宝应人。清康熙三十九年（1700）庚辰科榜眼，授翰林院编修。康熙四十五年，为会试同考官，迁右中允。两年之后，充顺天武举乡试正考官。四十八年，任提督广西学政。而后，先后历升詹事府庶子，督学广东道，官至广东学政。

赵晋

（？—1714），字昼山，号二今，福建闽县人。清康熙四十二年（1703）癸未科榜眼。及第后，授翰林院编修。康熙四十四年，出任江西乡试主考官。第二年，出任陕甘学院提学道。康熙五十年，任江南乡试副考官。

吕葆中

（？—1708），字无党，号冰葭，浙江石门人。清康熙四十五年（1706）丙戌科榜眼。吕葆中是吕留良的长子，自幼蒙受庭训。及第后授翰林院编修。和尚张一念在浙江领导抗清起义已持续数年，四十六年（1707）被抓捕，吕葆中受到牵连，尽管被赦免，但仍为此事忧惧不已，最终焦虑不堪而死。

戴名世

（1653—1713），字田有，号药身，安徽桐城人。清康熙四十八年（1709）己丑科榜眼，授翰林院编修。康熙五十年，著《南山集》，用明永历年号，获罪系狱，以大逆论斩，方苞、方孝标并为作序，皆获罪。另著《孑遗集》。

沈树本

（1671—1743），字厚余，号操堂，浙江归安（今湖州）人。清康熙五十一年（1712）壬辰科榜眼。授翰林院编修，官至赞善。年轻时，康熙帝圣驾南巡，他呈上所写的西湖十景，得到皇帝的赏识，并以诗赋“称旨”被召取入京。工诗，少时以咏《白萍诗》而得名，著有《竹溪诗略》等。

任兰枝

（1677—1746），字香谷，号随斋。江苏镇江府（今江苏）溧阳人。清康熙五十二年（1713）癸巳科榜眼，授翰林院编修。雍正元年（1723）值南书房，累迁内阁学士。五年，与安南定界，偕左副都御史杭奕禄携诏宣谕。使还迁兵部侍郎，赴江西，查南昌总兵陈玉章贪污案，旋调吏部。致仕归。

缪曰藻

（1682—1761），字文子，号南有居士，江南苏州府吴县人。清康熙五十四年（1715）乙未科榜眼，他是清康熙六年丁未科状元缪彤的儿子。由于父子二人均为鼎甲高科，康熙帝把此事看作是大清国盛世之象。官直隶乐亭知县。学诗于叶燮，为其入室弟子，论诗以新鲜明丽为主。

张廷璐

（1675—1475），字宝臣，号纫斋，江南（今安徽）桐城人。清康熙五十七年（1718）戊戌科榜眼。授翰林院编修，值南书房，迁侍讲学士。雍正元年（1723），督学河南，坐事夺职。寻起侍讲，迁詹事。两督江苏学校，颇得士，刘纶、沈德潜皆出其门。进礼部侍郎，告归卒。

吴文焕

（1688—？），字观侯，号剑虹，福建福州人。清康熙六十年（1721）辛丑科榜眼，授编修。雍正二年，出任陕西乡试主考官，由于在策考中问道该省古代修水利之事，忤帝心意。雍正认为“舍今而远古，去近而求远”“识见卑鄙”，与考官李天宠一起交部察议处。

戴瀚

（1717—？），字逢源，号雪邨，江南上元（今江苏）人。清雍正元年（1723）癸卯科榜眼，授编修，督学福建，屡迁至侍讲学士。工于诗文，著有《有探集》及《编年诗稿》等。

王安国

（1694—1757），字春圃，号复斋，江南扬州府高邮人。清雍正二年（1724）甲辰科榜眼。授翰林院编修，累迁至左都御史，疏请禁官吏居丧诣省会谒大吏，议准。查勘广东巡抚王暮徇纵案得实，遂兼广东巡抚事。九月擢兵部尚书，充《大清会典》总裁官，二十年迁吏部尚书，以疾归。著有《王文肃公遗文》等。

邓启元

生卒年不详 。 字幼季，福建德化邑西涂版人。清雍正五年（1727）丁未科榜眼。授翰林院编修，武英殿纂修。雍正十年，奉命典试湖北，榜发，群贺得人。乡试告竣，回朝参与编纂《三礼》。因积劳成疾，回乡治疗，年余病殁。著有《周官考注》等。

沈昌宇

（1700—1744），字泰初，号定岩，浙江秀水（今嘉兴）人。清雍正八年（1730）庚戌科榜眼。授翰林院编修，出任广西乡试主考官。乾隆三年，出任山西乡试主考官。四年，提督广东肇高学政。任中列出读书规则，以规范教育更多士子生员。

田志勤

生卒年不详。字崇广，号平圃，顺天大兴（今北京）人。清雍正十一年（1733）癸丑科榜眼。授翰林院编修，累官升至翰林院侍讲。从吏部引见折中记载看，雍正帝对田志勤评价一般，由此可知，他为官不久，也就奉旨退休了。

黄孙懋

生卒年不详。字昭训，号忝斋，山东曲阜人。清乾隆元年（1736）

丙辰科榜眼，授翰林院编修，同年任顺天府乡试同考官。乾隆四年，任会试同考官。据《曲阜县志》记载：“黄孙懋，乾隆元年进士第二人及第，官至内阁学士。”

林枝春

（1699—？），字继仁，号青圃，福建福清人。清乾隆二年（1737）丁巳科榜眼，授翰林院编修。乾隆六年为顺天乡试同考官和充武英殿纂修，校勘经史局，擢翰林院侍讲，冬，提督河南学政，改祠堂办义学，奖掖贫苦学子入读。乾隆十七年乞假归里，在鳌峰书院主讲八年。著有《青圃文集诗集》。

涂逢震

（？—1759），字京伯，号石溪，江西南昌人。清乾隆四年（1739）已未科榜眼，授翰林院编修。在清朝，江西省考中鼎甲从涂逢震才开始有。涂能诗善文，颇有文才，蒋太史在他的墓志铭中撰文称赞他一生“生有异禀，内行纯密，通达政体，曲尽人情”。著有《涂石溪诗集》等。

杨述曾

（1704—1774），字企山，号先世。江南（今江苏）阳湖人。清乾隆七年（1742）壬戌科榜眼。授翰林院编修，晋侍读，纂修《御批通鉴辑览》，稿将成而卒。在事八载，编排尽力，特赏四品衔。官翰林院时，四典乡试。著有《南圃文稿》。

庄存舆

（1719—1788），字方耕，江南常州府武进（今江苏武进）人。清乾隆十年（1745）乙丑科榜眼。二十一年督直隶学政，按试满洲、蒙古童生，严不得传递哄堂，御史汤世昌论劾命夺官，上恶满、蒙童生纵肆，亲复试，搜得怀挟文字者，诛一人，发三人种地，四十人不得赴试。以存舆督试严密，仍命留任。著有《春秋正辞》等。

陈枏

生卒年不详 。字杳斋，号东鹿，浙江仁和人。清乾隆十三年（1748）戊辰科榜眼。其殿试策问灾荒与仓储、治河与漕运以及教化与文体几方面的相互关系。殿试后，赐陈枏一甲第二名进士及第，授翰林院编修。

饶学曙

（1719—1770），字霁南，号筠圃，江西建昌府（今广昌）甘竹里人。清乾隆十六年（1751）辛未科榜眼。在翰林院十六年，凡国家大典进拟之作，多出其手。先后出任河北、云南等省乡试考官和会试分校官，甚能举贤用人，被当时文人学士誉为“当世之师”。著有《研露斋文集》等。

范棫士

（1710—1769），字思皇，号艽野，江南娄县人。清乾隆十七年（1752）壬申科榜眼。授翰林院编修，擢福建道监察御史，丙子年顺天乡试同考官，调工科掌印给事中。范棫士素有清望，为朝士所重。三十丧偶，不复娶。与人交，坦然和易。又倡置云间会馆，以居乡、会试之来京者。范棫士善行、楷，远近争购之。

王鸣盛

（1722—1797），字凤喈，号西庄，江苏仓州嘉定县（今属上海市）人。清乾隆十九年（1754）甲戌科榜眼。官侍读学士、内阁学士兼礼部侍郎、光禄寺卿。以汉学考证方法治史，为“吴派”考据学大师。撰《十七史商榷》百卷，为传世之作。

梅立本

（1722—1765），字秋俟，号望园，江南（今安徽）宣城人。清乾隆二十二年（1757）丁丑科榜眼。授翰林院编修，充国史馆总裁。二十七年，出任江西乡试副考官。翌年，充任会试主考官。半年后，又出任广西学政等职。著有《经史笺论》等。

诸重光

（1721—1770），字申之，号桐屿，浙江余姚人。清乾隆二十五年（1760）庚辰科榜眼。殿试前一天晚上，诸重光、童凤和毕沅三人在军机处值夜班。诸和童二人因毕沅书法不好，便想出让毕沅一人值班的主意。二人走后不久，陕甘总督便送来一份关于新疆屯田之事的奏折，这正是第二天策问考题的内容，结果毕沅答得非常顺利。乾隆帝钦定毕沅为第一甲第一名，诸重光屈居第二。

胡高望

（1730—1798），字希吕，号豫堂，浙江仁和人。清乾隆二十六年（1761）辛巳科榜眼。任江西学政六年，捐已资广书院生童额。湛深经术，取汉宋诸儒经义，剖析说明，以训诸生。后历官兵部侍郎，终左部御史。

沈初

（1735—1799），字景初，号云椒，浙江平湖人。清乾隆二十八年（1763）癸未科榜眼。授翰林院编修，历官侍讲、入值南书房、左庶子、礼部侍郎、兵部侍郎等。嘉庆元年（1796）与千叟宴，充会试知贡举。擢左都御史，授军机大臣，迁兵部尚书。四年，以老罢枢务，免值内廷，充实录馆副总裁，未几卒。

姚颐

生卒年不详。字震初，号雪门，吉安秦和（今江西泰和）人。清乾隆三十一年（1766）丙戌科榜眼。授翰林院编修，侍读学士，历官甘肃按察使、陕西督粮道，贵州主考官，会试和顺天同考官，提督湖南学政。著有《雨春轩诗草》等。

徐天柱

（1734—1793），字擎士，号西垣，浙江德清人。清乾隆三十四年（1769）己丑科榜眼。授翰林院编修，不久值上书房。四十年，充任会试同考官，两年之后，又任顺天乡试同考官。后以疾病辞官而归。著有《天藻楼诗稿》。

王增

生卒年不详。字方川，号芳洲，浙江绍兴府会稽县人。清乾隆三十六年（1771）辛卯科榜眼，授翰林院编修。四十五年，充任会试同考官。后在吏部大考中名列四等，只能按知县的品级任用了。外放后，任湖南省永州府新田县知县。著有《迟云书屋诗遗》。

孙辰东

（1736—1780），字枫培，号迟舟，浙江归安人。清乾隆三十七年（1772）壬辰科榜眼，授翰林院编修，纂修《四库全书》。他撰写文章醇肆而趋于古意，声誉满天下。四十五年，出任顺天乡试同考官，九月三日，以疾卒于贡院，年仅四十五岁。

汪镛

（1725—1809），字东序，号芝田，山东历城人。清乾隆四十年（1775）乙未科榜眼，授翰林院编修。抡才大典，汪镛在传胪点到他榜眼时，他未到，结果刚一登第就获罪被罚俸禄。职位累迁，以编修衔，此任达三十年，一直到垂老年纪，才开始改任御使。

蔡廷衡

生卒年不详。字咸一，号小霞，浙江仁和人。清乾隆四十三年（1778）戊戌科榜眼。殿试策问政治之本的学问，蔡廷衡以“惟制治之道，教化尤先”“道惟以立诚为训学之本”等“以观民风”应对。结果获一甲第二名，及第后，授翰林院编修，官至甘肃布政使。

江德量

（1752—1793），字成嘉，号曼殊，江南扬州府（今江苏）仪征县人。清乾隆四十五年（1780）庚子科榜眼。授翰林院编修，改御史，历掌浙江、江西道。生平精于经术、小学、金石、古文，善诗工书，尤习篆隶。著有《广雅疏》，惜书未就而卒。

陈万青

生卒年不详。字远山，号湘南，浙江石门人。清乾隆四十六年（1781）辛丑科榜眼。授翰林院编修，历任翰林院侍读，纂修《四库全书》等典籍，又先后出任陕甘学政等职。他以诚待人，一介布衣，只要有一技之长，一言之善，都会得到他的赏识。陈万青擅长诗文，精于书法。当时，朝鲜贡使来京，都要购买其作品而归。

邵瑛

（1739—1818），字桐南，号瑶圃，浙江余姚人。清乾隆四十九年（1784）甲辰科榜眼，授翰林院编修。嘉庆三年（1798）以内阁中书出任湖北乡试副考官。历任官职有翰林院的玉牒馆协修、国史馆纂修、文渊阁检阅等。著有《说文群经正宗》等。

孙星衍

（1753—1818），字渊如，号薇隐，江苏常州阳湖县（今武进）人。清乾隆五十二年（1787）丁未科榜眼。嘉庆十年（1805）任登、青、莱道台。最精诗文，名著海外，与洪亮吉齐名，称“孙洪”。深究经史文字训诂之学，精研金石碑版，工篆、隶刻印。校刻古书最精。著有《周易集解》等。

汪廷珍

（1757—1827），字玉粲，号玉烂，江苏淮安府山阳县(今淮安）人。清乾隆五十四年（1789）己酉科榜眼。授翰林院编修，大考，擢侍读，迁祭酒。六十年，以事忤旨，降侍讲。嘉庆元年（1796）入值上书房。七年，督安徽学政、江西学政，累迁侍读学士、太仆寺卿、内阁学士等。有清节名，生活简朴，人所称道。

洪亮吉

（1746—1809），字君直，号北江，江苏常州府阳湖县(今常州）人。清乾隆五十五年（1790）庚戌科榜眼，授翰林院编修。因上书言事得罪嘉庆皇帝被充军流放新疆伊犁。充军途中，在极端艰苦的环境中，他还完成了《伊犁日记》及《天山客话》二集。遇赦回归以后，更专心于著述，成为有名的乾嘉学者。

陈云

生卒年不详。字远雯，号起溶，顺天宛平（今北京）人。清乾隆五十八年（1793）癸丑科榜眼。授翰林院编修，历官太平知府，引疾归。侨寓杭州，后再出任知太平，后调庐州。

莫晋

（1761—1826），字锡三，号裴舟，浙江会稽（今绍兴）人。清乾隆六十年（1795）乙卯科榜眼。嘉庆十四年（1809）以太常寺卿任江西学使，每试士，终日坐堂，校阅不倦。严禁怀挟，有犯必绳之以法，士皆奉法自励。重镌《明儒学案》等书。官终仓场侍郎。

汪守和

（1765—1836），字惟衣，江南饶州乐平镇（今乐平）人。清嘉庆元年（1796）丙辰科榜眼，授翰林院编修。《清史稿 · 宣宗本纪》记载：道光十二年（1832），为礼部尚书。翌年，兼署吏部尚书。道光十四年，调为礼部尚书，在任上卒。一生中的最后三四年中，连署吏、礼、工三部尚书，可谓荣极一时。

苏兆登

（1767—？），字朴园，山东沾化人。清嘉庆四年（1799）己未科榜眼。历任翰林院编修、江西南安府知府、户部郎中、陕甘学政等职。并曾出任云南乡试正考官，会试及顺天乡试同考官。道光元年（1821年），擢升福建按察使。其子敬衡是道光十六年探花。苏氏以“父子二鼎甲”闻名于世。

刘彬士

生卒年不详。字筠圃，湖北黄陂人。清嘉庆六年（1801）辛酉科榜眼，授编修。道光十四年（1834）授任吏部右侍郎，对于帮丁应行扣缴银米事宜，他请分别展延时限，以纾民力。对灾区呈请缓征赋税，使百姓得到不少的恩惠。

李宗昉

（1779—1840），字静远，号芝龄，江苏淮安府山阳县人。清嘉庆七年（1802）壬戌科榜眼，授翰林院编修。道光元年（1821）授礼部侍郎，次年典会试，又典江西乡试、留学政。自七年至十年，典顺天乡试二、会试一、浙江乡试一，得士称盛。擢左都御史、礼部尚书，二十四年以疾乞休。著有《闻妙香室诗文集》等。

徐颋

（1772—1823），字直卿，号少鹤，江苏苏州府长洲县人。清嘉庆十年（1805）乙丑科榜眼。授翰林院编修，大考第一，擢翰林院侍读学士，充日讲起居注官，提督安徽学政。道光元年（1821）升詹事，充乡试正考官，二年升内阁学士兼礼部侍郎。卒于任。

谢阶树

生卒年不详。字子玉，号向亭，抚州宜黄（今江西宜黄）人。清嘉庆十三年（1808）戊辰科榜眼。嘉庆二十一年（1816），被派往湖南督学。时湘潭人与江西贾商发生争斗诉讼，因有显宦袒护，督抚裁决不下，皇上大怒。谢阶树回京后，奏明案情，并提出自己的处理意见，深得嘉庆帝称赞，被晋升为侍读学士。

廖金城

（1788—1865），字斯和，号钰夫，福建侯官人。清嘉庆十四年（1809）己巳科榜眼。曾任国史馆总编，官累升至工部尚书，经筵讲官，军机大臣，协办大学士。同治三年（1864 年），加太子少保衔，卒谥“文恪”。他的一生，历经清代乾隆、嘉庆、道光、咸丰、同治五朝，贯穿着清朝由盛转衰的历史时期。

吴毓英

（1783—？），字式似，号鞠人，江苏吴县人。清嘉庆十六年（1811）辛未科榜眼，授翰林院编修，而后散馆改任刑部主事。嘉庆十八年，出任山西乡试主考官。官至员外郎。

祝庆蕃

（1777—1853），字晋甫，号蘅畦，河南固始人。清嘉庆十九年（1814）甲戌科榜眼。道光二十七年（1847），他以本科回避士子人数较多为由，不顾道光帝已下旨“是回避士子加行考试，事属难行”的意图，仍然率行出班面奏，被斥为沽名钓誉，当即受到议处。同时下令，加行考试永远停止。

凌泰封

（1783—1856），字瑞臻，号东园，安徽定远人。清嘉庆二十二年（1817）壬寅科榜眼。授编修，官至翰林院侍读、侍讲。道光年间，初任宁波，后补湖州。湖州一带重男轻女，溺婴成风。泰封为了扭转这种陋俗，在当地重新修建“育婴堂”，各地送婴者达数百人，溺婴之风渐息。著有《东园诗钞》等。

杨九畹

（1794—1837），字余田，浙江慈溪人。清嘉庆二十四年（1819）已卯科榜眼。道光六年（1826 年），以知府出守甘肃庆阳。之后，他辗转边疆各省，在宁夏府、平庆汉道任职，所到之处，多有政绩。道光十五年（1835 年），升任广东南韶连道。到任后，整顿税务，清除积弊，又缉捕群盗，吏治为之一清。

许乃普

（1787—1866），字季鸿，号滇生，浙江钱塘（今杭州）人。清嘉庆二十五年（1820）庚辰科榜眼，授翰林院编修。道光三年（1823）入值南书房，历贵州、江西学政，刑部右侍郎、吏部左侍郎、户部左侍郎，两充会试总裁官。二十一年，升兵部尚书，后兼工部尚书，补太常寺卿、光禄寺卿。著有《堪喜斋集》等。

郑秉恬

（1783—？），字性和，号鳌云，瑞州上高（今江西上高）人。清道光二年（1822）壬午科榜眼。授翰林院编修，改授山西五寨知县，继署平遥，后调曲沃。郑秉恬赴任后，针对公役假威挟诈的弊端，特设置两桶，上写“愿闻己过，求通民情”八字，每晨置于街口，让民投诉其中，天晚取回独阅。虽不全以为凭，而一县之情真伪尽知，自此官不敢贪，四境平安。

王广荫

（1782—1851），字菱堂，江苏通州府人。清道光三年（1823）癸未科榜眼。授翰林院编修，擢工部左侍郎，任左都御史，顺天乡试主考。道光三十年文宗登极，诏求贤，广荫疏荐王东槐、林扬祖等人。著有《集益斋稿》等。

贾桢

（1798—1874），字筠堂，山东黄县人。清道光六年（1826）丙戌科榜眼。授翰林院编修，擢侍讲，入值上书房，授皇六子读，累擢内阁侍讲学士，历少詹事、内阁学士。咸丰四年（1854）兼翰林院掌院学士，拜体仁阁大学士，管理户部，五年兼管工部，晋武英殿大学士。同治七年（1868）致仕。

钱福昌

（1801—？），字超衢，号辰田，浙江平湖人。清道光九年（1829）己丑科榜眼，授翰林院编修。道光十一年，任江西副考官。. 试毕，任广西学政。道光十七年（1837），督河南学政，又任户科给事中和内阁侍读学士。

朱凤标

（1799—1873），字建霞，号桐轩，浙江萧山城东乡朱家坛人。清道光十二年（1832）壬辰科榜眼。授翰林院编修，累迁至户部侍郎。道光二十八年奉命赴天津查办漕粮，复偕大学士耆英赴山东查办盐务，疏劾历任巡抚、运司收贿事，奏请缉私除弊，并变通章程，先课后盐。

曹履泰

（1794—1849），字曙珊，南康都昌（今江西都昌）人。清道光十三年（1833）癸巳科榜眼，授翰林院编修。道光十五年，任国史馆协修、纂修。三年后，保送升为御史。次年，又掌湖广道监察御史。二十九年，补鸿胪寺少卿。后又补授广东惠潮嘉道道台。终年五十五岁。

曹联桂

生卒年不详。字子固，号馨山，南昌新建（今江西新建）人。清道光十五年（1835）乙未科榜眼，授翰林院编修。先后任江苏淮安知府和湖南衡州府知府。与其弟同是道光十五年乙未科进士，兄弟同榜登科、同朝为官是科举史上的一段佳话。

何冠英

（1791—？），字杰夫，福建闽县人。清道光十六年（1836）丙申科榜眼。授翰林院编修，留国史院协修，文渊阁校理，以编修曾任广西、山西乡试副、主考官。道光二十年，出任浙江乡试副考官。咸丰元年（1851），奉命巡视西域，补授贵州贵阳知府，不久，擢升巡抚。当时战事紧急，他心力交瘁，积劳成疾，不治身亡。

金国均

（1814—？），字可亭，湖北黄陂人。清道光十八年（1838）戊戌科榜眼。授翰林院编修，出任会试同考官、顺天乡试主考官。任陕甘学政，充日讲起居注官。咸丰元年（1851），出任江南乡试副考官，二年，升为侍读，任上书房行走，授惇郡王读。

冯桂芬

（1809—1874），字林一，号邓尉山人，江苏苏州府吴县（今苏州）人。清道光二十年（1840）庚子科榜眼。授翰林院编修，曾充广西乡试正考官。长于持论，不为浮词，以政论文成就最高，往往心细虑周，指陈剀切，气理畅达。有《校邠庐抗议》最为突出，曾被俞樾比作仲长统的《昌言》。

龚宝莲

（1815—1856），字静轩，顺天大兴（今北京）人。清道光二十一年（1841）辛丑科榜眼。授翰林院编修，升詹事，上书房行走。二十三年充云南乡试正考官，咸丰元年（1851）出任江西乡试正考官，五年，督广东学政。按试时，稽查枪手冒替诸弊，甫一年卒。

周学浚

（1810—1858），字深甫，号缦云，浙江乌程人。清道光二十四年（1844）甲辰科榜眼。授翰林院编修，道光二十六年，任广西学政。历山东道监察御史，擢侍读学士。官至山东道，监察御史等职。周学浚与他的长兄周学濂、二兄周学源，曾跟从杨知新游学，杨知新曾对他们三人有“弁阳三凤之目”的赞誉。

金鹤清

（1816—1854），号稚谷，浙江桐乡人。清道光二十五年（1845）乙巳科榜眼。授翰林院编修，出任贵州乡试考官。二十九年，参与校对《皇清开国方略》，在京期间，不追名逐利，不与闲人通声气，闭门读书，孜孜不倦。著有《养怡之福斋诗文稿》等。

袁绩懋

（1812—1868），字厚庵，顺天宛平（今北京大兴）人。清道光二十七年（1847）丁未科榜眼。授翰林院编修，散馆改主事，分刑部，出为延津邵道。咸丰八年（1858）太平军攻邵武、顺昌，战死。著有《诸经质疑》等。

许其光

（1827—？），字懋昭，号叔文，广东番禺人。清道光三十年（1850）庚戌科榜眼。从清初至道光年间，广东出了两名状元、两名探花，唯独没有出过榜眼，当时谣谚称“未开眼”。许其光中榜眼后，门前挂了一副对联：“蕊榜开新眼，金鳌亚状头。”正好与“未开眼”相呼应，妙趣横生。

杨泗孙

（1823—1889），字钟鲁，号滨石，江苏常熟人。清咸丰二年

（1852）壬子科榜眼。授翰林院编修，历任武英殿协修、纂修、总纂，国史馆协修等。同治五年（1866年），称病辞官回到家乡，不闻政治，不闻公事，以读书吟赋为娱。但乐为乡里公益事业谋划出力，对水利尤为关心。

吴凤藻

（1828—？），字蓉圃，浙江钱塘（今杭州）人。清咸丰三年（1853）癸丑科榜眼。授翰林院编修，官至礼科给事中。五年，出任福建副考官，六年，充任会试同考官。书法挺秀，誉重京华，兼画山水，人称瓣香王，秀雅绝伦。著有《寒松阁谈艺琐录》等。

孙毓汶

（1833—1899），字莱山，山东济宁人。清咸丰六年（1856）丙辰科榜眼。授翰林院编修，历侍讲学士、内阁学士、工部侍郎。受醇亲王奕𫍽器重，入值军机处，兼总理各国事务衙门大臣。后擢刑部、兵部尚书。甲午战争时，力主议和，主张割地赔款，遭军机大臣翁同龢等反对，称病告休。

孙念祖

（1829—？），字仲修，号心农，浙江会稽人。清咸丰九年（1859）己未科榜眼，授翰林院编修。同治元年（1862）出任山西乡试副考官。经编修，出任湖北学政。累官奈仟贵州镇远府知府，官至翰林院编修。

林彭年

（1815—？），字朝珊，广东南海江浦司上林村人。清咸丰十年（1860）庚申科榜眼。授翰林院编修，历任国史馆、武英殿、实录馆协修及纂修官、提调官、山东监察御史官等。官至贵州镇远府知府。著有《忧子镛》等。

何金寿

（1834—1882），字铁生，湖北江夏人。清同治元年（1862）壬戌科榜眼。授编修，出督河南学政，还充日讲起居注官。光绪二年（1876），山西遇大灾，疏请储粮平粜，皇帝极为赞赏。旋出为江苏扬州知府，八年，病卒，贫不能归葬。

龚承钧

（1833—？），字湘浦，湖南湘潭人。清同治二年（1863）癸亥科榜眼。授翰林院编修，升至监察御史，山西学政。在湖南赐及第者不乏其人，但是赐湖南籍进士及第一甲第二人，却是从他开始的。官至四川道监察御史。

于建章

（？—1874），字殿侯，广西临桂（今桂林）人。清同治四年（1865）乙丑科榜眼，授翰林院编修。六年，出任贵州乡试副考官。而后，以编修出任山西学政之职，未到任所，又调任山东学政。如今桂林"王城"是清代广西的贡院，西门牌坊上刻有"榜眼及第"四个字，就是因为这里出过一个进士第二人。

黄自元

（1837—1916），字善长，号敬舆，湖南安化人。清同治七年（1868）戊辰科榜眼，授翰林院编修。曾任顺天乡试同考官和江南乡试副考官。郑沅于《敬舆公七十寿序》中曾说："典试江南，被议镌级。或云可以入资捐复，而卒不为。终被朝廷昭雪，起用检讨。"

善书法，著有《间架结构摘要九十二法》等。

高岳崧

生卒年不详。字峻生，号幼潭，陕西长安人。清同治十年（1871）辛未科榜眼，授翰林院编修。光绪元年（1875），出任长安州知府，曾参加陕西甘肃乡闱考试，所选拔人才各占一半。他当时尽力向巡抚谭钟麟申诉，为陕西增加了十个名额，并成定例。高岳崧英年早逝，年仅三十一岁便与世长辞。

谭宗浚

（1846—？），字叔裕，广东南海人。清同治十三年（1874）甲戌科榜眼。授翰林院编修，国史馆协修、撰修，方略馆协修等。1876年督学四川，1882年充江南乡试副考官，后出任云南粮储道、按察使。后以病告归，至广西隆安道卒。工诗文，熟于掌故。

王赓荣

（1841—？），字向甫，山西朔州（今朔县）人。清光绪二年（1876）丙子科榜眼。授编修，升御史。光绪十一年，任江西副考官，后外任广西浔州知府。辞官后，主讲太谷凤山书院。工诗文，著有《得毋讱斋诗文集》等。

余联沅

（1844—1901），字晋珊，湖北孝感县人。清光绪三年（1877）丁丑科榜眼。授翰林院编修，充国史馆协修，后任军机处校勘，功臣馆纂修，又由御史升巡城御史。在京三十年，曾以弹劾某旗籍巡抚及李鸿章等显要而获“铁面御史”的称号。

曹贻孙

生卒年不详。字梓牟，湖南茶陵人。清光绪六年（1880）庚辰科榜眼。殿试策问察官、兴农、善俗等事，曹以经典为本源，奖惩为手段，崇俭足兵必致治世，阐明己见。高中榜眼后，授翰林院编修。光绪十五年（1889），出任会试同考官。

寿耆

生卒年不详。字子华，满洲正蓝旗人。清光绪九年（1883）癸未科榜眼。殿试结束后拆弥封，寿耆第二名。慈禧圣谕诸臣云："宗室曾得鼎甲否？"副都御史张佩纶答："崇绮得状元，杨雯得探花，今宗室得榜眼可云熙朝盛事。"圣谕云："既如此，即定寿耆第二，可也。"于是，他高居榜眼。

邹福保

（1853—？），字咏春，江苏苏州府元和县人。清光绪十二年（1886）丙戌科榜眼。授翰林院编修，官至翰林院侍讲，充顺天府乡试同考官。三十三年引疾还乡，任江苏师范学堂监督。后执教苏州紫阳书院、存古学堂。著有《文钥》等。

李盛铎

（1858—1973），字椒微，号木斋，江西德化人。清光绪十五年（1889）己丑科榜眼。授翰林院编修、国史馆协修。光绪十七年，任南乡试副考官，次年三月，奉旨以御史用。辛亥革命爆发后，并先后担任了参政院参政、国政商榷会会长等职。晚年，寄居天津，不问政事，往来于京津书肆，一意收集古籍，成为中国近代最负盛名的藏书家。

文廷式

（1856—1904），字道希，号芸阁，江西萍乡人。清光绪十六年（1890）庚寅科榜眼，授翰林院编修，擢侍读学士兼日讲起居注官。支持光绪，反对慈禧干政。甲午战争爆发后，主战，劾李鸿章挟夷自负，反对签订《马关条约》。后与康有为等办“强学会”，集合维新人士，议论时政，变法图强。后被李鸿章授意革职，永不录用。著有《云起轩词抄》等。

吴士鉴

（1868—1933），字公詧，号絅斋，浙江钱塘（今杭州）人。清光绪十八年（1892）壬辰科榜眼。授翰林院侍读、西学政、资政院议员、清史馆纂修。以评骘金石、考订碑版、精研史籍而名重一时。著有《含嘉室诗集》等。

尹铭绶

（1863—？），字佩之，湖南茶陵人。清光绪二十年（1894）甲午科榜眼。授翰林院编修，历任山东学政、礼部侍郎、内阁大学士。袁世凯窃取“大总统”后，慕名邀请他入“总统府”任机要秘书，有“智囊”之称。尹铭绶工行、楷，后寓居上海，以鬻字为生，后袁世凯虽多方相请，不复为官。

喻长霖

生卒年不详。字志韶，浙江黄岩人。清光绪二十一年（1895）乙未科榜眼。授翰林院编修，国史馆协修，武英殿和功臣馆纂修。戊戌变法前，康有为对喻长霖说：“非变法不能自强，有法斯有人，法为人之祖父，人为法之子孙。”喻长霖答：“法非人不能自变，有人斯有法，人为法之祖父。”两人争辩不让。

夏寿田

（1870—1935），字耕父，号午诒，湖南桂阳人。清光绪二十四年（1898）戊戌科榜眼，授翰林院编修，戊戌变法后，任学部图书馆总纂。二十八年，以“妄言忤旨”被部议革职。宣统三年（1911），起用任职翰林。1927年遁入佛门，后病卒。

左霈

（1825—？），字雨荃，正黄旗汉军，广东广州驻防旗人。清光绪二十九年（1903）癸卯科榜眼，授翰林院编修。累迁翰林院秘书郎、云南丽江府知府等，官至太守之职，云南丽江府知府。余事无考。

朱汝珍

（1870—1942），字聘三，广东清远人。清光绪三十年（1904）甲辰科榜眼，授翰林院编修。殿试之后，主考官排出的顺序是朱汝珍第一，刘春霖第二。慈禧看到“朱汝珍”这个名字时，陡然升起一股厌恶之感：一是他是广东人，广东是出叛逆的地方；二是名字中有“珍”字，“朱”与“诛”同音。相反，慈禧觉得刘春霖这个名字有吉祥之兆，又是贵州人，便将他提升为状元。

太平天国

王廷福

生卒年不详。字号、籍贯均不详。太平天国三年（1853）癸丑科榜眼。

钟秀英

生卒年不详。字号、籍贯均不详。太平天国三年（1853）女试傅善祥榜榜眼。

汪祖槐

生卒年不详。字号、籍贯均不详。太平天国四年（1854）甲寅科榜眼。

探花篇

唐代

李义琰

（？—688），字号不详，魏州昌乐（今河北大名）人。唐武德五年（622）壬午科探花。累补太原尉，迁中书侍郎，又授太子右庶子、同中书门下三品。武则天时任怀州刺史，因自以为失意于武则天，恐招致灾祸，固辞不拜。

张越石

生卒年不详。字号不详，山西并州（今山西太原）人。唐贞观元年（627）丁亥科探花。与其弟张楚金同为乡贡进士，州司想举荐张楚金，楚金百般谢辞，并州都督李绩深感二人如此谦让，应双双举荐，于是兄弟二人都得到了举荐，而且二人均中第。

郝连梵

生卒年不详。字号、籍贯均不详。唐贞观二十年（646）丙午科探花。本科由考功员外郎王师旦知贡举，取进士三人。策问以《高洁之士》和《刑狱用舍》为题，郝连梵对策擢第。著有《对刑狱用舍策》。

苏环

（639—710），字昌容，雍州武功（今陕西武功）人。唐永徽七年（656）丙辰科探花。初任尚书仆射时，他不举办庆贺升迁之宴，高宗问他为什么？他回答说，作为宰相，首先应该让百姓丰衣足食，如今有人三天没有饭吃了，这都是我不称职造成的，所以不敢再设烧尾宴。

章八元

（743—829），字虞贤，浙江桐庐人。唐大历六年（771）辛亥科探花。贞元中，调句容主簿，后升迁协律郎（掌校正乐律）。曾在长安慈恩寺留有《题慈恩寺塔》诗一首："十层突兀在虚空，四十门开面面风。初怪鸟飞平地上，自惊人语半天中。回梯暗踏如穿洞，绝顶初攀似出笼。落日凤城佳气合，满城春树雨蒙蒙。"

崔备

生卒年不详。字号不详，许州（今河南许昌）人。唐建中二年（781）辛酉科探花。及第后任工部尚书，元和六年（811）任礼部员外郎，终于工部侍郎。《唐会要》中有其《驳赠工部尚书马畅谥敬议》文，并著有《壁书飞白萧字记》。

欧阳詹

（771—815），字行周，福建晋江湖村人。唐贞元八年（792）壬申科探花。他中进士对福建产生了深远的影响，闽南考中进士，从欧阳詹开始。他生活在安史之乱后的中唐，一生没有离开国子监四门助教这个官职。著有《欧阳行舟集》十卷。

李逢吉

（758—835），字虚舟，陇西（今甘肃）人。唐贞元十年（794）甲戌科探花。及第后，召为左拾遗。元和时，累迁中书舍人，元和十一年（816），知贡举。敬宗时，力阻裴度入相，不果，以使相出镇山南东道。后移镇宣武，以司徒致仕。

郑俞

生卒年不详。字号、籍贯均不详。唐贞元十六年（800）庚辰科探花。与白居易、吴丹等名士同榜，后来白居易为河南尹，郑俞授长水县令。白居易曾在《四虽吟》中戏言："命虽薄，犹胜于郑长水。"著有《玉水记方流》等。

陈彦博

生卒年不详。字朝英，福建闽县人。唐元和五年（810）庚寅科探花。《闽中记》载，他曾在梦中见一公堂，帐幔华丽，红烛高照。床上设有一案，一文书金字灿然。主事的人说，这是明年的进士名录。他一张望，有三十二人，自己也名列其中。等到出榜时，果然与预兆相吻合。

刘瞻

生卒年不详。字几之，江苏铜山县人。太和初年（827—830）探花。因"貌奇伟，有文学，才思丰敏"，大得当时宰相刘瑑的赏识，荐为翰林大学士，拜中书舍人，户部侍郎承旨，出太原尹，兼刑部尚书，集贤殿大学士，即为宰相。

沈黄中

生卒年不详。字号、籍贯均不详。唐开成二年(837)丁巳科探花。此科知贡举为礼部侍郎高锴，鉴于以前宗室子弟无甚才学也能博取功名，皇帝下诏“赋则准常规，诗则依齐梁体格”。试后向文宗奏曰：“……沈黄中《琴瑟和奏赋》，又似《文选》中《雪》《月赋》体格，臣与第三人。”沈黄中于是中第。

薛逢

生卒年不详。字陶臣，河东蒲州（今山西永济）人。唐会昌元年（841）辛酉科探花，历侍御史、尚书郎。因恃才傲物，议论激切，屡忤权贵，故仕途颇不得意。《全唐诗》收录其诗一卷。《旧唐书》《新唐书》皆有传。

黄颇

生卒年不详。字无颇，江西宜春人。唐会昌三年（843）癸亥科探花。本科由吏部尚书王起知贡举，所出诗题为《风不鸣条》，共取进士二十二人，其中卢肇、丁棱、黄颇、姚鹄等人，皆称一时之秀。黄颇官监察御史，曾作《受命于天说》。

柳告

生卒年不详。字用益，河东（今山西）人。唐咸通四年（863）癸未科探花。柳告是柳州刺史柳宗元之子。该科取进士三十五人，知贡举为左散骑常侍萧倣，其试题为《谦光赋》和《澄心如水诗》。

崔赏

生卒年不详。字号、籍贯均不详。唐乾宁二年（895）乙卯科探花。该科取进士十五人，知贡举刑部尚书崔凝。试题为《人文化天下赋》《内出白鹿宣示百官诗》等。

杨鏻

生卒年不详。字号、籍贯均不详。唐乾宁三年(896)丙辰科探花。此科知贡举为独孤损。据《登科记考》载，这一年翁承赞为第四人及第。杨的名次位于状元崔谔和第四人翁承赞之间，所以他不是这一科的榜眼，就是这一科的探花。

刘咸

生卒年不详。字号、籍贯均不详。唐乾宁五年（898）戊午科探花。此科殿试皇帝是唐昭宗李晔，知贡举为礼部尚书裴贽，录取进士二十人。试题为《春草碧色诗》。

杨凝式

（873—954），字景度，陕西华阴人。唐天祐二年（905）乙丑科探花，及第后任秘书郎。唐亡后，历任后梁、后唐、后晋、后汉、后周五代，官至少师太保。卒于任上，赠太子太傅。凝式善文辞，工书法。《宣和书谱》等典籍称其喜题壁，久居洛阳，好游佛寺道观，两百多寺院均有其壁书，曾风靡一时。

五代十国

符蒙

（？—944），字适之，赵州昭庆（今河北隆尧）人。后唐同光三年（925）乙酉科探花。《册府元龟》卷六四四云：今据礼部奏，所放进士符蒙等四人，既慊舆情，颇干浮论，须令复试，俾塞群言……其王彻改为第一，桑维翰第二，符蒙第三，成僚第四。符蒙著有《符蒙集》一卷。

卢士衡

生卒年不详。字号不详，疑为江南人。后唐天成二年（927）丁亥年探花。诗文俱佳，曾游天台、钟陵。据记载，有“集一卷，今不传”。在《全唐诗》中存诗七首。著有《卢士衡集》一卷。

邓洵美

生卒年不详。字号不详，连州人。后晋天福八年（943）癸卯科，或后汉乾祐元年（948）戊申科探花。有敏才，精于诗赋。湖南大学问家朱昂，世称“朱万卷”，与邓结识后，自愧不如。及第南归后，被湖南节度使聘为幕僚巡官，后遭杀害。

宋贞观

生卒年不详。字号、籍贯均不详。南唐保大十六年（958）戊午科探花。据《十国春秋》和《南唐书》记载，按初试成绩，第一名宋贞观坐首席，第二名张洎，第三名伍乔。酒过数巡，主考官阅罢伍乔新作《八卦赋》连声叫好，并邀伍乔坐首席，宋贞观、张洎次之。不久，复试出榜，伍乔名列第一，荣登皇榜之首。

董淳

生卒年不详。字号、籍贯均不详。后周广顺二年（952）壬子科探花。此科取进士十三人，知贡举为礼部侍郎赵上交。余事无考。

黄中

（？—996），有的史料作贾黄中。字号、籍贯均不详。后周显德三年（956）丙辰科探花。中第后，任校书郎，集贤校理，官至御史。据《书录题解》记载：“黄中十六岁进士及第，第三人。”《登科记考》等书也有相同的记载。

李度

生卒年不详。字号不详，河南洛阳人。后周显德四年（957）丁巳科探花。及第后，释褐为永宁县主簿，后来入宋朝为官，累迁官为殿中丞，后外任知歙州。因坐事受牵连降职，出任绛州团练使。结果一干就是十年，并潜心从事诗词、刻石等创作。

宋代

李九龄

生卒年不详。字号不详，河南洛阳人。北宋乾德二年（964）甲子科探花。太祖开宝年间（969—976），奉诏与张澹、李昉等同修梁、唐、晋、汉书。著有《李九龄诗集》一卷，皆七言绝句。《全唐诗》录存二十三首。

温仲舒

（943—1010），字秉阳，河南人。北宋太平兴国三年（978）戊寅科探花。初授大理评事，端拱元年（988）屡擢至右正言、值史馆、判户部凭由司，知三班院。建言大赦河北，太宗嘉纳之。咸平元年（998）罢知河阳，徙开封府，迁刑部尚书，知天雄军，徙河南，复知审官院。大中祥符中，晋户部尚书。

赵昌言

（944—1009），字仲谟，山西孝义人。北宋太平兴国三年（978）

戊寅科探花。历任监丞、通判、右拾遗、转运副使、知州等。景德初，拜刑部侍郎，判尚书都省。历知河阳、天雄军府、镇江等地。曾识拔李沆、王旦、王禹昰等。

洪湛

（963—1003），字惟清，升州上元（今江苏江宁）人。北宋雍熙二年（985）乙酉科探花。累官比部员外郎，同修起居注。有才干，尝五使西北按视边防要务。咸平三年（1000）与王钦若同知贡举，后因钦若受举子贿事发，牵连削籍。

姚揆

生卒年不详。字号、籍贯均不详。北宋端拱二年（989）己丑科探花。该科取进士一百八十六人，中第后，为颍州团练推官，改曹州观察推官。事见《宋会要辑稿》。

路振

（957—1014），字子发，湖南湘潭人。北宋淳化三年（992）壬辰科探花。历大理评事，知滨州。契丹来犯，守城抚民有功，诏褒奖。累迁太常博士，擢知制诰。参与修《两朝国史》，为编修官。尝采五代九国君臣行事，作世家、列传，为《九国志》，书未成而卒。

朱严

生卒年不详。字号、籍贯均不详。北宋咸平元年（998）戊戌科探花。曾在和州为官，官至防团推官。仕途坎坷，屡试不第。王禹偁赠诗云：“未得科名鬓已衰，年年憔悴在京师。妻装秋卷停灯坐，儿趁朝餐乞米炊。”妻子经常在灯下抄写文卷，以此作为谋生的资本，但是，仍然免不了挨饿受冻。

钱易

（981—？），字希白，浙江杭州人。北宋咸平二年（999）己亥科探花。景德中，举贤良方正科，除秘书丞，通判信州。东封泰山，献《殊祥录》。后擢知制诰，判登闻鼓院，纠察在京刑狱。累迁左司郎中，为翰林学士。喜观佛书，曾校《大藏经》。

胡用庄

生卒年不详。字号不详，江西奉新县人。北宋咸平三年（1000）庚子科探花。自幼聪明好学，有一次，父亲让他以《红蕉》为题作诗，他很快就写出来了。诗云："谢家池馆遇芳菲，破绿抽心一片绯。恰似九衢二三月，绿罗丛里着朱衣。"及第后，曾任江西通判。

李天锡

生卒年不详。字号、籍贯均不详。北宋咸平五年（1002）壬寅科探花。本科状元王曾，陈恕为知贡举，师颃、谢泌、杨覃同知贡举，取进士三十八人。及第后曾官将作监丞。

李咨

（968—1036），字仲询，江西新余市人。北宋景德二年（1005）乙巳科探花。初任大理评事、舒州通判、太子中允、开封府判官等职。再任左正言，出任淮南转运副使。仁宗即位，拜右谏议大夫，卒赠右仆射，谥宪成。

郑向

生卒年不详。字公明，衡阳（今湖南衡阳县）人。北宋大中祥符元年（1008）戊申科探花。他是周敦颐的舅舅，对其外甥非常喜爱，待之如子，悉心教育培养。在他的影响下，周敦颐成为北宋时期著名的哲学家。郑向官至龙图阁直学士。著有《开皇记》等。

麻温舒

生卒年不详。字号不详，山东临淄人。北宋大中祥符二年（1009）己酉科探花。曾官尚书司封员外郎，值集贤院。司马光的《涑水记闻》记载："麻温舒兄弟皆举进士，馆阁美官。家既富饶，宗族横于齐。"今存麻温舒题名拓本藏国家图书馆。

陈宽

生卒年不详。字号、籍贯均不详。北宋大中祥符四年（1011）辛亥科探花。授大理评事、州通判。其他事迹无考。

郑戬

生卒年不详。字天休，苏州吴县人。北宋天圣二年（1024）甲子科探花。初授太常寺奉礼郎、佥书宣德军节度判官厅公事。历知制诰，枢密副使。终宣徽北院使、奉国军节度使、判并州事，谥文肃。和丁度、宋祁、贾昌朝等参与了《集韵》的修订工作。

赵概

（995—1083），字叔平，虞城（今河南虞城）人。北宋天圣五年（1027）丁卯科探花。初名禋，因在梦中见一神人金书名簿有"赵概"二字，遂改为赵概。初授将作监丞、海州通判。历知制诰，翰林学士，枢密副使、参知政事。以太子少师致仕，卒谥康靖。

孙抃

（996—1064），字道卿，四川眉山人。北宋天圣八年（1030）庚午科探花。初授大理评事、绛州通判。历右正言、知制诰，翰林学士，权御史中丞。嘉祐五年，除枢密副使，拜参知政事（副相），进观文殿学士兼翰林侍读学士、同群牧制置使，改户部侍郎。卒，谥文懿。

徐绶

生卒年不详。字号不详，安徽无为人。北宋景祐元年（1034）甲戌科探花。该科取进士四百九十九人。熙宁元年（1068）知扬州，二年，以司封郎中知湖州。

祖无择

（1006—1085），字择之，河南上蔡人。北宋宝元元年（1038）戊寅科探花。为人好义，笃于师友，亦工诗。历迁入集贤院。熙宁初，知通进银台使，为王安石所恶，讽求其罪，谪忠正军节度副使。后知信阳军，卒。著有《龙学文集》十六卷。

韩绛

生卒年不详。字子华，河南开封府雍丘人。北宋庆历二年（1042）壬午科探花。初任通判，累擢至翰林学士、御史中丞。熙宁七年（1074），代王安石为相，谨守新法，唯与吕惠卿不合，请复王安石相。又不和，出知许州。元丰时，知定州、河南府。元祐初，任北京留守，翌年致仕。

谢仲弓

生卒年不详。字号、籍贯均不详。北宋庆历六年（1046）丙戌科探花。本科知贡举孙抃，同知贡举张方平、高若讷、杨伟等，取进士五百三十八人。殿试题为《戎祀国之大事赋》和《两汉循吏优劣论》。谢仲弓曾任大理评事、州通判等。

钱公辅

生卒年不详。字君倚，常州武进人。北宋皇祐元年（1049）己丑科探花。少从胡翼之学，有名吴中。授越州通判，为集贤校理、同判吏部南曹。历开封府推官、户部判官，知明州。英宗即位，陈《治平十议》。与王安石雅善，后因拂王安石议，罢职，出知江宁府。

滕甫

（1020—1090），字符发，东阳（今浙江东阳）人。北宋皇祐五年（1053）癸巳科探花。任集贤校理、开封府推官、监铁户部判官、同修起居注等。升任知制诰、知谏院。晚年任龙图阁学士，又知扬州，途中亡故，追赠左银青光禄大夫，谥号章敏。

罗恺

生卒年不详。字号、籍贯均不详。北宋嘉祐二年（1057）丁酉科探花。开榜时，看到宋仁宗点中第三名的罗恺竟来自“海隅万里”之外的岭南龙川时，诸公欢呼慨叹：“圣朝泽披遐远，岭南也有高中榜端的饱学之士。”高中后，被授予大理评事、大理寺丞。宋英宗即位后，罗恺被召为太常博士，官至陈留知县。

安焘

生卒年不详。字厚卿，河南开封人。北宋嘉祐四年（1059）己亥科探花。欧阳修荐为秘阁校理、判吏部南曹。熙宁八年（1075），为检正中书孔目房、修起居注。十年，为河北路体量安抚使。崇宁元年（1102），坐弃湟州，贬宁国军节度副使，汉阳军安置，再贬祁州团练副使、移建昌军。阅再岁，还洛，卒。

王陟臣

生卒年不详。字希叔，宋州虞城（今河南商丘）人。北宋嘉祐六年（1061）辛丑科探花。元丰元年（1078）官检正中书吏房、刑房公事，权发遣两浙路提点刑狱。四年，为度支判官。元祐二年（1087），为右司郎中。

左仲通

生卒年不详。字号、籍贯均不详。北宋嘉祐八年（1063）癸卯科探花。该科取进士一百九十三名，左仲通曾任两使幕职官。

郭仪

生卒年不详。字宜之，河北正定人。北宋治平四年（1067）丁未科探花。本科知贡举为司马光，同知贡举韩维、邵亢，取进士三百五十人。从这一科开始，罢废诗赋而改用策论。也有人说，此科的探花为傅楫。

陈师锡

（1057—1125），字伯修，建阳（今福建）人。北宋熙宁六年（1073）癸丑科探花。知临安县，为监察御史。哲宗元祐初，为秘书省校书郎，加秘阁校理，提点开封县镇。罢知解州，历知宣州，苏州。徽宗立，召拜殿中侍御史，不久出知颍、庐、滑三州。卒年六十九，《宋史》有传。

权凤

生卒年不详。字韶仪，号桐冈，广西来宾永平团权村人。北宋熙宁九年（1076）丙辰科探花。及第后，曾官苍梧知州、江西副使。

陈瓘

生卒年不详。字莹中，号了斋，福建人。北宋元丰二年（1079）己未科探花。授官湖州掌书记，历任礼部贡院检点官，越州、温州通判，左司谏等职。大奸相蔡京的胞弟蔡卞为越州太守，听说陈瓘很有才华，想收为己用，便多方加以笼络。陈瓘知道蔡卞心术不正，不与之同流合污，多次以病为借口，要求辞官归隐。

龚史

生卒年不详。字号、籍贯均不详。北宋元祐三年（1088）戊辰科探花。该科取进士五百二十三人。龚史曾官承事郎。

张庭坚

生卒年不详。字才叔，广安军（今四川广安）人。北宋元祐六年（1091）辛未科探花。及第后，蔡京想把他拉拢过来，为自己所用，张庭坚执意不允。蔡京为此对他恨之入骨，让他到虢州任职。张庭坚官至右正言。

岑穰

生卒年不详。字号、籍贯均不详。北宋绍圣元年（1094）甲戌科探花。曾官左承事郎。李廌曾写过一首《东津夜饮送岑穰彦休赴阙》诗："东门何煌煌，骊驹络金羁。朱颜照秋鞠，炯炯青云姿。往登芸香阁，编书给隃麋。予方滞江汉，发轫将安之。风林舞危叶，霜畦杀青蕡。车马如上州，朝天逐高云。行迈岂不劳，欲书竹帛勋。岁晏重感慨，我独念离群。"

胡安国

（1074—1138），字康侯，福建崇安人。北宋绍圣四年（1097）

丁丑科探花。试度定第一，因策问中没有诋毁元祐党人的语句，遂改以何昌列居榜首。哲宗复试，亲擢第三，为太学博士，后任荆南教授，不久提举湖南学宫。在任内推荐寒士王绘、邓璋。权奸蔡京等人诬陷其是“推举贤能不善”，遂将胡罢官。

林遹

生卒年不详。字述中，福建福清石塘人。北宋元符三年（1100）庚辰科探花。建炎二年（1128），自起居郎特进中书舍人。翌年，又任福建路安抚使，转任宝文阁待制，终龙图阁学士。追赠少师，紫金光禄大夫。著有《妙峰集》等。

潘建中

生卒年不详。字号、籍贯均不详。北宋崇宁五年（1106）丙戌科探花。余事无考。

陈桷

（1090—1154），字季任，号无相居士，浙江平阳人。北宋政和二年（1112）壬辰科探花。授文林郎，冀州兵曹参军，累迁尚书虞部员外郎。高宗绍兴三年（1133）召为金部员外郎，升郎中，官至知广州，充广南东路经略安抚使，未至而卒。

郭孝友

生卒年不详。字次仲，江西吉安龙泉（今江西省遂川）人。北宋政和五年（1115）乙未科探花。曾因反对议和而得罪秦桧，最后以敷文阁待制辞去官职。他是遂川历史上的第一个进入三鼎甲的探花。历官国子监学正、司业，起居舍人，权工部侍郎等。

张焘

（1090—1165），字子公，江西德兴人。北宋政和八年（1118）戊戌科探花。秘阁修撰张根之子，尝为辟雍录、秘书省正字。靖康元年（1126），李纲为亲征行营使，辟焘入幕。纲贬，坐者十七人，焘亦贬。

罗孝芬

生卒年不详。字廷杨，平江（今湖南平江）人。北宋宣和三年（1121）辛丑科探花。中第后，曾任吏部郎中，靖康元年辞去官职。曾建造画锦桥、秀野亭，受到人们的称赞。绍兴年间起通判永州，官至直秘阁提举荆湖南路茶盐公事。

姚宏中

生卒年不详。字号不详，江苏常州人。南宋建炎二年（1128）戊申科探花。著有《姚安道稿》，余事无考。

李孟博

生卒年不详。字号不详，广东人。南宋绍兴五年（1135）乙卯科探花。李庄简之子，自幼苦学。其父贬至海南时，孟博随行，后卒于琼州。其父亲悼之云："思深父子情难割，泪滴千行到九泉。"及第后，余事无考。

陈修

（1066—？），字号不详，福州人。南宋绍兴八年（1138）戊午科探花。唱名时，高宗一问才知道，考生已七十三岁了，而且还未成亲。便动了恻隐之心，命从宫中选出三十岁的许氏许配给他。而且还送给丰厚的嫁妆。有人写了两句打油诗："新人若问郎年几？

五十年前二十三。”

许必胜

生卒年不详。字希文，江苏武进人。南宋绍兴十五年（1145）乙丑科探花。官终知无为军巢县。按：《七十二峰足徵集》卷三作字克之，马迹山人。仕至显谟阁待制，忤时归里。《至顺镇江志》卷一八有传。

陈孺

生卒年不详。字滇卿，临州（今江西抚州）人。南宋绍兴十八年（1148）戊辰科探花。及第后授明州推官。当时有贼凿穿库墙盗窃公物，此案多年未破。陈孺到任后，很快揪出监守自盗之人，众人折服。后又出任秘书省正字。

秦埙

（1134—？），字伯和，建康（今南京）人。南宋绍兴二十四年（1154）甲戌科探花。秦桧之孙，殿试本应第一，因避嫌，高宗将其降为第三名。历官修撰实录院等职。

梁介

生卒年不详。字子辅，成都双流人。南宋绍兴二十七年（1157）丁丑科探花。官至沪南安抚。《全宋诗》中存有《登卧龙山送酒》《芙蓉桥》《南定楼》等诗作。

丘崇

生卒年不详。字宗卿，江苏江阴人。南宋隆兴元年（1163）癸未科探花，为建康府观察推官。宰相虞允文奇其才，奏除国子博士。

光宗时，除四川安抚制置使，兼知成都府。韩侂胄议北伐，丘崇力论金人未必渝盟，中国当持大体。后拜同知枢密院事。有《四印斋刻词》传于世。

赵烨

（1138—1185），字景明，号拙斋，河南开封人。南宋乾道二年（1166）丙戌科探花。曾知临川，官至江东提刑，时人称赞其贤。朱熹为其作《拙斋记》云："临川太守赵侯有直谅之操，多闻之美，为政此邦，奉法遵职，不作聪明，而吏畏民服，境内称治。"

汪义端

生卒年不详。字子充，黟县（今安徽芜湖）人。南宋乾道五年（1169）己丑科探花。曾任吏部员外郎、舒州知府、监察御史、中书舍人等职。视赵汝愚为奸臣，赵死后，欲除其余党，后朝廷制止了此事。官至大理寺丞。

刘卞

生卒年不详。字号、籍贯均不详。南宋乾道八年（1172）壬辰科探花。及第后，曾任文林郎。余事无考。

邓驿

生卒年不详。字千里，福建沙县人。南宋淳熙二年（1175）乙未科探花。历秘书省正字，校书郎，拜右正言，遂为左司谏。不避权贵，仗义执言。召为起居舍人，拜中书舍人。朱熹因为话语惹恼了朝廷重臣韩侂胄，被罢官，邓驿却请求皇上挽留他。

李寅仲

生卒年不详。字君亮，四川广汉人。南宋淳熙五年（1178）戊戌科探花。曾任宝谟阁直学士，淳熙十六年（1189）任秘书郎，绍熙元年（1190）为著作佐郎，知眉州。嘉泰二年（1202）以国子司业兼修国史，又任国子祭酒。历工、礼部侍郎兼同修国史。实录院同修撰。

张伯源

生卒年不详。字号、籍贯均不详。南宋淳熙八年（1181）辛丑科探花。该科取进士三百七十九人。张伯源曾任文林郎。余事无考。

王公迈

生卒年不详。字少卿，籍贯不详，南宋淳熙十一年（1184）甲辰科探花。本科知贡举王佐（绍兴十八年状元）。同知贡举王蔺、蒋继周，取进士三百九十五人。王公迈官文林郎、朝散郎，嘉定三年（1210）知徽州，翌年，任工部郎中。

孙衸

生卒年不详。字居敬，浙江金华人。南宋淳熙十四年（1187）丁未科探花。及第后，任职太学正。迁太学博士，知汉阳军，知黄州，调湖南提刑。所到之处都有政绩，终于兵部郎中任上。著有《畸庵集》等。

王介

（1157—1213），字符石，浙江金华人。南宋绍熙元年（1190）庚戌科复榜探花。及第后，迁太学博士，因忤韩侂胄，出知地方州郡。侂胄诛，召还，改兵部郎官、国子司业、太子侍讲兼国史院编修官、实录院检讨官、国子祭酒，升太子右谕德。对太子笃意辅导，每遇讲读，因事规谏，劝阻奢逸欲念。

焦抑

生卒年不详。字号、生平不详。南宋绍熙元年（1190）庚辰科余复榜探花。余事无考。

黄中

生卒年不详。字仲庸，浙江平阳人。南宋绍熙四年（1193）癸丑科探花。黄正己之子，曾与朱熹讨论理学，特别为朱熹所赞许。宁宗时，累迁为起居舍人，前后共上三十余疏，为当政大臣所忌恨，离京任泉州知州，死于任上。

夏明承

生卒年不详。字号、籍贯均不详。南宋庆元二年（1196）丙辰科探花。余事无考。

魏了翁

（1178—1237），字华父，号鹤山，四川邛州（今邛崃）蒲江人。南宋庆元五年（1199）己未科探花。授签书剑南西川节度判官，在蜀十七年，入为兵部郎中，累官至权工部侍郎。因与史弥远不和，被劾降。绍定四年（1231）复职。弥远死，以礼部尚书还朝，入对，发弥远失政。后知潭州、绍兴、福州，以资政殿大学士致仕。有《鹤山集》等。

谢汲古

生卒年不详。字号、籍贯、生平均不详。南宋嘉泰二年（1202）壬戌科探花。该科取进士四百三十五名，其事迹于清康熙三十二年刻本《建宁府志 · 选举》有记载。

裘淳

生卒年不详。字粹翁，浙江天台人。南宋开禧元年（1205）乙丑科探花。裘淳官至武昌军节度推官。据《天台县志》载，至清末，天台共出进士一百五十二人，其中有文状元唐尧卿，武状元陈桂芬，榜眼张桂、金伦、杜宁，探花裘淳等，此风相沿至今依然。

黄桂

生卒年不详。字粹中，福州侯官人。南宋嘉定元年（1208）戊辰科探花。福州道山黄氏始祖、御史中丞赠司徒谥忠义黄碣之裔。其父黄邦彦。本族黄公举、兄黄顺卿乃宋嘉定戊辰年进士官诰院主管。黄桂历官校书郎、秘书郎，出知南唐军。官至太常少卿。

孙望之

生卒年不详。字号不详，四川人。南宋嘉定四年（1211）辛未科探花，该科取进士四百六十五人。及第后曾官文林郎。也有人说此科的第三人是张翀。

李方子

生卒年不详。字公晦，福建邵武人。南宋嘉定七年（1214）甲戌科探花。及第后，任泉州观察推官。适逢真德秀在泉州任职，他便以师友相待，在一起畅所欲言，工作时则兼谈州郡政事，闲暇时则辩论经训。后又任国子录，终官辰州通判。著有《传道精语》等。

费西之

生卒年不详。字号、籍贯均不详。南宋嘉定十年（1217）丁丑科探花。该科取进士五百二十三人，费西之曾任文林郎。余事无考。

任友龙

生卒年不详。字震卿，福建福州人。南宋嘉定十三年（1220）庚辰科探花。任文荐之孙，历太学博士，官至婺州知州。

赵发

生卒年不详。字达甫，江苏江阴人。南宋嘉定十六年（1223）癸未科探花。善诗赋。端平三年（1236）以太学博士召试馆职，任秘书省校书郎，同年八月辞官。

李昂英

（1201—1257），字俊明，广东番禺人。南宋宝庆二年（1226）丙戌科探花。初调汀州推官，除大理司直、主管经抚司机宜文字。淳祐六年（1246），擢右正言兼侍讲，以数疏史嵩之罪，又劾权贵，被褫职。十二年，参知政事徐清叟力荐之，除江西提刑兼知赣州。终官龙图阁待制、吏部侍郎。有《文溪集》二十卷。

张镇

生卒年不详。字仲甫，福建长乐人。南宋绍定五年（1232）壬辰科探花。张翀之子，少称神童，廷试第一，因父为考官，遂降为第三。曾任绍兴府通判，官至吏部尚书。著有《榕谷集》。

潘牥

（1204—1246），字庭坚，福建闽县人。南宋端平二年（1235）乙未科探花。历浙西茶盐司干官，改宣教郎，除太学正，旬日出通判潭州。淳祐六年卒于官，年四十三，刘克庄为撰墓志铭。著有《古乐府》诗集。《宋史》《南宋书》有传。

赵希周

生卒年不详。字希周，湖南长沙人。南宋嘉熙二年（1238）戊戌科探花。三年后由国子监丞任秘书郎，第二年又任著作佐郎，再由著作佐郎兼户部郎官，官至宝庆知府。

焦炳炎

生卒年不详。字济甫，南宋西乡（今焦村镇）人。南宋淳祐元年（1241）辛丑科探花。任袁州（今江西宜春）知州，后擢升太常少卿，官至右文殿修撰。炳炎为官廉明，正言直谏。宋绍定二年（1229）理宗钦赐其兄弟俩为文武状元，并在故里立文武状元牌。

陈存

生卒年不详。字体仁，浙江龙泉人。南宋淳祐七年（1247）丁未科探花。官至兵部尚书、端明殿大学士，庆元知府，沿海制置使等。

杨起莘

（1201—？），字莘老，鄂州通城（今湖北武昌）人。南宋宝祐四年（1256）丙辰科探花。精通历史，官迪功郎。事见《后村先生大全集》卷六九《杨起莘宗学谕制》《宝祐四年登科录》。

章应雪

生卒年不详。字号、生平不详，安徽池州人。南宋开庆元年（1259）己未科探花。余事无考。

傅崧之

生卒年不详。字宗山，寿昌（今湖北武汉）人，一说浙江金华人。南宋咸淳四年（1268）戊辰科探花。通《诗》《书》《礼》。

弱冠以明经领乡荐，乡人尊称为平斋先生。咸淳四年与子明龙同登进士第。授庆元观察推官，以家庭困难不赴。服满调平江府观察推官，以勤政卒。

陈钺

生卒年不详。字宜之，安徽当涂人。南宋咸淳七年（1271）辛未科探花。及第后，因为不依附奸臣贾似道被逐出朝，历官镇巢军判官、建康幕僚。元朝建立后隐居乡间。

胡幼黄

生卒年不详。字成玉，江西永新县人。南宋咸淳十年（1274）甲戌科探花。他是宋朝最后一名探花。及第后，授节度推官。授官不及赴任，宋朝已被元朝所灭。于是，他隐居山中，拒不仕元。

勾务滋

生卒年不详。字号不详，四川荣州人，宋朝某科探花。事迹无考。

李昭遘

生卒年不详。字号、籍贯、生平均不详，宋朝某科探花。有记载说，李昭遘子杲卿，杲卿子士廉，皆一甲三名，人称三世探花。余事无考。

金代

郑子聃

（1126—1180），字景纯，大定府（今辽宁凌源，也有称内蒙古宁城）人。天德三年（1151）辛未科词赋探花。少年时，能诗善赋。及第后，任翼城县丞。不久，升为赞皇县令，后又被召为书画直长。郑子聃颇以才望自负，常怨不得为第一名。正隆二年（1157）会试结束后，中高第，又任翰林院修撰，改侍御史。

刘彧

生卒年不详。字公茂，自号香岩居士。安阳（今河南安阳）人。天眷二年（1139）己未科经义探花。中第后，历任京兆总幕等官职，最终任官至翰林院修撰。

元代

蒲谦益

生卒年不详。字号不详，四川蓬溪人。元大德八年（1304）甲辰科探花。人们普遍认为，元代礼部试进士科在元延祐二年（1315），而史料又记载蒲谦益中探花的时间是元大德甲辰科，也就是说，他在礼部试进士科的前八年就获取探花的称号了，究竟孰是孰非，有待于作进一步的考证。但称其为元代的探花是不错的。

徐容

生卒年不详。字号、籍贯均不详。元泰定四年（1327）丁卯科汉人南人榜（左榜）探花。清代赵翼《陔余丛考》载："泰定丁卯，状元至国学谢师，榜眼刘思诚、探花郎徐容亦拜于侧。"可见徐容为此榜进士第三人，及第后，授集贤兼国史院编修。

寿同

生卒年不详 。 字弘毅，同畏吾氏人，居住绍兴。元元统元年

（1333）癸酉科蒙古色目人榜（右榜）探花。中第后，授集贤院兼翰林院编修。官至兴国路经历之职。

罗谦

生卒年不详。字林亭，邓州穰县人。元元统元年（1333）癸酉科汉人南人榜（左榜）探花。中第后，授翰林国史院编修。官至亳州知州同知之职。

张守正

生卒年不详。字号、籍贯均不详。元至正十一年（1351）辛卯科汉人南人榜（左榜）探花。与礼剌歹分别为左右榜进士第三人，授集贤兼国史院编修。

礼剌歹

生卒年不详。字号、籍贯、生平均不详。元至正十一年（1351）辛卯科蒙古色目人榜（右榜）探花。元代有别于其他朝代，无论左右榜都仅有一名状元列为第一甲。故以一甲定论，则无第二、第三名。但史学专家认为，状元后的第二、第三名应视同榜眼、探花。所以朵列图榜的第三名礼剌歹，就成为当之无愧的探花了。

李穑

生卒年不详。字颖叔，元至正十四年（1354）甲午科探花。朝鲜高丽末期哲学家。师承大儒李齐贤。至正九年（1349）作为使臣来中国元朝，应科举及第，于国子监学朱子之学，三年后归国，任成均馆大司成，改革学制，传播儒学。著有《牧隐集》。

常坚

生卒年不详。字号不详，河南封丘（今新乡市封丘县）人。元至大年间（1308—1311）探花。《河南历史名人籍里研究》记载："常坚，封丘，元至大中，探花。"由此可知，他是元武宗年间得中进士的第三人，中第后，授集贤兼国史院编修。

龚雍

生卒年不详。字行简，籍贯不详。元至元元年（1335）乙亥科探花。国势渐危之时，龚雍无仕进之意，常以诗酒自娱。延祐间屡荐不起，或讽以不往，必有奇祸，乃赴诏，充史馆编修，后改国子监，崇文阁大学士，赐二品服。出为江西中书省参议，致仕。

明代

吴公达

（1347—？），字致中，浙江丽水人。明洪武四年（1371）辛亥科探花。于洪武三年（1370）乡试中举，翌年又通过会试成贡士，紧接着在殿试中又考取一甲第三名。中第后，初授户部主事，累官至吏部尚书。

黄子澄

（1350—1402），字子澄，江西分宜人。明洪武十八年（1385）乙丑科探花。由编修进修撰，伴读东宫，迁太常寺卿。建文四年（1402），燕师南逼，受命微服由太湖至苏州募兵，与知府姚善倡议勤王。京城陷，欲与姚善航海乞兵。事未成，在嘉兴被执送京师，不屈，磔死。

卢原质

（？—1402），字希鲁，浙江宁海人。明洪武二十一年（1388）

戊辰科探花。授翰林院编修，以文章超群，深为朱元璋所宠爱。二十八年，任太常少卿。后左迁涞水丞，定期听讼，及时断案，属吏亦以误期为耻。重教化，爱黎民，办事不趋势。尝言道："宁以孤亢见黜，不忍厉民以媚人。"建文时于政事亦屡有建议。及朱棣称帝，与弟卢原朴皆以方孝孺案而论死。

吴言信

生卒年不详。字号不详，福建邵武人。明洪武二十四年（1391）辛未科探花。《广阳杂记》记载："榜眼吴言信，福建邵武人也。以钞局副使中，人多未之知也。"及第后，授翰林院编修。朱元璋去世后，在争权夺势的残酷厮杀中不知所终。

戴德彝

（？—1402），字邦伦，浙江奉化人。明洪武二十七年（1394）甲戌科探花。授翰林院编修，累官侍讲。应诏疏陈政治得失、民生利害，知无不言，改御史。建文时，改官左拾遗。燕王起兵，与黄子澄、齐泰悉心筹划战守策。燕王破南京，欲招之降，不屈被杀。

刘仕谔

（？—1397），字号不详，浙江山阴人。明洪武三十年（1397）丁丑科春榜探花。此科会试，中原西北的举子无一登第，被黜落的人认为考官不公。经过复审虽然维持了原榜，但一些考官都受到了惩罚。朱元璋亲赐策问，取韩克忠、王恕、焦胜等六十一位北方举子，时称"南北榜"。刘仕谔因复审试卷"有惑圣览"被发配充军。调回后不久又遭弹劾，终于被杀。

焦胜

（1370—1410），字复礼，山西乐平人。明洪武三十年（1397）丁丑科夏榜探花。传说其母妊娠之时，梦有吞月入怀之异，所以焦胜出生后，聪颖过人。成年后，一举考取进士第三名。中第后，授翰林院编修，建文后改授陕西岐山县教谕，翌年升为都察院浙江道监察御史。

李贯

生卒年不详。字号不详，江西吉安人。明建文二年（1400）庚辰科探花，建文帝近侍。中国历史上，一届科举考试中由同一地区包揽前三名的发生在明朝建文二年，来自江西吉安府的胡广、王艮和李贯，包揽了一甲前三的状元、榜眼、探花。

周孟简

（1377—1430），号竹磵，江西吉水县人。明永乐二年（1404）甲申科探花。与兄周述同列鼎甲，兄为榜眼，弟为探花，一时名动天下。中第后，拜翰林院编修，参与编修《永乐大典》，曾官至詹事府丞。著有《竹磵集》等。

刘素

生卒年不详。字贞白，江西永丰人。明永乐四年（1406）丙戌科探花。及第后，授翰林院编修，官至翰林院修撰。后致仕归乡。刘素学问精深，文辞典雅。每遇乡、会试之年，总有人慕名而来，请其指点迷津。

黄旸

（1380—1450），字原升，福建莆田人。明永乐九年（1411）

辛卯科探花。唐朝进士金紫光禄大夫、桂州刺史开国公黄岸之后裔。及第后，授翰林院编修，擢左正言兼侍讲、经筵讲官，中书舍人，官终南京礼部左侍郎。

王钰

（1383—？），字孟坚，号葵轩，浙江诸暨人。明永乐十年（1412）壬辰科探花。及第后，授翰林院编修，任满升修撰。宣德元年（1426），出任顺天府乡试主考官。之后，又参与撰修两朝实录的工作，书成，以有病为由请求回乡休养。

陈景著

（1397—？），福建闽县人。明永乐十三年（1415）乙未科探花。中第后，授翰林院修撰。这一年，他年仅十八岁，还未婚配，是大明朝中为数不多的少年进士之一。曾参与编修《五经四书性理大全》，书成之后，改乡官便养，并以此官终其身。

邓珍

生卒年不详。字连器，号昆冈，江西吉水县人。明永乐十六年（1418）戊戌科探花。及第后，授翰林院编修。据《吉水县志》记载：邓珍，年二十四卒，才高短世，识者惜之。

裴纶

生卒年不详。字景宜，湖北监利人。明永乐十九年（1421）辛丑科探花。高中后，授翰林院编修。九年后，升为翰林院修撰。后以侍养父母为由归乡。正统年间，应诏复入翰林。诏命裴纶等十人入东阁专习制诰。景泰初年被贬为山东布政使。后又因弹劾镇守太监和御史酗酒使气，被罢黜为民。英宗复出，赠礼部尚书。

孙曰恭

生卒年不详。字恭斋，江西省丰城人。明永乐二十二年（1424）甲辰科探花。授翰林院编修。宣德五年（1430），升为翰林院修撰。十年，担任《宣宗实录》同修官。书成，升为翰林院侍读。孙曰恭的兄弟子侄中有四人是科举出身，后人冠以“同胞四进士”的雅号。

谢琏

（1398—1453），字重器，福建龙溪人。明宣德二年（1427）丁未科探花。进士及第后，授翰林院编修。参与修撰《宣宗实录》及《会典》等书。正统十年（1445）升侍讲。任职期满，升任南京户部右侍郎，第二年兼掌兵部事务。户部郎中陈秀受人诬陷下狱，谢琏据理力争，使其得以获救。

林文

（1389—1476），字恒简，福建莆田人。明宣德五年（1430）庚戌科探花。先任翰林编修，参与修撰《宣宗实录》，书成，转任翰林修撰，升春坊谕德，兼翰林侍讲。正统四年（1439）修成《历代君鉴》。正统七年（1442），修成《天下郡志》，此二书都得到了皇帝的首肯，并有赏赐。

钟复

（1399—1443），字弘彰，号云川，江西永丰县人。明宣德八年（1433）癸丑科探花。历官翰林院侍讲。与刘球善，球上封事，约复与俱，复妻骂球道：“汝自上疏，何累他人？”球遂出独奏，竟死。未几，钟复亦病卒。著有《玉川文集》等。

刘定之

（1409—1469），字主静，号呆斋，江西永新县人。明正统元年（1436）丙辰科探花。授编修，进侍讲。景帝即位，陈时政十事，拜洗马。由右庶子累官至翰林学士，后升太常少卿，兼侍读学士。成化二年（1466），进工部左侍郎，以文学名闻于时，终官礼部左侍郎。著有《呆斋集》等。

倪谦

（？—1479），字克让，江苏钱塘人，后徙上元。明正统四年（1439）己未科探花。及第后，授编修，升侍讲。天顺二年（1458），宪宗出阁讲学，倪谦充讲读官。三年，出任顺天府乡试主考官。因未录取权臣之子，被诬陷获罪，谪戍宣府。成化初年，复官升南京礼部右侍郎，终官南京礼部尚书。著有《玉堂稿》等。

黄谏

生卒年不详。字廷臣，号兰坡，陕西兰县人，一作江苏高邮人。明正统七年（1442）壬戌科探花。历官侍讲学士，兼尚宝司卿。曾奉使安南，议定迎诏座次等仪，官至翰林学士，后因事谪广州府判。博学多艺，工隶篆行楷，善画，从学者甚众。著有《书经集解》等。

刘俊

（1417—1487），字世英，号朴庵，陕西宝鸡人。明正统十年（1445）乙丑科探花。授翰林院编修，又转南京国子监祭酒、南京太仆寺卿等职。成化十四年（1478），升任南京工部右侍郎。刘俊才思敏捷，曾奉诏入对，状元商辂亦不能及。

岳正

（1420—1474），字季方，号蒙泉，顺天府漷县（今北京市通州）人。明正统十三年（1448）戊辰科探花。授翰林院编修，改修撰，命以原官入阁。因忤石亨、曹吉祥，谪钦州同知，戍肃州。成化初，诏复修撰，出知兴化府，致仕。卒，谥文肃。为文风骨峭劲。撰有《类博稿》等。

王㑺

（1424—1495），字廷贵，江苏武进人。明景泰二年（1451）辛未科探花。授翰林院编修，升侍讲，侍皇太子东宫讲读，又升左春坊左庶子。母亲年老体弱后，改任南京翰林院侍讲学士，后升为南京国子监祭酒。九年任满后，升为南京吏部右侍郎。成化二十三年（1487）转为户部左侍郎，终官吏部尚书。

徐辖

（1422—？），字文轼，江苏武进人。明景泰五年（1454）甲戌科探花，授翰林院编修。曾参与纂修实录，钦赐《五伦》等书。据史料记载，廷试一甲三人，状元孙贤面黑，榜眼徐溥面白，探花徐辖面黄，故有铁状元、银榜眼、金探花之称。

陈秉中

（1422—1475），字宗尧，浙江乌程人。明天顺元年（1457）丁丑科探花。授翰林院编修，参与纂修《一统志》，书成，赐纸币。成化改元（1465）又参与修《英宗实录》。成化三年，书成，升侍讲。四年，改为南京翰林院侍讲，署院事。成化十一年卒于乡。

郑环

（1422—1482），字瑶夫，号栗庵，浙江仁和县人。明天顺四年（1460）庚辰科探花，官至太常寺少卿。廉介正直，不妄取与。及家居，足迹不践公府。郑环著有《栗庵遗稿》十卷，毁于火，其子孟绳乃搜辑存稿，另编为二卷行于世。

罗璟

（1432—1503），字明仲，号冰玉，江西泰和人。明天顺八年（1464）甲申科探花。授翰林院编修，进修撰。预修《宋元通鉴纲目》。历官司经局洗马、福建提学副使。弘治五年（1492），召为南京国子监祭酒。著有《冰玉集》等。

陆简

（1442—1495），字廉伯，号治斋，江苏武进人。明成化二年（1466）丙戌科探花。及第后，授翰林院编修。九年任满，升为翰林院侍读。弘治六年（1493），与李东阳一起出任会试考试官，取中毛澄、徐穆、罗钦顺等，号称得人。官至詹事府少詹事。著有《龙皋文集》等。

董越

（1430—1502），字尚矩，江西宁都人。明成化五年（1469）己丑科探花，授翰林院编修。弘治初，迁右庶子。奉使朝鲜，多有撰述。官至南京工部尚书。著有《使东日录》《朝鲜杂志》等。

李仁杰

（1431—？），字士英，福建莆田人。明成化八年（1472）壬辰科探花。授翰林院编修，官至国子监祭酒。《明诗纪事》刊载了他的一首五律诗，题目是《渔梁遇雨》，诗云：西风秋气冷，况复雨凄凄。鸟道藤罗湿，人家烟火迷。云深川谷暝，溪涨野桥低。对此堪惆怅，孤猿何处啼？

王鏊

（1450—1524），字济之，号守溪，时人尊称震泽先生，江苏吴县人。明成化十一年（1475）乙未科探花，授编修。弘治初，迁侍讲学士，充讲官。正德初，进户部尚书，文渊阁大学士。博学有才，少年读书国子监时，其文已为诸生争相传诵，被提学御史陈选称为天下士。少善制举义，后数典乡试，成一代文魁。著有《震泽长语》等。

曾追

（1425—1479），字文甫，江西泰和人。明成化十四年（1478）戊戌科探花。考取探花后，授翰林院编修，可惜不久便去世了，享年五十四岁。曾追是明代永乐年辛丑科状元曾鹤龄的孙子，祖孙鼎甲，一时传为佳话。

张天瑞

（1450—1504），字文祥，号云坪，明成化十七年（1481）辛丑科探花，授翰林院编修，参与修撰《宪宗实录》。弘治四年（1491）升侍讲，充经筵讲官。十三年，升左春坊左庶子。一有闲暇时间，便以读书著书为事，著有《云坪集》等。

王敕

（1446—1511），字云芝，山东历城人。明成化二十年（1484）甲辰科探花，授翰林院编修。三年后，因尹龙一案受牵连，贬为降州判官。弘治三年（1490），升为四川按察司提学佥事，九年考绩，升湖南提学副使。正德二年（1507），再升为南京国子监祭酒。四年，考察京官，敕令自陈，遂致仕归乡。

涂瑞

（1447—1493），字邦祥，广东番禺人。明成化二十三年（1487）丁未科探花，授翰林院编修。弘治三年（1490），以修《宪宗实录》成，升修撰，充经筵讲官。当时人们称他为“翰林三妙”，指才学、书法和仪表。

靳贵

（1464—1520），字充道，号戒庵，镇江丹徒（今江苏）人。明弘治三年（1490）庚戌科探花，授编修。历任右春坊右中允、翰林院侍讲、《通鉴纂要》编修官。正德年间，历任礼部和吏部右侍郎、文渊阁大学士，加太子太保、武英殿大学士。为文有理致，本于经术，崇雅黜浮。著有《戒庵文集》等。

罗钦顺

（1465—1547），字允升，号整庵，江西泰和人。明弘治六年（1493）癸丑科探花。历任翰林编修、南京国子监司业、南京吏部右侍郎、左侍郎、南京吏部尚书等职，后辞官从事著述。他认为理在气中，气是世界万物的本原。他批判存天理，灭人欲的观点，主张理欲统一，以理节欲。著有《困知记》等。

陈澜

（1471—1506），字本初，顺天府宛平县籍（今北京市），直隶山阳县（今江苏淮安）人。明弘治九年（1496）丙辰科探花。授翰林院编修，《大明会典》纂修官。弘治十六年（1503）三月，书成，升为翰林修撰。正德元年（1506），在参与修撰《孝宗实录》过程中，因病去世，年仅三十五岁。

刘龙

（1476—1554），字舜卿，山西襄垣人。明弘治十二年（1499）己未科探花。历任翰林院编修，充经筵讲官，吏部考功员外郎，左春坊左中允，兼翰林院修撰，侍讲学士等。正德十六年（1521），负责教习庶吉士。嘉靖初年，开筵进讲，以简明流畅的风格受到皇帝的褒奖。

李廷相

（1485—1544），字梦弼，山东濮州人。明弘治十五年（1502）壬戌科探花，授翰林院编修。曾任春坊中允、充经筵讲官。武宗不喜欢读《诗》《书》，李廷相进讲《君孰与不足》章，武宗重复三次，深有感悟，称赞其为“真学士”。

谢丕

（1482—1556），字以中，号汝湖，浙江余姚人。明弘治十八（1505）乙丑科探花。明朝著名宰相、成化十一年乙未科状元谢迁之子，父子鼎甲，有明一代仅有两例。及第后，授编修。官至吏部左侍郎，兼翰林院学士，卒赠礼部尚书。

戴大宾

（1488—？），字寅仲，福建莆田人。明正德三年（1508）戊辰科探花。从小聪颖敏悟过人，三岁学语，兰馨秀气，出口有文辞，尤善作对，人称“神童”。至今在莆阳还流传着这样的佳话：“戴大宾一时无对，曹子建七步成章。甘罗十二为宰相，大宾十九中探花。”

邹守益

（1491—1562），字谦之，号东廓，江西安福县人。明正德六年（1511）辛未科探花，授翰林院编修。翌年，引疾归里，开门讲学，从学者众。嘉靖二年（1523），入京复授官职，与经筵，修国史，加文林郎。此后，又先后担任了南京吏部考功郎中、太常少卿等官职。嘉靖二十年（1541），因上疏招中伤而被解官。从此，远离官场，一心从事讲学活动。

蔡昂

（1480—1540），字衡仲，号鹤江，江苏淮安人。明正德九年（1514）甲戌科探花。授翰林院编修，累官至礼部左侍郎，兼翰林学士。嘉靖十二年（1533），河南抚臣吴山进献给世宗一只白鹿，世宗命诸文臣写诗赋祝贺，蔡昂一篇《瑞鹿赋》极受世宗赞赏，一时脍炙士林。

崔桐

（1479—？），字来凤，江苏海门（一作扬州）人，明正德十三年（1518）戊寅科探花，授翰林院编修。与同科编修舒芬等共谏武宗南巡，并跪受杖夺俸。嘉靖中，以侍读出为湖广右参议，累迁国子监祭酒，官终礼部右侍郎。著有《东州集》等。

费懋中

（1484—？），字民受，江西铅山县人。明正德十六年（1521）辛巳科探花。嘉靖四年（1525）费懋中被升为翰林院修撰。他是明成化二十三年（1487）丁未科状元费宏的侄子，叔侄鼎甲，一时传为佳话。

徐阶

（1503—1583），字子升，号少湖，江苏华亭人。明嘉靖二年（1523）癸未科探花，授翰林院编修。因反对张孚敬欲去孔子王号之议，贬延平府推官。任内出冤囚三百，毁淫祠，办社学，多善举。累迁浙江按察佥事、江西按察副使，俱理学政。后擢国子监祭酒，进礼部尚书。著有《少湖文集》。

欧阳衢

（1490—？），字崇亨，号龙沙，江西泰和人。明嘉靖五年（1526）丙戌科探花，授翰林院编修。任满升为翰林侍讲。十六年，与右谕德江汝璧同为应天府乡试主考官。由于严嵩的弹劾和夏言的指责，皇帝以考官评语失书名，诸生答策多讥时政为由，将两位主考官逮治。嘉靖三十二年，以南京礼部郎中升为南京尚宝司卿。

杨名

（1505—1559），字实卿，号方洲，四川遂宁人。明嘉靖八年（1529）己丑科探花，授翰林院编修。十一年，应诏上书，言世宗喜怒失中，用舍不当，言辞切直。世宗震怒，逮下诏狱，拷讯追究其主使，数濒死无所承。诏谪戍瞿塘卫，后屡荐不赴，家居二十余年，奉亲孝。著有《芳洲集》。

高节

（1492—？），字公秉，号竹所，四川罗江县人。明嘉靖十一年（1532）壬辰科探花。与其兄高简、弟高第俱以文章写得好而驰名，人称“三高”。三十二年，高节出任会试同考官，因涉嫌收受贿赂被充军。但后人认为，高节受贿之事未必真有，实为严嵩为排除异己所强加的罪名。李调元曾写有《三高合传》。

吴山

（1500—1577），字日静，号筠泉，江西高安市人。明嘉靖十四年（1535）乙未科探花。授翰林院编修，累官礼部左侍郎。三十五年，进礼部尚书，与严嵩同乡，嵩子严世蕃欲妻其女，不允，世蕃不悦而罢。世宗欲招其入阁，为严嵩密阻。后又因事被劾闲住。穆宗即位，召为南京礼部尚书，坚辞不赴。

袁炜

（1507—1565），字懋中，号元峰，浙江慈溪人。嘉靖十七年（1538）戊戌科探花。授翰林院编修，进侍读。以青词见幸，举笔立就。三十五年，掌南京翰林院。四十年，超擢礼部尚书，旋以户部尚书兼武英殿大学士入阁典机务。著有《诗略》等。

邢一凤

（1508—？），字伯羽，号雉山，南京龙江左卫籍，河南祥符人。明嘉靖二十年（1541）辛丑科探花，授翰林院编修。嘉靖二十九年以九年秩满，升为翰林侍讲，累官至太常少卿。著有《雉山集》。

吴情

（1503—1574），字以中，号泽峰，江苏无锡人。嘉靖二十三年（1544）甲辰科探花。授编修，累迁右谕德兼侍读。后以乡试事被诬，降调广东市舶司提举，不赴，以原职致仕。殿试本被阅卷官定为第一，世宗见其名而不悦道：“无情之人岂能榜首？”遂降为第三，另选秦鸣雷为状元。时有“无情举子无情帝，鸣雷只好占便宜”之谣语。

胡正蒙

（1512—1566），字号不详，浙江余姚人。明嘉靖二十六年（1547）丁未科探花，授翰林院编修。在任九年，升翰林院侍读，充裕王府讲官。《世宗实录》载：“辛亥，以廷试命翰林院侍读学士掌院事胡正蒙充读卷官。”《国榷》载：“胡正蒙为太常卿，署国子祭酒。”

姜金和

（1514—？），字节之，号晋斋，江西鄱阳（今江西省波阳县）人。明嘉靖二十九年（1550）庚戌科探花，授翰林院编修，九年后升任翰林院侍讲。四十三年，又升为左春坊左谕德，掌南京翰林院事。当时正值奸相严嵩秉政，许多人竞相趋附，而姜金和却淡然如故。

温应禄

（1507—1554），字以庸，号古渠，浙江乌程人。明嘉靖三十二年（1553）癸丑科探花，授翰林院编修。不久，河南等省发生地震，死伤无数。京师也受到淋雨之灾，百姓饥寒交迫。他写了一篇《救灾疏》，主张朝廷免除灾区人民的田赋。

金达

（1506—1577），字德孚，号星桥，江西浮梁人。明嘉靖三十五年（1556）丙辰科探花，授翰林院编修。四十三年，升为南京国子监司业。穆宗登基，赐文绮。后因太学生应试等事，与他人意见不合，遂请辞官还乡。著有《星桥集》等。

林士章

（1523—1600），字德斐，号璧东，福建漳浦人。明嘉靖三十八年（1559）己未科探花，授翰林院编修。历任南京、北京国子监祭酒、会典副总裁、南京礼部尚书。赴京赶考时，遇一年轻女子，指着脚穿的绣花鞋道："鞋头绣菊，朝朝踏露蕊难开。"林士章一时答不上来。后到京城参试，时值炎夏，皇上吟联征对："扇中画梅，天天摇风枝不动。"林士章若有所思，灵机一动，对曰："鞋头绣菊，朝朝踏露蕊难开。"皇帝听后，笑道："卿真探花才呀！"遂赐予探花。

余有丁

（1526—1584），字丙仲，号同麓，浙江鄞县人。明嘉靖四十一年（1562）壬戌科探花，授翰林院编修。万历十年（1582），以礼部尚书兼文渊阁大学士参机务。第二年，进少保、户部尚书、武英殿大学士。官终少傅、太子太保、建极殿大学士。著有《文敏公集》。

陈栋

（1526—1572），字隆之，江西南昌人。明嘉靖四十四年（1565）乙丑科探花。及第后，授翰林院编修。隆庆年间晋升为右赞善，侍班东宫，对太子多有规谏。太子非常欣赏他的直爽，称他有柳公权的"笔谏之风"。

赵志皋

（1523—1601），字汝迈，号汝阳，浙江兰溪人。明隆庆二年（1568）戊辰科探花。授翰林院编修，迁侍读。因忤宰相张居正，出为广东副使。张居正殁，历任国子监祭酒，吏部左侍郎。万历十九年（1591），进礼部尚书兼东阁大学士，入参机务。二年后为首相，年已七十余。

邓以赞

（1542—1500），字汝德，号定宇，江西新建人。明隆庆五年（1571）辛未科探花，授编修。万历初，因匡谏其座主首辅张居正毋专权独断，忤居正意，引疾归。久之补原官，进中允，累迁国子监祭酒，官终吏部右侍郎。

王应选

（1538—？），字俊卿，号午山，浙江慈溪人。明万历二年（1574）甲戌科探花，为慈城的第二个探花。万历六年，重修《大明会典》，大学士张居正请王应选为纂修官。受命后，潜心述作，积劳成瘁，书成后未多久就英年早逝，年约四十岁。

曾朝节

（1534—1604），字直卿，号植斋，湖南临武人。明万历五年（1577）丁丑科探花，授编修。任职史官，充《大明会典》纂修官，十三年，以秩满升侍讲。二十年，再升为南京礼部右侍郎兼经筵讲官。任礼部尚书时，以直言正论，为神宗所倚重。

王庭撰

（1553—？），字敬卿，陕西西安华州人。明万历八年（1580）庚辰科探花，授翰林院编修。十三年，充《大明会典》编修官，任满升修撰。十八年，参与编撰《六曹章奏》。累官止于修撰，年未满四十而卒。著有《松门稿》等。

刘应秋

（1547—1620），字士和，江西吉水县人。明万历十一年（1583）癸未科探花。授编修迁南京国子监司业。历官中允、右庶子、国子祭酒。二十六年，有撰“忧危竑议”者，御史赵之翰指其与此有连，遂调外，辞疾归卒。著有《刘大司文集》。

舒弘志

（1568—1595），字孺立，号心矩，广西全州人。明万历十四年（1586）丙戌科探花。少年及第，授翰林院编修。二十三年病逝，年仅二十七岁。舒弘志能文善诗，作品流传不多，但质量很高。有《学始于不欺暗室说》《淡泊宁静说》等篇章传世。

陶望龄

（1562—？），字周望，号石篑，浙江会稽人。明万历十七年（1589）己丑科探花，授翰林院编修，再迁谕德告归。起国子祭酒，以母老固辞不拜。母丧，哀痛而卒。笃信王守仁学说，师宗周归登，与弟奭龄皆以讲学著称。著有《解庄》等。

顾天埈

（1561—？），字升伯，江苏昆山人。明万历二十年（1592）壬辰科探花，授翰林院编修。二十三年，充正史纂修官，二十五年，与史继偕等纂修《六曹章奏》，三年之后，与杨道宾同任顺天府乡试考官。曾出使朝鲜，完成使命后归国，受到皇上的褒奖。

孙慎行

（1565—1636），字闻斯，号淇澳，江苏武进人。明万历二十三年（1595）乙未科探花，累官礼部右侍郎。天启初，召拜礼部尚书，以追论大学士方从哲进荐红丸罪案，为权贵所忌。天启二年（1622）托病辞官。后阉党作《三朝要典》，翻红丸案，指孙慎行为罪魁，议戍宁夏，适逢魏忠贤失败，得以免谪。卒赠太子太保，谥文介。著有《玄晏斋集》。

顾起元

（1565—1628），字太初，号遁园居士，江苏江宁（今南京）人。明万历二十六年（1598）戊戌科探花。授翰林院编修，累官左侍郎兼翰林院侍读学士。学问赅博，古今成败、人物贤否、诸曹掌故，无不通晓，尤其留心地方文献。著有《尔雅堂诗说》等。

曾可前

（1560—1611），字退如，号长石，湖北石首人。明万历二十九年（1601）辛丑年探花。授翰林院编修，编纂国史。次年，为其建“探花坊”于县城。在文学上，他力主革新，反对复古，和“公安三袁”（袁中郎、袁宏道、袁宗道）交游甚密，是文学史上著名的“公安派”主将之一。

吴宗达

（1575—？），字上于，号青门，江苏武进人。明万历三十二年（1604）甲辰科探花，授翰林院编修，累官礼部尚书兼东阁大学士。崇祯五年（1632），改户部尚书、建极殿大学士。次年，晋少师兼太子太师、中极殿大学士。时思宗励精图治，政尚严厉，而其独持宽严相济。卒于官。

张瑞图

（1575—1644），字长公，号二水，福建晋江人。明万历三十五年（1607）丁未科探花，授编修。以附魏忠贤，官至礼部尚书、建极殿大学士。崇祯初，以逆案连坐，赎为民。善画山水，尤工书，与邢侗、米万钟、董其昌齐名，时称“邢、张、米、董”。著有《山水图》。

钱谦益

（1582—1664），字受之，号牧斋，江苏常熟人。明万历三十八年（1610）庚戌科探花。东林党领袖之一，官至礼部侍郎，因与温体仁争权失败而被革职。马士英、阮大铖在南京拥立福王，依附之，为礼部尚书。后降清，仍为礼部侍郎。其诗作有《初学集》《有学集》。晚年之作《投笔集》多抒发反对清朝、恢复故国的心愿。

赵师尹

（1580—约1615），字任甫，号瀛松，江西九江人。明万历四十一年（1613）癸丑科探花。据清乾隆《德安县志》载：（甘露寺）门外有古桂二株，赵师尹曾读书寺中。五月五日持书坐桂下，甫展阅，忽坠一枝于卷上，馨香扑鼻，师尹仰瞻无别枝，惊喜口拈云：“桂花八月放，缘何五月开，嫦娥若有意，先遣一枝来。”是年秋遂膺乡荐，阅癸丑，殿试第三。

林钎

（1592—1636），字实甫，号鹤胎，福建同安人。明万历四十四年（1616）丙辰科探花，授翰林院编修。天启时，任国子司业，为阻挠监生陆万龄请建魏忠贤祠于太学旁，挂冠径归，魏忠贤矫旨削其籍。崇祯改元，起少詹事，陈用人、理财、靖寇、宁边四策。崇祯九年（1636），由礼部侍郎进东阁大学士，上任未过半岁而卒。

陈子壮

（1596—1647），字集生，号秋涛，广东南海沙贝村人。明万历四十七年（1619）己未科探花，授翰林院编修。天启四年（1624），典浙江乡试，发策刺阉竖，被魏忠贤借故削籍。崇祯初，起故官，累迁礼部右侍郎，以言事除名下狱。福王立，起礼部尚书，未至而南都失。永明王立于肇庆，授东阁大学士兼兵部尚书，督广东、福建、江西等军务。明年，领兵攻广州，为清军所败，城破被杀。著有《南宫集》等。

陈仁锡

（1579—1634），字明卿，别号芝台，江苏长州人。明天启二年（1622）壬戌科探花，授翰林院编修，典诰敕。以拒撰魏忠贤冒边功，上公爵铁券文而落职。崇祯改元，召复故官，旋进右中允，署国子司业。以预修神、光二朝实录，进右谕德。再迁南京国子祭酒，甫拜命，得疾卒。性好学，喜著书。著有《四书语录》等。

吴孔嘉

生卒年不详。 字元会，别号天石，安徽歙县人。明天启五年（1625）乙丑科探花，授翰林院编修。第二年，参与编修《光宗实录》，后又参加《三朝要典》的编纂，遂被列为魏忠贤逆党，直到福王时，才被起用。著有《玉堂际草》等。

管绍宁

（？ —1645），字谧如，号诚斋，江苏武进人。崇祯元年（1628）戊辰科探花，授翰林院编修。崇祯年间，先是升任少詹事，后任南京国子监司业，终官少詹事拜礼部尚书。顺治二年，南都被清兵攻破，知府宗灏以拒不剃发降清为由，将其斩首。三个儿子和妻子、媳妇也一同处死，只有一个孙子幸免于难。

夏曰瑚

生卒年不详。字肤公，号涂山，江苏淮安山阳人。明崇祯四年（1631）辛未科探花，授翰林院编修，由于其学识渊博，文采深厚，忠于职守，深得皇帝宠爱。十年（1637 年）会试，夏曰瑚担任房师，刚开考不久，突然患上恶性痢疾。仍带病坚持，但不久昏倒考场，后卒于考场。

杨昌祚

生卒年不详。字幼麟，安徽宣城人。明崇祯七年（1634）甲戌科探花，及第后，授翰林院编修，累官至中允。因剪发降清，被南明小朝廷定为刑辱诸臣之一。

赵士春

生卒年不详。字景之，江苏常熟人。明崇祯十年（1637）丁丑科探花，赵用贤之孙。及第后，授翰林院编修。与其祖父一样，都是以弹劾当权者“夺情”被斥责贬官，但却受到士大夫们的普遍尊重。后被复官原职，终官左中允。

高尔俨

（1604—1653），字岱舆，直隶静海（今河北）人。明崇祯十三年（1640）庚辰科探花，授翰林院编修。李自成进京后，曾附义军，被明福王打入“从贼案”。顺治二年（1645），任侍读学士，擢礼部侍郎。八年，任吏部尚书，晋弘文院大学士。是年因病归故里。著有《古处堂集》。

章晋锡

生卒年不详。字用康，江苏武进人。明崇祯十五年（1642）壬午科探花。该科是崇祯皇帝为了招揽人才，特命举行的一次考试，所取进士不分一二三甲，一并授官录用。章晋锡取得进士第三人后，授户部主事。不久，又升为福建参政。延平失守后，自叹曰："晋锡乃延平男子，岂畏死哉！"遂不屈而死。

陈名夏

（1601—1654），字百史，江苏溧阳人。明崇祯十六年（1643）癸未科探花。李自成攻克北京后，他投降大顺朝。顺治二年（1645）降清，历任吏部尚书、弘文院大学士等。十一年，宁完我劾奏他倡言"留发复衣冠，天下即太平"及结党舞弊等事，被议罪处死。著有《石云居集》。

清代

李奭棠

（？—1667），字贰公，顺天大兴（今北京）人。清顺治三年（1646）丙戌科探花，授翰林院编修。翌年，出任会试同考官。八年，由翰林国史院编修升任国子监司业，又升为国子监祭酒。累官国史院学士、礼部右侍郎、礼部左侍郎等职。康熙六年（1667）去世，官至尚书。

蒋超

（1624—1637），字虎臣，号绥庵，江南（今江苏）镇江府金坛人。清顺治四年（1647）丁亥科探花，授翰林院编修。曾外任浙江乡试主考官，所选拔的多是知名人士。十二年，出任直隶学政，后来，以文章称雄一时，官任修撰。据说《聊斋志异》中的“蒋太史”写的就是他的轶闻趣事。著有《绥庵集》等。

张天植

生卒年不详。字次先，号遽林，浙江秀水（今嘉兴）人。清顺治六年（1649）己丑科探花。历官翰林院编修、太常寺卿、通政司使，官至兵部侍郎。善诗，其《岁暮途中即事》云："有云依北近，无雁寄南还。野阔孤烟直，村虚独树闲。才名消岁月，穷达半关山。从古英雄迹，浮沉行路间。"

巴海

（？—1696），瓜尔佳氏，满洲镶蓝旗（镶黄旗）人。清顺治九年（1652）壬辰科麻勒吉榜探花。累迁秘书院侍读学士，授宁古塔总管。康熙四年（1665），俄军首领切尔尼柯夫斯基率八十余名沙俄匪徒闯入索伦部，烧杀抢掠，奸淫妇女。巴海闻警，即遣轻骑前往袭击，大获全胜。

沈荃

（1624—1684），字贞蕤，号绎堂，江南华亭县（今上海）人。清顺治九年（1652）壬辰科（汉榜）探花。历官大梁道副使、侍讲、入值南书房，充日讲起居注官，加礼部侍郎衔。以书法名于世。著有《充斋集》等。

秦鉽

（1621—1687），字克绳，江南长洲（今江苏无锡）人。清顺治十二年（1655）乙未科探花。授国史馆编修，十五年充会试考官，出为广东参议，分守雷州。迁杭严兵备道，后历任陕西榆林参政、江西按察使，坐事降调。后补长芦运使，迁湖广粮储参政，裁缺归。去世后，子女将其葬于归山小路旁。

索泰

生卒年不详。字介山，满洲正白旗人。顺治十二年（1655）乙未科图尔宸榜探花。中第后，授翰林院编修。康熙年间，曾出任陕西乡试副考官。又授浙江乡试主考官，官至兵科给事中。

吴国对

（1616—1680），字玉随，号默岩，江南全椒人。清顺治十五年（1658）戊戌科探花。及第后，授翰林院编修。康熙五年出任福建主考官，次年升国子监司业，翰林院侍读，并提督顺天等处学政。他是《儒林外史》作者吴敬梓的曾祖父。吴敬梓在《移家赋》中得意地描述顺治对其的恩宠："三殿胪传，九重温语，宫烛宵分，花砖月舞。"著有《赐书楼集》等。

叶方蔼

（？—1682），字子吉，号纫庵，江南昆山玉山人。清顺治十六年（1659）己亥科探花，授翰林院编修。叶方蔼曾写下《授职翰林学士感恩述怀》一诗："麻衣席帽满尘埃，亲荷先皇衅沐来。敢道齐贤留异日，屡称苏轼是奇才。身离牛口惊还在，梦挽龙髯恨不回。今遇吾君重拂拭，孤桐果否爨余材。"官至刑部右侍郎。著有《读书斋偶存稿》等。

吴光

生卒年不详 。 字迪前，号长庚，浙江归安人。清顺治十八年（1661）辛丑科探花，授翰林院编修。康熙元年（1662）为会试同考官。五年，奉朝廷之命赴安南（今越南）册封黎维禧为安南国王。安南赠送他礼品，概不接受。著有《南山草堂集》等。

秦弘

（1637—？），字子重，号缄斋，江南常州府（今江苏无锡）人。清康熙三年（1664）甲辰科探花。以秦姓上登科考榜，原名叫周弘。及第后，授翰林院编修，曾出任山西乡试主考官。历官翰林院侍讲，入值上书房，官至侍讲学士。

董纳

生卒年不详。字兹重，号默庵，山东平原人。清康熙六年（1667）丁未科探花，授翰林院编修。累擢至江南总督，有惠政。坐事革职，江南之民为其建生祠。二十八年上南巡，民求为之复官，旋以侍读学士复出，为漕运总督。

徐乾学

（1631—1694），字原一，号健庵，江南苏州府昆山（今江苏）人。清康熙九年（1670）庚戌科探花，授翰林院编修。曾任日讲起居注官，充《明史》总裁官，升侍讲学士。不久值南书房，升内阁学士，充《大清会典》《一统志》副总裁，教习庶吉士。二十六年，升左都御史，再升刑部尚书。徐乾学是顾炎武的外甥，同徐秉义、徐元文三兄弟都有文名。其学闳博淹贯，颇有根柢。著有《澹园集》等。

徐秉义

（1633—1711），字彦和，号果亭，江南苏州府昆山（今江苏）人。清康熙十二年（1673）癸丑科探花。与兄乾学、元文称“昆山三徐”。及第后，授编修。迁右中允，乞假归。徐乾学卒后，召补原官，历礼部、吏部侍郎，后擢内阁学士。著有《培林堂书目》等。

翁叔元

（1633—1701），字宝林，号静乡，江南苏州府（今江苏）常熟人。清康熙十五年（1676）丙辰科探花。授翰林院编修，累迁国子监祭酒，擢吏部侍郎，迁工部尚书，调刑部。移疾归，卒。

茆荐馨

（1629—1681），字楚畹，号一峰，浙江宣城人。清康熙十八年（1679）已未科探花，授翰林院编修。读中秘书时，康熙帝命词臣纂修《五代史》暨《易经》讲义，茆荐馨分辑，而后还献上《蜀平献诗》，康熙帝极为赞赏。著有《梅溪文集》等。

彭宁求

（1649—？），字文洽，号瞻廷，苏州府（今江苏）长洲人。清康熙二十一年（1682）壬戌科探花。三年后，出任会试同考官。曾经做过官修殿阁各种图书的分纂官，最后，积劳成疾，死在任上。累迁翰林院侍读，任职詹事府中允。

黄梦麟

生卒年不详。字观芝，号匏斋，常州府溧阳人。清康熙二十四年（1685）乙丑科探花。中第后，授翰林院编修。二十七年，以编修出任会试同考官。而后入馆阁，纂修《三朝国史》《一统志》等。累迁詹事府左春坊左中允，日讲起居注官。著有《尚书故考》等。

张豫章

生卒年不详。字寄庭，号寄亭，江南青浦人。清康熙二十七年（1688）戊辰科探花。授翰林院编修，曾官右春坊右庶子兼翰林院编修，四十一年，任河南乡试主考官。同年，以编修出任贵州学政。官至司经局洗马之职。卒于国子司业。

黄叔琳

（1672—1756），字昆圃，号研北宏献，顺天大兴宛平（今北京丰台）人。清康熙三十年（1691）辛未科探花，授编修，累迁侍讲。后历鸿胪寺少卿，刑、吏部侍郎。乾隆元年（1736），授山东按察使，二年，迁布政使。以在鲁误揭属吏讳盗，夺官。十六年重遇登第岁，命给侍郎衔，以病卒。著有《周礼节训》等。

顾悦履

（1639—1718），字丹宸，号秋崖，浙江海宁人。清康熙三十三年（1694）甲戌科探花。授翰林院编修，官至内阁学士兼礼部侍郎。四十五年，任国子监司业，五十六年，出理清河。工书法，馆选后缮写御制诗文二集，充《子史精华》《佩文韵府》总裁官，侍从七年。年八十卒。

姜宸英

（1628—1699），字西溟，号湛园，浙江慈溪人。清康熙三十六年（1697）丁丑科探花。善诗、古文辞，精经学。清康熙时与朱彝尊、严绳孙并称“江南三布衣”。入明史馆，分撰刑法志。七十岁中高第后，授编修。充顺天乡试副考官，以科场案坐系狱，事未白，死之。著有《湛园集》等。

王露

生卒年不详。号天波，河南柘城人。清康熙三十九年（1700）庚辰科探花。该科会试的考官为熊赐履、吴琠、李绂、王九龄。会试中式，王露夺取会元。殿试时，康熙帝亲赐王露一甲第三名进士及第，授翰林院编修。

钱名世

生卒年不详。字亮工，号发庵，常州府（今江苏）武进人。清康熙四十二年（1703）癸未科探花，授翰林院编修。负文誉，王士祯见其诗激赏之。官至侍读，坐投诗谄年羹尧，夺职。著有《古香亭诗集》等。

贾国维

生卒年不详。字千仞，号毅安，扬州府高邮人。清康熙四十五年（1706）丙戌科探花。四十四年，康熙帝南巡时献诗赋，得入值武英殿。殿试及第后，授编修，馆阁著作多出自其手。乞休归，留心淮扬水利，探源竟委，纂辑成书。与其弟同榜进士，著有《太史稿》等。

缪沅

（1672—？），字湋南，号永思，江南泰州人。清康熙四十八年（1709）己丑科探花。幼嗜学，四库百家靡不贯通。及第后，授翰林院编修。三年后充会试同考官，视学湖广。每试一郡毕，与诸生会讲而去。寻迁工科给事中，转礼科。后历官太仆寺卿、通政使、内阁学士等。卒于官。

徐葆光

（？—1723），字亮直，号澄斋，苏州府长洲（今江苏吴县）人。清康熙五十一年（1712）壬辰科探花，授编修。五十七年充册封琉球副使，赐正一品。善诗文，工书法，名满一时。使琉球撰《中山传信录》，考据精博。历二十余年不迁，以病告归卒。

魏廷珍

（1667—1756），字君弼，直隶景州（今河北景县）人。清康熙五十二年（1713）癸巳科探花，授翰林院编修。五十九年，主试江南，升日讲官、正詹事、内阁学士。历任湖南、安徽、湖北三省巡抚，兵部尚书，总督两江，总督漕运，两授礼部尚书，都察院左都御史，工部尚书。从师李文贞、梅定久学习《算法九章》《三角之学》以及天文、地理、河渠、乐律，尽得其中奥秘。

傅王露

生卒年不详。字晴溪，号玉笥，浙江会稽人。清康熙五十四年（1715）乙未科探花，授翰林院编修。三次典校乡、会试文闱，并出任《浙江通志》总纂。六十年，充任会试主考官。雍正七年（1729），出任江西学政，提督学院，官至武英殿纂修官。不久告假回乡，不再出来为官。著有《玉笥山房集》。

沈锡辂

生卒年不详。字南祉，浙江仁和人。清康熙五十七年（1718）戊戌科探花。中第后，授翰林院编修。据《淡墨集》记载："仁和沈锡辂，康熙戊戌科探花，提督山西一年余，以患病解任。"官至山西学政。

程元章

（？—1750），字冠文，号垣文，河南上蔡人。清康熙六十年（1721）辛丑科探花。任翰林院编修，雍正四年（1726）管理福建学政，后提升为翰林院侍读学士，詹事府少詹事，七年，任浙江布政使。乾隆元年，奉诏回京。后调补吏部左侍郎，兵部侍郎。归故里后，从事书法和著述。著有《师落堂诗集》。

杨炳

生卒年不详。字蔚友，号筠谷，湖北钟祥人。清雍正元年（1723）癸卯科探花，授翰林院编修。两年后任会试同考官。雍正七年，出任江西乡试主考官，八年，再任会试同考官。三年后，任侍读，出任顺天府乡试副考官，与任兰枝一起，分校北闱。累迁翰林院侍读学士。后家居二十余年，不复出外任官。

汪德容

生卒年不详。字重阆，号蔚亭，浙江钱塘人。清雍正二年（1724）甲辰科探花，授翰林院编修。因事夺职丢官。工书，楷法初学黄庭坚，行书学欧阳询诸帖，晚年则一意颜真卿，惜其登第后，谪戍不还，作品流传人间绝少。尝闻在塞上时，有请作擘窠书者，苦乏巨笔，以竹箸夹絮濡墨汁为之。著有《重阆斋集》。

马宏琦

生卒年不详。字景韩，号逊渚，江南通州人。清雍正五年（1727）丁未科探花，授翰林院编修。十三年，出任顺天乡试同考官，也曾出任会试同考官。乾隆九年（1744），乾隆帝驾临翰林院，令群臣依御制五韵诗，韵得“东”字，分韵赋诗，马宏琦以给事中应对赋诗。官至吏部给事中。

梁诗正

（1696—1763），字养仲，号芗林，浙江钱塘（今杭州）人。清雍正八年（1730）庚戌科探花，授翰林院编修。累迁侍讲学士，乾隆初，诏南书房行走，乾隆三年，补侍读学士，累迁户部侍郎。奏请旗人屯田，以解决八旗生计。十年，擢户部尚书，奏请“勿兴土木之工，黩武之师”。著有《西清古鉴》等。

沈文镐

（1690—？），字绍岐，号诚斋，江南崇明人。清雍正十一年（1733）癸丑科探花。相传及第后，雍正皇帝召见他，问崇明有何特产。沈文镐紧张地说有特产盐齑。雍正问盐齑是何物，沈文镐赶紧拿出吃剩的盐齑捧给皇帝。皇帝整日山珍海味，哪里吃过咸菜，尝了以后大声赞叹“美味！美味！”从此，崇明盐齑就成了进贡皇宫的物品。

秦蕙田

（1702—1764），字树峰，自号味经，常州金匮（今江苏）人。清乾隆元年（1736）丙辰科探花。授翰林院编修，入值南书房。后历任上书房行走、礼部右侍郎等职。先后两次充任顺天府乡试同考官，一次充任会试副总裁。官至翰林院掌院学士，加太子太保衔。其撰写的《五礼通考》，是研究我国古代礼制的重要参考书。

任端书

（1702—1740），字搢思，号念斋，江南镇江府溧阳县（今无锡）人。清乾隆二年（1737）丁巳科探花，授翰林院编修。康熙朝鼎甲第三名探花、尚书任兰枝之子，父子鼎甲探花，一时传为佳话。后丁父忧归，遂不出，优游林下，著《南屏集》。

秦勇钧

（1705—1776），字健资，号柱川；江南金匮人。清乾隆四年（1739）己未科探花。授翰林院编修，出为江西九江知府，移广信，亲诣鹅湖学院讲学。岁旱，未奉檄先发粟平粜，几被遣。迁平阳知府，擢陕西按察使，条奏刑律，执法持平。告病归。

汤大绅

生卒年不详。字孙书，号药辅，江南常州府（今江苏）阳湖县人。乾隆七年（1742）壬戌科探花，授翰林院编修。大学士孙嘉淦特荐，两充同考官，颇得士，名益重，致仕归。

王际华

（1717—1768），字秋瑞，号白斋，浙江钱塘人。清乾隆十年（1745）乙丑科探花，授翰林院编修。经部引入，乾隆帝召见。在引见折上御批：王际华是个平常人，才干中等，还是个可小用的材料。不久，到户部任职，命在上书房行走，旋授吏部侍郎，历任礼、户部尚书。

汪廷玙

（1718—1783），字衡玉，号持斋，江南（今江苏）镇洋人。清乾隆十三年（1748）戊辰科探花，授翰林院编修，官至左侍郎。乾隆四十六年（1781 年）辛丑科殿试探花汪学金，乃汪廷玙之子。于是，汪廷玙曾以诗颂之："国朝恩荣一英主，汪家父子两探花。"

周沣

（1717—1762），字芑东，号东皋，浙江嘉善人。清乾隆十六年（1751）辛未科探花。年少时，与兄弟一起跟着父亲读书，参加年度童子试时，每年各科都考取第一。及第后，授翰林院编修。曾受敕令为《续文献通考》总裁。十七年，以编修告假回籍。

卢文弨

（1717—1793），字绍弓，号矶渔，浙江余姚人。清乾隆十七年（1752）壬申科探花。授翰林院编修、上书房行走，历官左春坊左中允、翰林院侍读学士、广东乡试正考官、提督湖南学政等职。三十四年，乞归故里，曾先后在江浙各地书院主讲经义。卢文弨一生好学，潜心汉字，以校勘古籍称名于世，藏书达数万卷。著有《抱经堂文集》等。

倪承宽

（1717—1783），字余疆，号敬堂，浙江仁和（今杭州）人。清乾隆十九年（1754）甲戌科探花，授翰林院编修。三十三年，以礼部侍郎出任直隶学政，历仓场侍郎，累迁官至太常少卿。以诗文、书法著于时，间作山水诗。著有《春及堂集》等。

邹奕孝

（1728—1791），字念乔，常州府金匮县（今江苏无锡）人。清乾隆二十二年（1757）丁丑科探花，授翰林院编修，累迁至国子监祭酒。后任内阁学士，福建、山东学政，会试副考官，顺天府副考官，殿试读卷官，武会主考官，礼部右侍郎，工部左侍郎等。以理学深得乾隆宠信，又通音律，效祀大典，中和韶乐，皆其所编定。曾编纂《律吕正义续编》。

王文治

（1730—1822），字禹卿，号梦楼，镇江府丹徒人。清乾隆二十五年（1760）庚辰科探花，授翰林院编修。大考第一，擢侍读，充国史馆纂修。历任顺天乡试同考官、会试同考官。出为浙江临安知府。征缅时督运粮饷，受烟瘴引疾归。工书法，能得董其昌神髓，与梁同书齐名。时称“淡墨探花”，著有《梦楼诗集》。

赵翼

（1727—1814），字耘松，号瓯北，江苏常州府阳湖县人。清乾隆二十六年（1761）辛巳科探花，授翰林院编修。曾任镇安、广州知府，官至贵西兵备道。乾隆三十八年辞官家居，曾一度主讲扬州安定书院。与袁枚、蒋士铨齐名，合称“乾隆三大家”。著有《二十二史札记》等。

韦谦恒

生卒年不详。字慎占，号约轩，江南芜湖人。清乾隆二十八年（1763）癸未科探花，授翰林院编修，充《一统志》纂修。两年后，迁左春坊左庶子。充顺天同考官，又奉命督学山东，晋翰林院侍读学士，官至贵州布政使。历官几乎四十载，受到乾隆皇帝的特殊恩遇，被人们称为盛事。著有《传经楼集》等。

刘跃云

（1736—1808），字伏先，江苏常州府武进县人。清乾隆三十一年（1766）丙戌科探花，授翰林院编修，累迁礼部侍郎。六十年，充会试副考官，以校阅失当被议，左迁奉天府，罢归。嘉庆四年（1799）召为大理寺少卿，历工部侍郎、兵部侍郎，致仕后卒。尝视学江南，有清名。

陈嗣龙

生卒年不详。字劭园，号春溆，浙江平湖人。清乾隆三十四年（1769）己丑科探花，授翰林院编修，六十年，以光禄寺卿任台湾提督学正，官至都察院左副都御史。工书法，尤擅行草，合襄阳、吴兴为一手。著有《东湖采菱曲》等。

范衷

（1738—1797），字士恒，号恭亭，浙江上虞人。清乾隆三十六年（1771）辛卯科探花，授翰林院编修，曾参与仁宗为太上皇乾隆举行的千叟宴大典。大学士和珅妄自尊大，仗势蔑视官僚佐使，独范衷不与苟合，敢于与和珅议论黑白曲直，终遭和珅忌恨，并借机指使属下，把其列为下等，依例将降职、免官。

俞大猷

（1748—？），字升于，浙江山阴人。清乾隆三十七年（1772）壬辰科探花。五十一年，任湖北荆州知府。这一年因任期中有过，回就复命。经吏部引见，得到乾隆帝的召见。乾隆在引见折上御批：中平妥当。后革职，留工效力赎罪，听候委用。

沈清藻

生卒年不详。字鲁泉（田），浙江仁和人，一说杭州人。清乾隆四十年（1775）乙未科探花，授翰林院编修。此科状元吴锡龄，榜眼汪镛，探花沈清藻，均仕途坎坷、命运不幸，在科举史上也属罕见。

孙希旦

（1736—1785），字绍周，浙江瑞安人。清乾隆四十三年（1778）戊戌科探花。授翰林院编修，总裁于敏中读其殿试对策，以为“使他人检书为之，不能有此”，谕同榜门生师事之。曾参加《四库全书》的编纂工作。孙希旦是清代温州籍人中最早获得功名者。不仅博学多才，而且“洁身不阿，清正廉明”。

程昌期

生卒年不详。字阶平，江南歙县人。清乾隆四十五年（1780）庚子科探花。累官翰林院侍讲学士，值上书房教皇孙。先后典试浙江、广西、福建。精经学，汉注、唐疏皆琅琅成诵，尤精礼制，朝有大典辄咨询之。诗雄健典雅，为一时之杰。著有《周礼义疏约贯》等。

汪学金

（1748—1806），字敬铭，江南太仓州镇洋县人。清乾隆四十六年（1781）辛丑科探花，授翰林院编修。嘉庆四年（1799）召修《纯庙实录》，擢中允。明年，升侍读，充文渊阁校理、日讲起居注官。再升左庶子，以病乞归。著有《静厓诗初稿》等。

邵玉清

生卒年不详。字履洁，直隶（今河北）天津人。清乾隆四十九年（1784）甲辰科探花，授翰林院编修。五十一年，出任山东乡试副考官。三年后，任予行正科会试同考官。第二年，再任恩科会试同考官。

董教增

（1750—1822），字益甫，号观桥，江苏江宁府上元（今南京）县人。清乾隆五十二年（1787）丁未科探花。授翰林院编修，改吏部主事，迁郎中。董教增在《日录》中曾写道："人不可做无益事，不可为无益语，不可用无益钱。"其性格可见一斑。

刘凤诰

（1761—1830），字承牧，江西袁州萍乡（今江西萍乡）人。清乾隆五十四年（1789）己酉科探花，授翰林院编修，官至太子少保。一次，有户人家娶儿媳，主人因过于疲劳，一命呜呼。主事的提调请求刘凤诰速作楹联救场，刘凤诰莞尔一笑，写了一副妙趣横生的门联。联曰："红喜事，白喜事，红白喜事；哭不得，笑不得，哭笑不得。"

王宗诚

（1764—1837），字中孚，江南青阳人。清乾隆五十五年（1790）庚戌科探花，授翰林院编修。尝典云南、四川、陕西乡试，督河南、山东、江西学政，典会试。历任兵、礼、工诸部尚书。继其父亲入值上书房。卒于任上，道光帝下诏，以"清勤端谨，克尽厥职"褒奖，赐祭葬。

陈希曾

（1766—1816），字集正，号钟溪，新城（今江西黎川）人。清乾隆五十八年（1793）癸丑科探花。授翰林院编修，历任户、礼、工、吏、刑部侍郎，世称"五部侍郎"。《中国人名大辞典》中称他"工为文，娴掌故，有治事才"。其子陈孚恩，历任六部侍郎、五部尚书，官至军机处章京（宰相）。

潘世璜

生卒年不详。字黻堂，号理斋，苏州府吴县人。清乾隆六十年（1795）乙卯科探花，授翰林院编修。散馆，改主事，补户部浙江司兼云南司行走，以父老请养不复出。其座右铭是自己的箴言："口舌伤人，利于镆鋣。三缄其口，无作祸芽。"

帅承瀛

（？—1841），字仙舟，号工登，湖北黄梅人。清嘉庆元年（1796）

丙辰科探花。由编修累迁中允祭酒、太仆寺卿、左副都御史等。历任兵、礼、刑、工四部官职，并担任经筵讲官。曾典试广东、广西、山东、江南。又屡次充当钦差，审查案件，所到之处，颇得人心。道光帝为了表彰他的功绩，拨专款赐建“探花”府第，并御笔赐“一代名臣”牌匾。

王引之

（1769—1834），字伯申，号曼卿，江苏扬州府高邮人。清嘉庆四年（1799）己未科探花，授翰林院编修，后擢升至礼部左侍郎。曾任实录馆、国史馆副总裁，道光七年（1827）晋升为工部尚书。治学朴实无华，最忌有枝叶，曾言：“吾著书不喜放其辞，每一事就本事说之，栗然止，不溢一辞。”著有《经义述闻》等。

邹家燮

（1766—1811），字秀升，号理堂，饶州乐平（今江西乐平）人。清嘉庆六年（1801）辛酉科探花，授翰林院编修。三年后，以编修任贵州乡试同考官，号称得人。历任监察御史、礼部给事中等，卒于官。《乐平民间故事》载，嘉庆皇帝因听了奸臣胡云仙的话错杀了邹家燮，事后降旨派人择地厚葬，建了七座墓穴。

朱士彦

（1771—1838），字修（休）承，号咏斋，江苏扬州府宝应县人。清嘉庆七年（1802）壬戌科探花。历官至左都御史，工、吏、兵诸部尚书。多次主持会试及督湖北、浙江、安徽学政。熟悉河工事务，于水利、赈灾等多所贡献。著有《诗文集》等。

何凌汉

（1772—1840），字仙槎，湖南道州人。清嘉庆十年（1805）乙丑科探花。授编修之职，拔为司业，升为右庶子，主持广东、福建乡试，任福建学政。道光六年（1826），授顺天府尹。后来历任兵部右侍郎，吏、户部尚书等职。书法重海内，朝鲜、琉球（越南）贡使索书，应之不倦。著有《云腴山房集》等。

石承藻

生卒年不详 。字黼庭，号兰溪，湖南湘潭人。清嘉庆十三年（1808）戊辰科探花。授翰林院编修，迁御史、给事中，敢言有政声。二十年，疏劾假扶乩卜筮，惑乱京师之王树勋者，使下刑部狱。后坐事连降秩，久不复迁，终光禄寺署正。

张岳崧

（1773—1842），字海山，号指山，广东琼州人。清嘉庆十四年（1809）己巳科探花，授翰林院编修。二十二年，任礼部会试同考官。道光二年（1822）出任四川乡试主考官。同年，出任陕甘学政。累官至湖北布政使。

吴廷珍

（1787—？），字叔淇，江苏苏州府吴县人。清嘉庆十六年（1811）辛未科探花，授翰林院编修。十八年，出任云南乡试主考官，官至翰林院编修。余事无考。

伍长华

（1778—1840），字实生，号愚泉，江苏江宁府上元（今南京）人。清嘉庆十九年（1814）甲戌科探花，授翰林院编修。四校京闱，一主浙江乡试，一典广东学政。出为广西右江道，历广东、长芦监运使丞。迁甘肃按察使，转云南布政使，关注云南铜矿，旋擢湖北巡抚，以总督被讦，督察不力被议归，未几卒。

吴清鹏

（1786—？），字程九，号西谷，浙江钱塘人。清嘉庆二十二年（1817）丁丑科探花。由翰林院编修官至顺天府丞。吴清鹏著有《笏庵稿》二十卷，《清史列传》行于世。

胡达源

（1777—1841），字清甫，号云阁，湖南益阳人。清嘉庆二十四年（1819）已卯科探花，授翰林院编修，晋国子监司业，擢少詹事、日讲起居注官，充实录馆纂修。曾典试云南，视学贵州。黔中有恶霸吴甲父子，党羽遍郡县，曾屡侮辱学官，大吏不敢问。胡达源尽揭其奸恶上奏，置之以法。其著有《弟子箴言》等。

陈銮

（1785—1839），字仲和，湖北江夏（今武昌）人。清嘉庆二十五年（1820）庚辰科探花，授编修。道光五年（1825），出任江苏松江知府，助创行海运。署江宁，调苏州，历江西粮道、苏松粮道、浙江按察使等。在苏时，会陶澍、林则徐先后为督抚，凡治漕、治运，浚吴淞江、华亭海塘等，皆参与。卒于官。

罗文俊

（1789—1850），字泰瞻，号萝邨，广东南海绿潭堡人。清道光二年（1822）壬午科探花。授翰林院编修，十三年，升左春坊左庶子，补翰林院侍讲学士，转侍读学士，授通政司副使、詹事府詹事，累官工部左侍郎。派查东陵工程，冒寒得病，归里调养，卒年六十有一。著有《绿萝书屋文集》。

周开麟

（1787—？），字石生，江苏江宁人。清道光三年（1823）癸未科探花。出身于官宦世家，及第后，授翰林院编修。由编修转科道，外补兰州道，历官至浙江按察史，升甘肃布政使。

帅方蔚

（1790—1872），字子文，号石郜，南昌奉亲（今江西奉亲）人。清道光六年（1826）丙戌科探花。曾任庐山白鹿洞书院山长。殿试时，考官交口称誉。按成绩本应大魁天下，道光帝却以其书法不工改为第三名。后任山东副主考，迁湖广道监察御史，转云南道监察御史，掌京畿道事。著有《帅太守稿》。

朱兰

（1799—1873），字久香，号耐庵，浙江余姚人。清道光九年（1829）己丑科探花，授翰林院编修。官至内阁学士兼礼部侍郎。他为官清正，学识渊博，屡掌文衡，以人事选才来为国效忠。一次，他典试广东，有一巨贾到府上赠送数千金，朱兰态度坚决，予以回绝。

季芝昌

（1791—1861），字云书，别署丹魁堂主，常州府江阴人。清道光十二年（1832）壬辰科探花。授翰林院编修，散馆第一，大考第三，擢侍读，督山东学政。十九年，典江西乡试，督浙江学政，复擢内阁学士。二十三年，任礼部、吏部、仓场侍郎，督安徽学政。咸丰元年（1851）为闽浙总督，第二年兼署福州将军。

蒋元溥

（1803—？），字誉侯，湖北天门人。清道光十三年（1833）癸巳科探花，授翰林院编修。三十年，充任实录馆提调，累迁为侍讲、出任同考官。咸丰元年（1851）历任日讲起居注官，咸安宫总裁侍读，江西赣州知府。二年，京察一等，记名以道府用。后又外任江西九江知府，迁任江西盐法道员。卒于任上。

乔晋芳

（1804—？），字心农，山西闻喜人。清道光十五年（1835）乙未科探花，授翰林院编修，官至长沙知府。二十四年，任广东司员外郎。同年，出任湖南乡试副考官，所选拔的学子多是知名人士。二十六年，家乡严重饥荒，他捐千金周济灾民，因而救活相当多的灾民。

苏敬衡

（1802—？），字樵材，山东沾化人。清道光十六年（1836）丙申科探花。系“榜眼”苏兆登之子，以“榜眼”“探花”父子二鼎甲闻名于世。曾任翰林院编修，国史馆协修，陕甘副主考，直隶天津府、宣化府知府，广东雷琼兵备道，甘肃、四川按察使等职。官至福建按察使。

江国霖

生卒年不详 。字子雨，号小帆，四川大竹人。清道光十八年（1838）戊戌科探花，授翰林院编修，官至广东布政司。从政之余，潜心研读典籍，贯穿诸子百家，纂注成书。士民争购，一时轰动京城。工诗、古文辞，善书，笔法秀润，近董其昌。著有《梦苏斋诗集》。

张百揆

（1808—？），字吟舫，浙江萧山人。清道光二十年（1840）庚子科探花，授翰林院编修，历官广东惠潮嘉道。行使管理学政事务时，选拔了不少优秀的举子，其中最为知名的是潘衍桐。

胡家玉

（1808—1886），字琢甫，号小蘧，江西新建人。清道光二十一年（1841）辛丑科探花，授翰林院编修，后提督贵州学政。同治三年（1864）累迁至太常寺卿，充四川乡试正考官。后擢都察院左副都御史，充任稽查京通等职。清政府镇压太平天国运动后，财政拮据，为清廷寻求理财之策，得到同治帝赞许。

冯培元

（1815—1852），字小亭，浙江仁和人。清道光二十四年（1844）甲辰科探花，授翰林院编修，入值南书房。咸丰元年（1851）改值上书房，授惇郡王奕誴读。二年，大考二等，擢翰林院侍讲，寻督湖南学政。后数月中，连擢侍讲学士、光禄寺卿。至湖北任，值太平军攻武昌，城破，投井死。

吴福年

生卒年不详。字竹岩，号筒岩，浙江钱塘人。清道光二十五年（1845）乙巳科探花，授翰林院编修。出任贵州乡试副考官。二十九年，出任陕甘学政。咸丰三年（1853），又任会试同考官，以编修出任广西学政。六年，署日讲起居注官。七年，入上书房行走，照料恭亲王奕䜣读书。

庞钟璐

（1822—1876），字蕴山，号宝生，江苏常熟人。清道光二十七年（1847）丁未科探花，授翰林院编修。历任侍讲学士、光禄寺卿、内阁学士、代理工部侍郎等职。同治元年（1862），任吏部侍郎，典湖南乡试，督顺天学政。五年，京城附近大旱，建议救荒，被采纳。其“步云楼”藏书室在常熟一地小有名气。

谢增

（1813—？），字普斋，号梦渔，江苏仪征人。清道光三十年（1850）庚戌科探花。其书法欠佳，在“楷法取士”的科举时代，很难高中。可是殿试时，应试举子的对策在抬写处多未留意，只有谢增在“皇上陛下”之前，全写上“当今”二字，阅卷大臣只好把他放在鼎甲的位置上，人称“两字”探花。

潘祖荫

（1830—1890），字在钟，号伯寅，江苏吴县（今苏州）人。清咸丰二年（1852）壬子科探花，为潘世恩之孙。及第后，授翰林院编修。历侍读学士、工部尚书、军机大臣等。官至工部尚书，军机大臣，加太子太保衔。好金石收藏，图书金石收藏甲于吴中，闻名南北。著有《滂喜斋藏书记》等。

吕朝瑞

（1812—？），字九霞，安徽旌德人。清咸丰三年（1853）癸丑科探花，授翰林院编修。八年，任山西会试副考官。十年，任上书房行走。十一年，授侍孚郡王奕譓读。同治元年（1862），出任河南乡试主考官，署日讲起居注官。官至翰林院编修。

洪昌燕

（1820—？），字敬传，号章伯，浙江钱塘人。清咸丰六年(1856）

丙辰科探花。及第后，授翰林院编修。八年，出任河南乡试副考官，累官至御史。十年，出任会试同考官。官至工科掌印给事中之职。著有《务时敏斋存稿》。

李文田

（1834—1895），字畲光，号芍农，广东顺德人。清咸丰九年（1859）己未科探花，官至礼部侍郎。学问渊博，生平嗜学不倦，工书善画，经史、兵法、天文、地理，无一不晓。公务之余，勤于治学，对元史及本北水地研究尤精。金石碑帖、书籍版本之源流，皆得其要。著有《元秘史注》等。

欧阳保极

生卒年不详。字用甫，湖北江夏人。清咸丰十年（1860）庚申科探花，授翰林院编修。翌年，出任顺天乡试同考官。同治元年（1862），提督河南学政。三年，以翰林院编修出任河南学政。六年，先后任右、左赞善，南书房行走。官至侍读学士、詹事府赞善官职。

温忠翰

（1835—？），字味秋，山西太谷敦坊村人。清同治元年（1862）壬戌科探花。授翰林院编修、湖南学政、乙亥科四川副主考、浙江温州处州道道台，陕西、湖北按察司按察使。《太谷县志 · 卷一》《卷二》记载：……赐进士及第、陕西按察使，善抚琴、精书法，著有《名翰赏心集》等。

张之洞

（1837—1909），字孝达，号壶公，直隶南皮（今河北南皮县）人。清同治二年（1863）癸亥科探花。清朝洋务派代表人物之一，其提出的“中学为体，西学为用”，是对洋务派和早期改良派基本纲领的一个总结和概括。毛泽东对其评价甚高，曾说过：“提起中国民族工业、重工业，不能忘记张之洞。”其《书目答问》影响最大。

杨霁

（1837—？），字子和，汉军正红旗，浙江上杭驻防旗人。清同治四年（1865）乙丑科探花，授翰林院编修。参与《咸丰皇帝实录》的编纂。六年，出任广西学政。十三年，任教习庶吉士。光绪元年（1875）后，先后任实录馆纂修、江苏松江知府等。他是八旗中以探花登鼎甲的少有人才。

王文在

（1834—1889），字念掌，山西稷县人。清同治七年（1868）戊辰科探花，授翰林院编修。先后主讲河津文清书院、河东书院以及晋阳、令德堂书院十余年。院中中试者每榜少则七八人，多则不下十余人，其声誉传诵一时。其间曾写有不少散文、诗词和对联，而书法笔功尤精，连慈禧赞其为“文冠七品，笔压三班。”

郁昆

生卒年不详。字漱山，浙江萧山人。清同治十年（1871）辛未科探花，授翰林院编修。十二年，出任顺天乡试同考官。光绪二年（1876）又出任广东乡试副考官，时称得士，官至编修。他温文尔雅，擅长于书法。

黄贻楫

生卒年不详。字济川，福建晋江人。清同治十三年（1874）甲戌科探花。初授翰林院编修，历官湖北候补道，复调礼部主事。光绪元年（1875），入值南书房不久任广东学政。同治元年（1862），其父黄宗汉因反对慈禧太后“垂帘听政”被罢官，未几卒，他伏阙上书辨冤，时称孝子。

冯文蔚

（1814—1896），字联堂，号修庵，浙江乌程人。清光绪二年（1876）丙子科探花，授翰林院编修。五年，任国史馆协修，出任顺天乡试同考官。八年，授任功臣馆纂修，出任河南学政。官至内阁学士兼礼部侍郎。工书法，笔意风流倜傥。

朱赓飏

生卒年不详。字景莽，江苏松江府华亭人。清光绪三年（1877）丁丑科探花，授翰林院编修。依例，选中的进士要有三年进修，期满后再朝廷考核，然后散馆再任职。可是他未等到再授官就去世了。他笃志于学，工书法。深得诸书法大家的笔意。

谭鑫振

（1844—？），字丽生，湖南衡山人。清光绪六年（1880）庚辰科探花，授翰林院编修。点探花后，他并不急于做官上任，而是告假回乡省亲，游阅山川。游南岳衡山时，撰《半山亭记》，又亲自用大楷书写，刻碑留为纪念，曾广为人拓，以供临摹。临终的遗言是：“知足是人生一乐，无私得天地自然”。

管廷献

（1846—？），字士修，山东莒州人。清光绪九年（1883）癸未科探花，授翰林院编修。十五年，出任顺天乡试同考官。翌年又出任会试同考官。后来，历补江南道监察御史，署兵、刑、工科给事中。累官至直隶永平府知府之职。

冯煦

（1843—1927），字萝华，号蒿史，江苏镇江府金坛县（一作丹徒）人。清光绪十二年（1886）丙戌科探花。少好词赋，有江南才子之称。四十五时，高中一甲第三名进士，授编修。胪唱时，慈禧太后呼为老名士。历凤阳守，四川按察使，累官安徽巡抚。冯煦工诗词骈文，尤以词名，著有《蒙香室词》等。

刘世安

（1852—？），字静皆，汉军镶黄旗人。清光绪十五年（1889）己丑科探花。及第后，授翰林院编修。十七年，出任陕西乡试同考官。十九年，出任顺天乡试同考官。二十年，又出任甘肃学政。余事无考。

吴荫培

（1851—1930），字树百，号颖芝，江苏苏州府吴县人。清光绪十六年（1890）庚寅科探花，授翰林院编修。历任京兆试、礼部试、福建乡试考官。曾自费到日本考察。回国后，以创办女子师范幼稚园等五事上疏，由两江总督端方转奏，清廷采纳，次第施行。著有《岳云庵诗文稿》等。

陈伯陶

（1854—1930），字子砺，号象华，广东东莞人。清光绪十八年（1892）壬辰科探花，授翰林院编修。任国史馆协修、总纂等职。先后出任云南、贵州、山东乡试副考官。三十二年，派往日本考察教育。回国后，在南京创办学习外国语文的方言学堂，创办暨南学堂，招华侨学生至南京攻读。著有《荔庄诗》等。

郑沅

生卒年不详。字叔进，湖南长沙人。清光绪二十年（1894）甲午科探花，授翰林院编修。二十四年，出任会试同考官。三年后，又出任甘肃乡试副考官在南书房行走。二十九年，出任山西乡试主考官，郑沅以编修提督四川学政。

王龙文

生卒年不详。字泽寰，湖南湘乡人。清光绪二十一年（1895）乙未科探花。殿试时名列榜首，应为状元。考试官翁同龢在其试卷末荐批："五策择精语，经学词章皆可略见一斑，必湘中绩学之士。"然光绪帝钦定时则为第一甲第三名。中榜后，授翰林院编修，诰封奉政大夫。次年充国史馆协修。

俞陛云

（1868—1950），字阶青，号斐庵，浙江德清人。清光绪二十四年（1898）戊戌科探花，授翰林院编修。四年后，出任四川省乡试副考官。提出阅卷不分主次，正副主考各自挑选。结果俞陛云所选拔的十四名考生，在第二年的礼部闱试中，有十人考中进士，可见其慧眼识才。著有《诗境浅说》等。

杨兆麟

（1878—1919），字次典，贵州遵义人。清光绪二十九年（1903）癸卯科探花，授翰林院编修，任浙江嘉兴府知府等。1906 年留学日本早稻田大学，毕业时获法学博士学位。归国后参加辛亥革命，后归故里，曾任国民党参议员。一生从事编纂、修撰书籍工作。著有《守拙斋诗集》等。

商衍鎏

（1874—1963），字藻亭，号又章，广东番禺人。清光绪三十年（1904）甲辰科探花。此科是为庆祝慈禧太后七十寿辰特设的恩科，也是殿试的最后一榜，他是中国科举史上的最后一位探花。及第后，授翰林院编修，国史馆协修等。后长期潜心学术研究，且立论严谨。著有《清代科举考试述录及有关著作》等。

太平天国

方兴

生卒年不详。字号、籍贯均不详。太平天国三年（1853）癸好（丑）科东试探花。

林丽花

生卒年不详。字号、籍贯均不详。太平天国三年（1853）女试探花。

卜应期

生卒年不详。字号不详，江西吉安府人。太平天国天试探花。

夏庆保

生卒年不详。字号、籍贯均不详。太平天国四年（1854）甲寅科天试探花。

张有勋

生卒年不详。字号不详，湖北人。太平天国三年（1853）癸好（丑）科翼试探花。

何震川

生卒年不详。字号不详，广西象州人。太平天国年间东试探花。

王廷鼎

生卒年不详。字梦微，江苏震泽平望镇人。太平天国年间天试探花。

主要参考书目

《清秘述闻三种》，〔清〕法式善等撰，中华书局，1982 年 5 月

《简明中国古典文学辞典》，江西人民出版社，1983 年 12 月

《中国状元大典》，陈光辉、席凤宁主编，北京出版社，1998 年 12 月

《中国历代状元传略》，侯福兴主编，中国人事出版社，1998 年 12 月

《中国历代文状元》，王鸿鹏、王凯贤、肖佐刚、张荫堂编著，解放军出版社，2004 年 1 月

《中国历代榜眼》，王鸿鹏、王凯贤、张荫堂编著，解放军出版社，2004 年 1 月

《中国历代探花》，王鸿鹏、王凯贤、张荫堂编著，解放军出版社，2004 年 1 月

《中国科举辞典》，翟国璋主编，江西教育出版社，2006 年 5 月

《中国状元殿试卷大全》（上、下卷），邓海波、龚抗云编著，上海教育出版社，2006 年 10 月

《状元的故事》，李传玺著，东方出版社，2007 年 1 月

丛书后记

中国科举文化是中国传统文化的重要组成部分。科举作为一种古代最为健全的文官制度，渊源于汉，创始于隋，确立于唐，完备于宋，兴盛于明、清两代，如果从隋大业元年（605）的进士科算起，到清光绪三十一年（1905）被废除，科举制度在中国整整有一千三百年的历史。随着时间的推移，这种有着顽强生命力的制度，已经被废除一个多世纪了。科举制度虽然成为过眼云烟了，但科举本身所蕴涵的文化要素却一直影响着现代的中国人。现在，好多人一提到“科举”二字，往往都是一头雾水，尽管知道有“科举”这事儿，但大多都是似是而非，说不出子午卯酉来。

我产生撰写这套丛书的想法，从根本上说，是缘于对藏书、读书的兴趣。几十年的藏书经历，使我收藏了很多有关科举文化方面的书籍。当初，这类的图书市面上很多，而且价格也不是很昂贵。尽管传统意义的藏书家对此类书籍不屑一顾，但我却对它情有独钟。因为我手头有一些这方面的刻本和抄本，都是我的曾祖父流传下来的。尽管当时也读不懂，觉得它没有多大的用处，但毕竟是先祖流传下来的东西，还是有一种敝帚自珍的心理，舍不得丢弃。后来，在古旧书的图书市场上又陆续发现一些零篇断简，于是抱着一种“人弃我取”的态度，又搜寻到一些。虽然当时没有系统地阅读，但有时拿在手里，仍然能够感受到古人当初走科举之路的艰辛。

后来，在“科举百年祭”的浪潮中，我系统地阅读了一些有关科举文化的书籍，想不到竟然爱不释手，陶醉于斯。再阅读起曾祖父留传下来的一些写本、抄本和刻本，就觉得别有一番滋味在心头了，甚至常常让我欣喜异常，乐不思蜀。记得梁启超先生说过这样一句话：“兴趣是最好的老师。”通过几年对科举文化书籍的研读，确实觉得有很大的收获，并激发起更进一步阅读的兴趣。后来我越来越觉得，有关这类题材的普及读物简直是凤毛麟角，原因是大家（专家学者）写的多是专题性的学术研究著作，一般的人写起来又有一定的难度，于是我和爱人商量，能否钻这么一个空档，尝试着写一写，也为科举文化的普及贡献绵薄之力，这就是我们撰写这套丛书的根本出发点。

愿望终归是愿望，真正地动起笔来，真可谓步履维艰。尤其是有关“试贴诗”和“策文”的写作更显得勉为其难，原因是自从科举制度废除之后，学者们对这两种科考文体的研究近乎盲区，就是一些文学史研究的学者在其著作中往往也是一带而过。人们在谈论中国状元殿试试卷时，“几乎一律把它看作是八股文，其中竟有教授、博导，真是让人跌破眼镜”（见邓洪波、王胜军《中国殿试状元卷大全及其价值》）。尽管存在这样那样的一些困难，但我们手头毕竟占有一些别人难得一见的科举学的资料。除此之外，我们利用双休日的时间穿梭于省、市两家图书馆借阅有关参考书籍，然后我们再做成资料卡片，在此基础上便有滋有味地撰写起来，前后经过四个多年头，总算写了出来。

正在我们忙碌于写作之时，2009 年沈阳市新闻出版局和《沈阳日报》联合举办了第二届“沈阳市十大藏书家”活动，经过考察论证，我不仅榜上有名，而且名列“沈阳市十大藏书家”之首，这无形中也给我增添了写作上的动力。我觉得只有把自己的收藏转化成一定的学术成果，才称得上逐步走上了“藏以致用”这条道路。藏书对我来说，确实是受益匪浅，正是有了这些丰富的藏书，才能使我有勇气把这套丛书赶写出来。

我们这套丛书能够得以正式出版，尤其要感谢语文出版社文化图书部主任李勇先生，他不仅策划了本套丛书，而且还忙里偷闲，为这套丛书撰写了大气磅礴的长篇序言，这种奖掖后进、关爱作者的精神，着实让我们夫妻二人深受感动。

书稿虽然写出来了，但是我们知道自己毕竟才疏学浅，书中肯定有许多不尽如人意的地方，诚恳地欢迎读者批评指正。

作　者

2010 年 12 月

附录

历代鼎甲榜

状　元

（唐代）

孙伏伽	敬　播	娄师德	宋守节	郭　震	弓嗣初
郑　益	许　且	吴师道	陈伯玉	张九龄	姚仲豫
崔　液	常无名	李　昂	范崇凯	王　维	杜　绾
严　迪	李　嶷	虞　咸	王正卿	徐　征	李　琚
贾　至	崔　曙	王　阅	刘　单	赵　岳	羊袭吉
杨　护	杨　誉	李巨卿	杨　儇	杨　纮	常　衮
卢　庚	洪　源	杨栖梧	萧　遘	裴　枢	齐　映
李　博	王　溆	张　式	杨　凭	丁　泽	黎　逢
杨　凝	王　储	魏弘简	崔元翰	薛　展	郑全济
张正甫	牛锡庶	卢　顼	尹　枢	贾　稜	苑　论
陈　讽	李　程	郑巨源	李　随	封孟绅	陈　权
班　肃	徐　晦	武翊黄	王源中	柳公权	韦　瓘
李顾行	李固言	尹　极	张又新	沈亚之	郑　澥
独孤樟	韦　谌	卢　储	白敏中	郑　冠	李　群
柳　璟	裴　俅	李　郃	韦　筹	宋　邧	杜　陟
李　珪	李　余	陈　宽	郑　确	李　肱	裴思谦
崔　□	李从实	崔　岘	郑　颢	卢　肇	郑　言

易重 狄慎思 顾标 卢深 于珪 张温琪
李郜 莫宣卿 李超 于瓌 颜标 赵蒙
崔**铏** 李亿 孔纬 刘蒙 裴延鲁 薛迈
孙龙光 韩衮 郑洪业 赵峻 归仁绍 李筠
郑昌图 孔**纁** 归仁泽 郑合敬 孔缄 孙偓
郑霭 孔拯 崔昭纬 许祐孙 陆扆 郑贻矩
李瀚 杨赞禹 崔昭矩 归黯 崔胶 苏检
赵观文 崔谔 杨赞图 羊绍素 卢文焕 裴格
归佾 归系 裴说 崔詹 杨仲昌

（五代十国）

崔邈 陈逖 崔光表 王彻 王归璞 黄仁颖
郭晙 卢华 寇湘 王溥 王朴 扈载
简文会 梁嵩 王克贞 伍乔 王崇古 舒雅
卢郢 杨遂 邓及 乐史 邱旭 张确
费黄裳

（宋代）

杨砺 张去华 马适 苏德祥 李景阳 刘察
李肃 刘蒙叟 柴成务 安德裕 张拱 刘寅
安守亮 宋准 王嗣宗 吕蒙正 胡旦 苏易简
王世则 梁灏 程宿 陈尧叟 孙何 孙仅
孙暨 陈尧咨 王曾 李迪 姚晔 梁固
张师德 徐奭 张观 蔡齐 王整 宋庠
王尧臣 王拱辰 张唐卿 吕溱 杨寘 贾黯

冯　京	郑　獬	章　衡	刘　煇	王俊民	许　将
彭汝砺	许安世	叶祖洽	佘　中	徐　铎	时　彦
黄　裳	焦　蹈	李常宁	马　涓	毕　渐	何昌言
李　釜	霍端友	蔡　薿	贾安宅	莫　俦	何　㮚
王　昂	何　涣	沈　晦	李　易	张九成	汪应辰
黄公度	陈诚之	刘　章	王　佐	赵　逵	张孝祥
王十朋	梁克家	木待问	萧国梁	郑　侨	黄　定
詹　骙	姚　颖	黄　由	卫　泾	王　容	余　复
陈　亮	邹应龙	曾从龙	傅行简	毛自知	郑性之
赵建夫	袁　甫	吴　潜	刘　渭	蒋重珍	王会龙
黄　朴	徐元杰	吴叔告	周　坦	徐俨夫	留梦炎
张渊微	方逢辰	姚　勉	文天祥	周震炎	方山京
阮登炳	陈文龙	张镇孙	王龙泽		

（辽代）

室　昉	高　举	高　正	郑云从	石用中	王熙载
吕德懋	王用极	张　俭	陈　鼎	杨又玄	初　锡
南承保	邢　祥	李可封	杨　佶	史克忠	刘二宜
高承颜	史　简	鲜于茂昭	张用行	孙　杰	张克恭
张仲举	张　渐	李　炯	张　昱	张　宥	张仁纪
刘　贞	刘师贞	冯　立	邢彭年	王　寔	王　棠
张孝杰	梁　援	王　鼎	张　臻	赵廷睦	刘　霄
刘　瓘	李君裕	张　毂	文　充	冠尊文	陈衡甫
康秉俭	马恭回	李　石	刘　祯	韩　昉	王　翚
李宝信	李　球	边贯道			

（西夏）

李遵顼

（金代）

刘㧑　刘敏行　翟永固　胡砺　赵洞　杨伯渊
石琚　宋瑞卿　孙用康　杨建中　吕忠翰　郑子聃
任忠杰　孟宗献　史绍鱼　赵承元　张璧　张甫
张行简　徐韪　李修　王泽　张檝　吕造
王若虚　阎咏　许天明　李演　王纲　黄裳
李献能　程嘉善　张仲安　刘遇　王鹗　卢亚
李塘　王辅　徒单镒　纳兰胡鲁剌　完颜速兰　斡勒业德
富珠哩察罕

（元代）

护都答儿　张起岩　忽都达儿　霍希贤　泰不华　宋本
捌剌　张益　王守城　阿察赤　李黼　笃列图
王文烨　同同　李齐　拜住　陈祖仁　普颜不花
张士坚　阿鲁辉帖木儿　王宗哲　朵烈图　文允中
薛朝晤　牛继志　倪征　王宗嗣　买住　魏元礼
宝宝　杨鋧　赫德溥化　张栋

（明代）

吴伯宗　朱善　丁显　任亨泰　黄观　张信

陈　郯	韩克忠	胡　广	曾　棨	林　环	萧时中
马　铎	陈　循	李　骐	曾鹤龄	邢　宽	马　愉
林　震	曹　鼐	周　旋	施　槃	刘　俨	商　辂
彭　时	柯　潜	孙　贤	黎　淳	谢一夔	彭　教
罗　伦	张　升	吴　宽	谢　迁	曾　彦	王　华
李　旻	费　宏	钱　福	毛　澄	朱希周	伦文叙
康　海	顾鼎臣	吕　柟	杨　慎	唐　皋	舒　芬
杨维聪	姚　涞	龚用卿	罗洪先	林大钦	韩应龙
茅　瓒	沈　坤	秦鸣雷	李春芳	唐汝楫	陈　瑾
诸大绶	丁士美	申时行	范应期	罗万化	张元忭
孙继皋	沈懋学	张懋修	朱国祚	唐文献	焦　竑
翁正春	朱之蕃	赵秉忠	张以诚	杨守勤	黄士俊
韩　敬	周延儒	钱士升	庄际昌	文震孟	余　煌
刘若宰	陈于泰	刘理顺	刘同升	魏藻德	史　惇
杨廷鉴					

（大西国）

龚济民

（清代）

傅以渐	吕　宫	刘子壮	麻勒吉	邹忠倚	图尔宸
史大成	孙承恩	徐元文	马世俊	严我斯	缪　彤
蔡启僔	韩　菼	彭定求	归允肃	蔡升元	陆肯堂
沈廷文	戴有祺	胡任舆	李　蟠	汪　绎	王式丹
王云锦	赵熊诏	王世琛	王敬铭	徐陶璋	汪应铨

邓钟岳	于　振	陈德华	彭启丰	周　霌	陈　倓
金德瑛	于敏中	庄有恭	金　甡	钱维城	梁国治
吴　鸿	秦大士	庄培因	蔡以台	毕　沅	王　杰
秦大成	张书勋	陈初哲	黄　轩	金　榜	吴锡龄
戴衢亨	汪如洋	钱　棨	茹　棻	史致光	胡长龄
石韫玉	潘世恩	王以衔	赵文楷	姚文田	顾　皋
吴廷琛	彭　浚	吴信中	洪　莹	蒋立镛	龙汝言
吴其濬	陈　沆	陈继昌	戴兰芬	林召棠	朱昌颐
李振钧	吴钟骏	汪鸣相	刘　绎	林鸿年	钮福保
李承霖	龙启瑞	孙毓溎	萧锦忠	张之万	陆增祥
章　鋆	孙如仅	翁同龢	孙家鼐	钟骏声	徐　郙
翁曾源	崇　绮	洪　钧	梁耀枢	陆润庠	曹鸿勋
王仁堪	黄思永	陈　冕	赵以炯	张建勋	吴　鲁
刘福姚	张　謇	骆成骧	夏同龢	王寿彭	刘春霖

（太平天国）

武立勋	傅善祥	杨朝福	朱世杰	吴容宽	乔彦才
叶春元	刘盛培	范朴园	沈抡元	吴镇坤	汪顺祥
陆培英	刘闳忠	徐首长			

榜 眼

（唐代）

李义琛	上官仪	田　备	岑　参	王　建	周　渭
崔　敖	马　异	杨巨源	陈　羽	范传正	李　建
吴　丹	李仍叔	孔温业	张知实	杨　发	陈上美
张　棠	张　潜	丁　棱	项　斯	王彦昌	陈　鼎
程　晏	卓　云	殷文圭	柳　璨	裴　谐	

（五代十国）

陈　沆	桑维翰	韩锡载	江文蔚	张　洎	李　昉
梁国翰	陈保极	张　观	罗　颖		

（宋代）

李彦颖	田　锡	陈若拙	易　准	□　扶	曾　会
朱台符	黄宗旦	高辅尧	周　起	陈知微	夏侯麟
祖士衡	宋　程	丁　度	萧　贯	叶清臣	韩　琦
刘　沆	杨　察	李　绚	工　珪	刘　敞	沈　遘
杨　绘	窦　卞	胡宗愈	陈　睦	陈　轩	薛　向
何洵直	上官均	王　任	陈文莹	刘　逵	吕益柔
朱　谔	赵　谂	方天若	范致明	蔡　佃	柯　棐
李宗师	潘良贵	赵　楷	周执羔	王大宝	凌景夏
黄　中	陈俊卿	秦　熺	王刚中	董德元	蒋　芾
曹　冠	阎苍舒	许克昌	黄　洽	赵汝愚	石起宗

黄 艾	罗 点	叶 适	王 奭	陈持中	陈 元
曾 渐	朱 质	莫子纯	许 奕	乔 嘉	赵 甲
孙德舆	姚 铨	汪 介	孙 挟	董 洪	蔡仲龙
杨 栋	陈晋接	李伯玉	邵 泽	吴必达	黄拱辰
文及翁	陈 赏	林公一	陈宜中	罗惠孺	杜文甫
路万里	廖思齐	许安世	王资深	王 洋	刘昌言

（辽代）

于同会	杜 防	赵 陆	赵 徽

（金代）

李俊民	武天佑	武天和	邢天祐	高斯诚	刘汝翼
王 彪	张 介	刘文龙	张恭愈	李 著	

（元代）

马祖常	欧阳玄	褚不华	刘思诚	哈刺台	李 祁
余 阙	善林远	吴 裕	米 升		

（明代）

郭 翀	练子宁	唐 震	张显忠	景 清	尹昌隆
王 恕	王 艮	周 述	陈 全	苗 衷	林 志
李 贞	刘 江	刘 矩	梁 禋	杜 宁	龚 锜
赵 恢	陈 文	杨 鼎	吕 原	周洪谟	陈 鉴

刘　升	徐　溥	徐　琼	李永通	吴　𫓧	程敏政
丁　溥	刘　震	刘　戬	杨守阯	黄　珣	白　钺
刘　春	刘存业	徐　穆	王　瓒	丰　熙	孙　清
董　玘	景　旸	余　本	黄　初	伦以训	陆　𫓧
王　教	杨维杰	程文德	孔天胤	孙　升	罗　珵
潘　晟	瞿景淳	张　春	吕调阳	曹大章	陶大临
毛惇元	王锡爵	李自华	黄凤翔	刘　瑊	余孟麟
张嗣修	萧良有	李廷机	杨道宾	吴道南	史继偕
汤宾尹	邵景尧	王　衡	孙承宗	施凤来	马之骐
庄奇显	贺逢圣	孔贞运	傅　冠	华琪芳	何瑞征
吴伟业	吴国华	陈之遴	葛世振	俞泰交	宋之绳

（清代）

吕缵祖	程芳朝	熊伯龙	张永祺	折库纳	戴王伦
贾　勤	孙一致	华亦祥	李仙根	李元振	张玉裁
孙在丰	王鸿绪	胡会恩	孙　卓	吴　涵	陈元龙
查嗣韩	吴　昺	顾图河	严虞惇	季　愈	赵　晋
吕葆中	戴名世	沈树本	任兰枝	缪曰藻	张廷璐
吴文焕	戴　瀚	王安国	邓启元	沈昌宇	田志勤
黄孙懋	林枝春	涂逢震	杨述曾	庄存舆	陈　桷
饶学曙	范棫士	王鸣盛	梅立本	诸重光	胡高望
沈　初	姚　颐	徐天柱	王　增	孙辰东	汪　镛
蔡廷衡	江德量	陈万青	邵　瑛	孙星衍	汪廷珍
洪亮吉	陈　云	莫　晋	汪守和	苏兆登	刘彬士
李宗昉	徐　颋	谢阶树	廖金城	吴毓英	祝庆蕃
凌泰封	杨九畹	许乃普	郑秉恬	王广荫	贾　桢

钱福昌	朱凤标	曹履泰	曹联桂	何冠英	金国均
冯桂芬	龚宝莲	周学浚	金鹤清	袁绩懋	许其光
杨泗孙	吴凤藻	孙毓汶	孙念祖	林彭年	何金寿
龚承钧	于建章	黄自元	高岳崧	谭宗浚	王赓荣
余联沅	曹贻孙	寿　耆	邹福保	李盛铎	文廷式
吴士鉴	尹铭绶	喻长霖	夏寿田	左　霈	朱汝珍

（太平天国）

王廷福　　钟秀英　　汪祖槐

探　花

（唐代）

李义琰	张越石	郝连梵	苏　环	章八元	崔　备
欧阳詹	李逢吉	郑　俞	陈彦博	刘　瞻	沈黄中
薛　逢	黄　颇	柳　告	崔　赏	杨　鏻	刘　咸
杨凝式					

（五代十国）

符　蒙	卢士衡	邓洵美	宋贞观	董　淳	黄　中
李　度					

（宋代）

李九龄	温仲舒	赵昌言	洪　湛	姚　揆	路　振
朱　严	钱　易	胡用庄	李天锡	李　谘	郑　向
麻温舒	陈　宽	郑　戬	赵　概	孙　抃	徐　绶
祖无择	韩　绛	谢仲弓	钱公辅	滕　甫	罗　恺
安　焘	王陟臣	左仲通	郭　仪	陈师锡	权　凤
陈　瓘	龚　史	张庭坚	岑　穰	胡安国	林　遹
潘建中	陈　桷	郭孝友	张　焘	罗孝芬	姚宏中
李孟博	陈　修	许必胜	陈　孺	秦　埙	梁　介
丘　崇	赵　烨	汪义端	刘　卞	邓　驿	李寅仲
张伯源	王公迈	孙　衲	王　介	焦　抑	黄　中
夏明承	魏了翁	谢汲古	裘　淳	黄　桂	孙望之
李方子	费西之	任友龙	赵　发	李昂英	张　镇
潘　牥	赵希周	焦炳炎	陈　存	杨起莘	章应雪
傅崧之	陈　钺	胡幼黄	勾务滋	李昭遘	

（金代）

郑子聃　　刘彧

（元代）

蒲谦益	徐　容	寿　同	罗　谦	张守正	礼剌歹
李　稸	常　坚	龚　雍			

（明代）

吴公达	黄子澄	卢原质	吴言信	戴德彝	刘仕谔
焦 胜	李 贯	周孟简	刘 素	黄 旸	王 钰
陈景著	邓 珍	裴 纶	孙曰恭	谢 琏	林 文
钟 复	刘定之	倪 谦	黄 谏	刘 俊	岳 正
王 **偰**	徐 辖	陈秉中	郑 环	罗 璟	陆 简
董 越	李仁杰	王 鏊	曾 追	张天瑞	王 敕
涂 瑞	靳 贵	罗钦顺	陈 澜	刘 龙	李廷相
谢 丕	戴大宾	邹守益	蔡 昂	崔 桐	费懋中
徐 阶	欧阳衢	杨 名	高 节	吴 山	袁 炜
邢一凤	吴 情	胡正蒙	姜金和	温应禄	金 达
林士章	余有丁	陈 栋	赵志皋	邓以赞	王应选
曾朝节	王庭撰	刘应秋	舒弘志	陶望龄	顾天埈
孙慎行	顾起元	曾可前	吴宗达	张瑞图	钱谦益
赵师尹	林 **钎**	陈子壮	陈仁锡	吴孔嘉	管绍宁
夏曰瑚	杨昌祚	赵士春	高尔俨	章晋锡	陈名夏

（清代）

李奭棠	蒋 超	张天植	巴 海	沈 荃	秦 鉽
索 泰	吴国对	叶方霭	吴 光	秦 弘	董 纳
徐乾学	徐秉义	翁叔元	茆荐馨	彭宁求	黄梦麟
张豫章	黄叔琳	顾悦履	姜宸英	王 露	钱名世
贾国维	缪 沅	徐葆光	魏廷珍	傅王露	沈锡辂
程元章	杨 炳	汪德容	马宏琦	梁诗正	沈文镐
秦蕙田	任端书	秦勇钧	汤大绅	王际华	汪廷玙

周　沣	卢文弨	倪承宽	邹奕孝	王文治	赵　翼
韦谦恒	刘跃云	陈嗣龙	范　衷	俞大猷	沈清藻
孙希旦	程昌期	汪学金	邵玉清	董教增	刘凤诰
王宗诚	陈希曾	潘世璜	帅承瀛	王引之	邹家燮
朱士彦	何凌汉	石承藻	张岳崧	吴廷珍	伍长华
吴清鹏	胡达源	陈　銮	罗文俊	周开麟	帅方蔚
朱　兰	季芝昌	蒋元溥	乔晋芳	苏敬衡	江国霖
张百揆	胡家玉	冯培元	吴福年	庞钟璐	谢　增
潘祖荫	吕朝瑞	洪昌燕	李文田	欧阳保极	温忠翰
张之洞	杨　霁	王文在	郁　昆	黄贻楫	冯文蔚
朱赓飏	谭鑫振	管廷献	冯　煦	刘世安	吴荫培
陈伯陶	郑　沅	王龙文	俞陛云	杨兆麟	商衍鎏

（太平天国）

方　兴	林丽花	卜应期	夏庆保	张有勋	何震川
王廷鼎					